Eventkultur
Herausgegeben von Harald Pühl
und Wolfgang Schmidbauer

EVENTKULTUR

HERAUSGEGEBEN VON HARALD PÜHL
UND WOLFGANG SCHMIDBAUER

UlrichLeutnerVerlag

Die Reihe
OrganisationBeratungMediation
wird herausgegeben von Dr. Harald Pühl

Bibliografische Information Der Deutschen Bibliothek:
Die Deutsche Bibliothek verzeichnet diese Publikation in der Natio-
nalbibliografie; detaillierte bibliografische Daten sind im Internet
über http:// dnb.ddb.de abrufbar.

Originalausgabe 2007
© 2007 by Ulrich Leutner Verlag, Berlin
Ulrich Leutner Verlag, Zehntwerderweg 197, 13469 Berlin
www.leutner-verlag.de, info@ulverlag.de

Satz und Layout: Ulrich Leutner Verlag
Cover: Leutner Verlag, Hintergrundbild: Gabi Baer, Foto: PDPhoto.org
Druck: AZ Druck- und Datentechnik, Kempten im Allgäu

ISBN: 978-3-934391-38-3

Inhalt

Event ist zum Zauberwort geworden.[1] Sobald man sich einmal mit dem Begriff beschäftigt, stößt man täglich auf ihn. Darunter finden sich alle möglichen und unmöglichen Formen von ‚Ereignissen'. Dies ist die eigentliche lateinische Bedeutung des Wortes. Gebraucht wird es, um auf einzigartige, unterhaltsame Veranstaltungen hinzuweisen bzw. diese zu bewerben. So wirbt das Kaufhaus Karstadt anlässlich eines 125. Unternehmensjubiläums mit dem größten Event aller Zeiten und plant für jede seiner Filialen durchschnittlich 70 Events (z.B. Ballonregen mit Gutscheinen, Give-away-Aktionen, Geburtstagstorte für karitative Zwecke verkaufen etc). Wie *Rainer Lucas* zeigt sind Events inzwischen mehrheitlich Chefsache. Im Durchschnitt fließt jeder fünfte Euro des Kommunikationsetats eines Unternehmens in den Budgettopf von Events. Selbst der Gasthof um die Ecke lockt seine Gäste mit einem „Rustikalen Schlachtefest" und nennt auch dieses einen Event.

„Unter Events werden inszenierte Ereignisse verstanden, die durch erlebnisorientierte Veranstaltungen emotionale und physische Reize darbieten und einen starken Aktivierungsprozess auslösen."[2] Als zentraler Marketingbegriff suggeriert „Event„ Einmaligkeit und Besonderheit. „Events wollen demnach immer multisensitiv sein, möglichst alle Sinne ansprechen und dadurch gleichzeitig Information, Kommunikation, Motivation, Weiterbildung, Unterhaltung und Imageförderung vermitteln. Events sind die verlockenden Leuchttürme im Warenmeer der Unverbindlichkeit." (ebenda). Wir finden diese Formen deshalb nicht nur im Verkauf und in der Präsentation, sondern auch in der Politik, im Sport und sogar in der Wissenschaft. *Heiner Keupp* nimmt dies zum Ausgangspunkt, um einen Paradigmenwechsel in den Universitäten zu beschreiben: „Vom Elfenbeinturm zum Leuchtturm".

Weil der Event zu einem Modell sozialen Handelns geworden ist, müssen sich auch Pädagogen, Therapeuten, Supervisoren, Coaches und Organisationsberater mit ihm beschäftigen. Ob sie es wollen oder nicht: die Eventkultur greift in ihre Arbeitsbereiche, färbt das Klima der Interaktion, bestimmt mit, wie Interventionen angenommen werden. Aus diesem Grund halten wir eine gründliche Auseinandersetzung mit dem Event für überfällig.

Bei genauer Betrachtung wird sich leicht feststellen lassen, dass es historisch schon immer Versuche gab, Menschen in erlebnisaktivierender Weise anzusprechen. Die Geistlichkeit im Mittelalter konnte nicht verhindern, dass der Sonntag sich zu einem Tag der Feste, Gelage, Turniere und Wettkämpfe entwickelte. Im 12. und 13. Jahrhundert erlebten die Reiterspiele eine Ära der Blüte. (Inzwischen feiern sie als „Mittelalterfeste„ eine Event-Renaissance). Im 14. Jahrhundert etablierte sich der Karneval und griff viele „heidnische„ Riten auf. Das Bistum Straßburg zählte im 14. Jahrhundert mehr als ein Viertel des Jahres an Feiertagen; dazu kamen mehrwöchige Feste zum Neujahr, zu Ostern und Pfingsten.[3] Mit dem wachsenden Einfluss des Protestantismus wurden diese Feierlichkeiten auf das heute bekannte Maß eingeschränkt.[4]

Sicherlich zielten einige dieser Veranstaltungen auch auf die oben zitierten „emotionalen und physischen Reize" der Menschen, wenn auch nicht so punktgenau geplant wie durch professionelle Marketingmanager. Unterschieden haben sie sich vermutlich dennoch hinsichtlich ihres rituellen Charakters. Nicht Einmaligkeit, sondern Stärkung der Gemeinschaft bestimmte die emotionale Qualität. Gerhard Schulze belegt in seinem Bestseller „Erlebnisgesellschaft", dass damals die Ereignisse in feste „überpersönliche Bezugsrahmen" eingebunden waren. Sie definierten Gut und Böse, Recht und Unrecht und waren vor allem „die Kulisse für die Inszenierung objektiver sozialer Verhältnisse."[5]

Die Events der Gegenwart wirken beliebig, ein sozialer Bezugsrahmen lässt sich nicht mehr herstellen. Eine Ausnahme mag „Das Sommermärchen" sein. Das Fußball-WM-Ereignis 2006 hat aufgrund seiner geschickten Inszenierung und Dramaturgie Kulturgeschichte geschrieben. Es erfasste die breite Bevölkerung subgruppenübergreifend. Nicht nur die Fußfallbegeisterten, ebenso die politisch Motivierten wurden durch „Demokraten gegen Rechts und für Integration" angesprochen, die Naturschützer wurden durch das Programm „Green goal", dem umweltfreundlichen Umgang mit Energien und Ressourcen, in den Ereignisbann gezogen. Events sind zur Alltagskultur der Jugend geworden. Die neuen Medien haben ihnen zum Durchbruch verholfen. Atmosphärisches und Illusionäres gehören immer dazu. Mit ihrer Breitenwirkung haben sie die sogenannte gehobene Kultur (Theater, Oper, Konzert, Kunstausstellung) entthront. Events sind leicht, beschwingen und verheißen ein diffuses Gefühl der Zugehörigkeit, manchmal auch nur virtuell im Internetchat. Städte und Regionen werben heute nicht mehr mit ihren Leistungen, sondern mit ihrem Freizeitwert um Ansiedelungen. Im Klartext heißt das: mit ihrem Erlebnismöglichkeiten (z.b. das Ruhrgebiet oder Brandenburg, das mit seinem subventionierten „Tropical Island" wirbt).

Opaschowski wirft den Kritikern der Event-Orientierung eine „elitäre Sichtweise" vor. Die Eventkultur befriedigt seiner Meinung nach durchaus auch Komponenten wie „soziale Geborgenheit und gemeinsame Freude". Im vorliegenden Buch wollen wir die Auswüchse des Event-Begriffes nicht nostalgisch beklagen und der Konstanz einer traditionellen Gesellschaft huldigen. Wir suchen nach den Gründen für den „kollektiven Erlebnishunger" und diskutieren die Auswirkungen seiner im Event organisierten Befriedigung auf die Individuen.

Der Event hat eine lange Vergangenheit und eine kurze Geschichte. Nietzsche stellte in seinem Aufsatz über die Geburt der Tragödie das Konzept des „Dionysischen„ der „apollinischen„ Geistigkeit gegenüber.[6] Er unterschied als erster künstlerische Konzepte, welche den Menschen selbstvergessen mitreißen, von jenen, die ihm helfen, die Welt geistig zu durchdringen. In Freuds Gegenüberstellung[7] von Hypnose/Suggestion auf der einen, Analyse auf der anderen Seite wird deutlich, dass diese Pole nicht aufgehört haben, uns zu beschäftigen.

Daher müssen wir uns hüten, in einer Auseinandersetzung mit der Eventkultur in die traditionelle Ablehnung des Dionysischen zu verfallen. *Jochen Wagner*, Studienleiter der evangelischen Akademie Tutzing, Theologe, Philosoph und Ducati-Fahrer, hat diese Ambivalenz des Events am Beispiel der Auto- und Motorradrennen in seiner nur ihm eigenen Diktion diskutiert.

Die biblische Geschichte von der Hochzeit in Kanaa lehrt uns, dass am Ende eines ordentlichen jüdischen Hochzeitsfestes die Gäste so betrunken sind, dass sie guten und schlechten Wein nicht auseinanderhalten können. Auch im Christentum waren dionysische Elemente selbstverständlich. Wein war das Blut Christi, Trunkenheit Inspiration durch den Erlöser. Paulus musste mehrmals gegen Weinfeste einschreiten, in denen die Bekehrten, wie in den griechischen Mysterienkulten, vom Rausch eine Vorwegnahme der Unsterblichkeit erhofften (1. Kor. 11,21, Eph. 5,18).

Die römischen Kaiser sicherten ihre Macht auf zwei Wegen: durch „Brot" und durch „Spiele". Wer sich die Triumphzüge römischer Feldherrn, die Wiener Fronleichnamsprozession und die Aufmärsche der SA in Hitler-Deutschland vergegenwärtigt, findet spannende Gemeinsamkeiten. *Gudrun Brockhaus* hat hier einen sehr nachdenklichen und gründlich recherchierten Beitrag über die Eventkultur im Nationalsozialismus beigesteuert. Deutlich wird, dass der Erlebnissteigerung eine Krise zugrunde liegt. *Peter Heintel* spricht in diesem Zusammenhang von Übergangsgesellschaft. Damit sind nicht nur die Folgen der Globalisierung und die Auflösung haltender Gruppenstrukturen gemeint, sondern auch die Folgen von „Freiheit durch Freizeit". Der Traumatherapeut *Klaus Ottomeyer* zeigt an mehreren Beispielen wie die Angst vor dem Katastrophischen sich im Event verwandelt in mehr oder weniger bewusste Freude darüber, dass jemand anderes hilflos - verletzt oder tot - flach liegt, während wir in aufrechter Position und lebendig sind.

Der Gedanke, zu diesem Thema ein Buch zu machen, entstand aus der Idee des jüngeren von uns (H.P.), aus der Sicht verschiedener Sozialpsychologen und Berater etwas über die Fußball-WM zu schreiben. Der zweite Herausgeber (W.S.) schlug daraufhin vor, doch die Eventkultur als solche zum Gegenstand zu machen. Jetzt liegt das Ergebnis vor und wir hoffen, dass es ebenso als Event gewürdigt wird wie hilft, dessen Rausch geistig zu durchdringen.

Anmerkungen

1 Mit 807 Millionen ist Event einer der meistgenannten Suchbegriffe bei google - weit vor Liebe (90 Millionen), Sex (464 Millionen) oder Geld (131 Millionen).

2 Definition des Deutschen Kommunikationsverbandes (BDW), zit. nach P. Kemper „Nur Kult lässt keinen kalt - Veranstaltungsrituale im Medienzeitalter" S. 188, in: „Der Trend zum Event", hrsg. Von P. Kemper, Frankfurt/M. 2001

3 vgl. J. Köhler „Von der Muße zum Marketing", in: „Der Trend zum Event", hrsg. Von P. Kemper, Frankfurt/M. 2001

4 Opaschowski (2000, S. 18) sieht die Wurzeln der heutigen Erlebnisgesellschaft in der Reformpädagogik und schon 1762 bei Rousseau im „Emile oder über die Erziehung" vorformuliert: „Erlebe dein Leben - oder stirb!"

5 G. Schulze (2000), S. 89f.

6 Friedrich Nietzsche, Die Geburt der Tragödie aus dem Geiste der Musik, Leipzig (E.W.Fritsch) 1872. - Das Apollinische ist das Vollkommene, vor allem aber auch das Geordnete. Das Dionysische ist das Rauschhafte, bei dem sich der Einzelne, mit den anderen Menschen und mit der Natur wiederversöhnte Mensch selbst als Kunstwerk fühlt, aber auch die Ordnung verlässt. Die griechische Tragödie ist demnach aus dem Chortanz des Dionysoskultes entstanden. Als die attische Tragödie, eine apollinische Gestaltung der dionysischen Ursprünge, in ihrer höchsten Blüte stand, wurde sie durch den kritischen sokratischen Geist zerstört. Nietzsche meinte, dass die durch Sokrates verdunkelte Tragödie durch die Musik abgelöst werde. Er dachte 1872 vor allem an Richard Wagner und revidierte diese Auffassung in einem ausführlichen Vorwort im Jahr 1886, das seine Distanz zu Wagner und seine Kritik am Christentum akzentuiert.

7 Im Dezember 1904 hielt Freud vor dem Ärztekollegium in Wien einen Vertrag über Psychotherapie, den er ein Jahr später im ersten Band seiner „Sammlungen" veröffentlichte. Er bemühte sich darin, die Meinung zu entkräften, Psychoanalyse sei eine Form der Suggestion, und illustrierte seine Ansicht durch einen Vergleich, als dessen Autor er Leonardo da Vinci benannte. „In Wahrheit besteht zwischen der suggestiven Technik und der analytischen der größtmögliche Gegensatz, jener Gegensatz, den der große Leonardo da Vinci für die Künste in die Formeln 'per via di porre' und 'per via di levare' gefasst hat. Die Malerei, sagt Leonardo, arbeitet 'per via di porre', sie setzt nämlich Farbenhäufchen hin, wo sie früher nicht waren, auf die nichtfarbige Leinwand; die Skulptur dagegen geht 'per via di levare' vor, sie nimmt nämlich vom Stein so viel weg, als die Oberfläche der in ihm enthaltenen Statue noch bedeckt. Ganz ähnlich sucht die Suggestivtechnik 'per via di porre' zu wirken, sie kümmert sich nicht um Herkunft, Kraft und Bedeutung der Krankheitssymptome, sondern legt etwas auf, wovon sie erwartet, die pathogene Idee an der Äußerung zu hindern. Die analytische Therapie hingegen will nicht auflegen, nichts Neues einführen, sondern wegnehmen, herausschaffen, und zu diesem Zweck bekümmert sie sich um die Genese der krankhaften Symptome und den psychischen Zusammenhang der pathogenen Idee, deren Wegschaffung ihr Ziel ist." (Freud 1905,S.112, Ges.W. VI) Zur Kritik an diesem Vergleich siehe auch W. Schmidbauer, Freuds Dilemma. Die Wissenschaft von der Seele und die Kunst der Therapie, Reinbek 1999, sowie Ders., Der Mensch Sigmund Freud, Stuttgart 2005

Wolfgang Schmidbauer

Annäherung an den Event

Event-Evolution

Man kann die so genannte Eventkultur nicht verstehen, ohne sich erst einmal ihrem Paradox zuzuwenden: Kulturentwicklung ist seit Ackerbau, Städtegründung und Rechtsstaat eng mit dem Versuch verknüpft, weniger Ereignisse zuzulassen. Das Leben des Jägers und der Sammlerin während der Altsteinzeit ist stark von Ereignissen geprägt gewesen. Die Jagd tastet sich von einem Ereignis zum nächsten, große Beute ist ein großes Ereignis, alle Stammesangehörigen versammeln sich, um zu feiern und zu speisen.

Der Bauer hingegen ist froh und dankbar, wenn es im Winter schneit, im Frühling regnet, im Sommer die Sonne scheint, so dass er im Herbst die Ernte einfahren kann. Ebenso der Städter: Wenn der Organismus der Stadt funktioniert, keine großen Brände oder Belagerungen Unruhe schaffen, keine spektakulären Verbrechen geschehen, ist es ihm angenehm. Die menschliche Kultur ist entstanden, um möglichst viel Unvorhersehbares vorhersehbar zu machen und es zu regeln. Geschriebene Gesetze sorgen dafür, dass dem Richter wie dem Angeklagten klar ist, was wie zu strafen sei. Die Naturwissenschaft hat vielen Ereignissen ihre dramatische Bedeutung genommen; wir wissen, wann sich die Sonne verfinstern wird, wir können es uns erklären, warum Epidemien ausbrechen und wie wir sie verhindern

13

können. In den modernen Gesellschaften haben Technik und Büro-
kratie erreicht, dass dramatische Ereignisse selten geworden sind.

So selten, dass die Menschen anfangen, sich zu langweilen. Der
altsteinzeitliche Jäger begegnete einer Schlange, einem Löwen, einem Büffel; jedes Mal produzierte sein Organismus Stresshormone,
erlebte er Ängste und Glücksgefühle. Der Sachbearbeiterin wird das
nicht ins Büro geliefert. Inszeniert sie sich ihre Säbelzahntiger selbst,
indem sie sich in ihren Chef verliebt oder eine Intrige gegen eine
Vorgesetzte spinnt? Oder gibt sie sich mit den fiktiven Ereignissen
zufrieden, die uns umso intensiver von den Medien geliefert werden,
je weniger wir sie im realen Leben auffinden.

Der durchschnittliche Detektiv in New York feuert höchstens einmal zwischen Dienstantritt und Pensionierung auf einen Menschen.
Der durchschnittliche Polizist in einer Kriminalserie tut das jeden Tag
mehrmals. Wer im tropischen Regenwald wandert, trifft tagelang auf
kein Tier, das größer ist als ein Frosch oder ein Schmetterling. Wenn
ein Hollywood-Star mit von der Partie ist, geführt von einem Ver-
wegenen mit Machete und Jagdgewehr, kommen in wenigen Minu-
ten eine Riesenschlange und ein Tiger vorbei.

Die optischen Massenmedien haben unsere Urteile dramatisch
verändert. Sie haben es dahin gebracht, dass wir Ereignisse als inszeniert erleben, bis sie uns betreffen oder von den Medien als wirklich
geschehen dargestellt werden. Von den Passanten, die aus größerer
Entfernung das Attentat auf die Twin Towers vom 11. September 2001
beobachteten, dachten viele, das sei jetzt ein gewagter Stunt für irgendeine Filmproduktion. Erst als sie hörten, was geschehen war,
nahmen sie diese Form der Derealisierung zurück. Wenn Passanten
heute einen Selbstmörder auf einem Dach sehen oder beobachten,
wie ein Bankräuber mit einer Geisel aus einem Gebäude tritt, johlen
und klatschen sie, als sei das Ganze eine Show für sie. Dann empö-
ren sich die Medien über diese Zeichen einer Verrohung, als seien
ihre Konsumenten verpflichtet, den seltenen Ernstfall zu erkennen.

Ereignisangst, Ereignislust: Persönliches

Der Autor hat seine ersten bewussten Erinnerungen noch im Krieg gesammelt; er hat die Währungsreform, das Wirtschaftswunder, die 68er Jahre und schließlich die deutsche Wiedervereinigung erlebt – und während dieser Zeit auch die Entwicklung der optischen Massenmedien und der Eventkultur. Als 1957 der erste Fernseher (Neckermann, schwarzweiß, 299.- DM) in unseren Haushalt kam, zeigte sich noch das Ungeschick einer bildungsbürgerlich geprägten, vaterlosen Familie aus Mutter und zwei Söhnen in der Verarbeitung solcher Neuerungen.

Erst stand die Kiste im Wohnzimmer. Meine Mutter wollte sie loshaben, weil sie an vielen Abenden lieber las, als das damals noch einzige Programm zu sehen, welches ihre Söhne meist vom Beginn der Abendschau um 18.00 Uhr bis zum Testbild um 22.00 Uhr betrachteten. So stellte mein Bruder den Fernseher bei sich auf. Er war zwei Jahre älter und hatte von uns beiden das größere Zimmer. Aber manchmal wollte ich das Programm noch sehen und er wollte schon ins Bett. Anderseits hatte er versprechen müssen, mich zu dulden, so lange ich schauen wollte. Schließlich kam der Fernseher in den Heizungskeller, wo er auch blieb, so lange ich noch bei meiner Mutter wohnte.

Das Fernsehzeitalter löste die unmittelbare Nachkriegszeit ab, in der die meisten Menschen froh waren, wenn sich nichts dramatisch, aber das meiste allmählich zum Besseren veränderte. Der Slogan „Keine Experimente!" galt in seiner ganzen Fortschritts- und Wissenschaftsfeindlichkeit für die Adenauer-Ära.

Die Deutschen hatten von Aufregungen genug, der Krieg steckte ihnen in den Knochen, niemand wollte an die NS-Verbrechen erinnert werden, aber auch über die Leiden während des Krieges sprach man wenig; selbst die Flüchtlinge sparten sich ihre Klagen auf für die landsmannschaftlichen Treffen, wo sie unter sich waren. Wenn ich mich an diese Zeit erinnere, wundere ich mich oft, wie wenig meine soziale Umwelt und ich auf Ereignisse von „historischer" Bedeutung reagierten – den Tod Stalins, den Aufstand in Ungarn, den Korea-krieg, den Mauerbau.

Die Fußballweltmeisterschaft von Bern war vielleicht das erste Ereignis mit einer im Nachhinein rekonstruierbaren Event-Qualität, allerdings nicht in dem Sinn, dass alle darüber sprachen. Das taten nur junge Männer; meine Mutter und die Großeltern blieben von dem Ereignis vollständig unberührt.

Das änderte sich fühlbar in der 68er-Zeit. Damals tauchte der Begriff „Happening" auf. Happening war sozusagen ein nicht ganz ausge-wachsener Event, spielerisch, kindlich, kreativ, etwas für Avantgarden. Die Studentenbewegung führte dieses Happening in die Politik ein – auf den Richtertisch zu scheißen, mit Trillerpfeifen eine Vorlesung zu stören, den Ordinarien voranschreitend ein Spruchband zu entrollen („Unter den Talaren – Der Muff von Tausend Jahren!") sind Beispiele.

Schon damals kündigte sich auch jener subtile Wettlauf an, der bis heute den Event bestimmt: Gelingt es, durch ein selbst gesetztes und inszeniertes Zeichen nicht nur, die Medien aufmerksam zu machen, sondern sie auch tatsächlich für das Problem zu interessieren, auf das aufmerksam gemacht werden soll? Oder entwertet sich ein Anliegen, weil es jetzt von den Medien zur Show gemacht und trivialisiert wird?

Heute trösten PR-Fachleute den Kunden, der gekränkt ist, weil sein Buch verrissen, sein Film der Lächerlichkeit preisgegeben wurde, mit dem Schlagwort: „There is no bad publicity!" Anders gesagt: Jede Aufmerksamkeit ist besser als keine; von den Medien ignoriert zu werden, ist ärger als ihr hämischster Tadel. Selige Frühzeit des Hap-penings, in der solche Fragen noch gar nicht diskutiert wurden! Hauptsache, die Aktion hatte Spaß gemacht.

Die Rolle der „Kreativen"

Zu Beginn meines Studiums der Psychologie im Jahr 1960 suchte ich einen Job und fand ihn im Archiv der Redaktion eines Ärztemaga-zins. Einmal war jemand ausgefallen, ich wurde eingeladen, kleine Meldungen zu texten. Nach einigen Monaten galt ich als Jungtalent der Redaktion, stand bald auch im Impressum und fühlte mich entsprechend gebauchpinselt.

Bisher war ich ein heimlicher Dichter mit Träumen von literarischem Ruhm gewesen, der - um sich über seine Unsicherheiten klarer zu werden - Psychologie studierte. Nun schrieb ich keine Gedichte für die Schublade mehr, sondern „wichtige" Kongressberichte und später Titelgeschichten.

In der Medizinpresse spiegelt sich damals die Entwicklung des Medienmarktes insofern, als in unserem Blatt nach dem Motto agiert wurde, ein Bild sage mehr als tausend Worte; der Leser müsse sogleich durch einen „Aufhänger" gewonnen und dann durch einen möglichst flotten Stil bei der Stange gehalten werden.

So habe ich aus der Perspektive des Medizinreporters die nächsten Schritte hin zur Eventkultur miterlebt. Wie das bei solchen Entwicklungen ist, wusste ich anfangs keineswegs, dass sich da etwas änderte und ich ein Teil davon war. Die wissenschaftlichen Zeitschriften für Ärzte waren damals lukrativ, weil sie – anders als die meisten anderen wissenschaftlichen Zeitschriften – schöne bunte Anzeigen für Arzneimittel in reichem Maß drucken und dafür viel Geld kassieren konnten. Die Einnahmen über die Abonnenten, welche sonst wissenschaftliche Zeitschriften finanzieren, konnten die Verleger demgegenüber vergessen. Kein Wunder, dass dieser Sektor des Zeitschriftenmarktes eine Goldgrube war.

Nur wenige Ärzte lasen die langweiligen Originalarbeiten. Das Magazin Selecta war als Firmenzeitschrift entstanden, aber es war schmissig gemacht, suchte nach internationalem Flair, warb mit Abbildungen und prägnanten Texten, einer Titelgeschichte, Kongressberichten und Standespolitik. Selecta war ein guter Werbeträger und machte seinen Gründer, Herausgeber und Chefredakteur reich. Verglichen mit der gleichzeitig erscheinenden Nummer der „Münchner Medizinischen Wochenschrift" oder der „Ärztlichen Praxis" war Selecta ein Event, und ich war ein Teil davon.

Ohne die vielen „Kreativen", die stolz darauf sind, ein Thema möglichst eingängig und überzeugend in das Erleben ihrer Konsumenten zu zaubern, sähe die öffentliche Landschaft ganz anders aus. Dabei gibt es subtile Zusammenspiele zwischen diesen Kreativen und ihren Chefs. Wer geschickt zum Ereignis aufbläst, was der Chef aufgeblasen wissen will, erhält Gestaltungsfreiheit und darf auch einmal ein Thema aufblasen, das nur ihm etwas bedeutet und dem Chef gleichgültig ist.

Die Medien sind zwar untereinander vernetzt, aber der Tanz um das goldene Ereignis-Kalb hat keine strikten Regeln. Manchmal „müssen wir unbedingt auch berichten", dann wieder „ist das Thema schon von den anderen erschöpft". Ehe ich in der Selecta-Redaktion arbeitete, hatte ich keine Ahnung davon, dass es etwas bedeutet, wo ein Thema steht und welches es auf den Titel „schafft".

Ich habe einige Jahre als festangestellter Redakteur und Fotograf gearbeitet und bin bis heute neben meiner Arbeit als Therapeut und Supervisor als Freelancer in den Print-Medien beschäftigt. Wenn ich heute mit jungen Medienarbeitern zu tun habe, können sie die Geschichten aus meiner idyllischen Zeit als freier Autor kaum glauben. Ich konnte es mir leisten, in der Toscana zu leben und nur zweimal jede Woche die Post im Dorf abzuholen; es gab kein Telefon, keine Mail, und es funktionierte doch irgendwie.

Die Geburt eines Events

Die Zeugung eines Events verläuft nach meinen Eindrücken als Mitarbeiter in den (Print-)Medien in mehreren Etappen; es ist vielleicht ähnlich wie in der Zeugung eines Menschen, in der ja ebenfalls nur eines von vielen Spermien tatsächlich bis zu einer fruchtbaren Eizelle vordringt und mit ihr verschmilzt.

Der Kreative erfährt von etwas, aus einem Medium, von einer Bekannten, von der Polizei, von einem Informanten. Er sortiert: Das ist kein Thema, das ist vor kurzem schon da gewesen und erschöpft. Oder: das ist ein Thema, das ist wichtig, das könnte ein Medium aufgreifen und ich selbst kann damit Platz in diesem Medium erobern.

Die Event-Zeugung ist also zuerst einmal daran gebunden, dass genügend ehrgeizige, neugierige, suchende Medienschaffende das betreffende Ereignis für geeignet halten, sich damit Platz in einer Redaktionskonferenz und – wenn sie es durchsetzen können – auch Raum im Blatt, im Sender, auf dem Bildschirm zu verschaffen.

Die Situation lässt sich mit dem Verhältnis zwischen Jäger und Hundemeute beim britischen Landadel vergleichen: Der Lord sitzt gelassen auf dem Pferd, während die Hunde jeden Busch durchschnüffeln und nach Wild suchen. Je mehr sie finden, desto mehr Beute kann er nach getaner Jagd in sein Schloss karren lassen.

Sobald die Hunde etwas aufgescheucht haben, entscheidet der Jäger, ob es sich um jagdbares Wild handelt oder nicht. Die Arbeitsteilung funktioniert perfekt. Die Spürhunde konkurrieren miteinander, jeder findet seine Fährte am wichtigsten; der Lord aber wägt ab und bezieht Interessen ein, welche die Spürhunde nicht kennen.

Bei Selecta beispielsweise hatte ich viel Freiraum, wenn es um Psychologie ging, sehr wenig, wenn es sich um die Pharma-Industrie handelte. Ich begann meine Arbeit in der Redaktion, als gerade die Contergan-Katastrophe offenkundig wurde. Ein als harmlos beworbenes Schlafmittel hatte dazu geführt, dass einige hundert Kinder mit schweren Missbildungen geboren worden waren. Die angeschuldigte Firma leugnete den Zusammenhang energisch. So wurde er (für uns) kein Event, bis die Zusammenhänge anderswo vollständig geklärt waren und „wir" es uns nicht mehr mit unseren Anzeigenkunden verdarben, wenn wir eine Titelgeschichte darüber veröffentlichten.

Was ich über die Eventkultur schreibe, lässt sich besser einordnen, wenn sich der Leser vergegenwärtigt, wie polar die beiden Berufe sind, welche ich damals zu lernen begann: der des Publizisten und der des Psychoanalytikers. Eine Grunderfahrung des Journalismus besagt, dass zwar jede Woche eine neue Sau durch das Dorf getrieben wird, diese aber in Wahrheit keine neue Sau ist, sondern sich nur durch die Schleife am Schwanz von der Sau unterscheidet, die drei Monate früher dran war.

Jede „Nachricht" muss von sich behaupten, wichtig zu sein, was heißt: Sie muss sich wichtig machen und von ihrem Autor wichtig gemacht werden. Das ist vor allem ein innerer Prozess im Autor selbst, der die Fähigkeit braucht, überzeugt zu sein, dass ein Thema, mit dem er sich gerade beschäftigt, das wichtigste von der Welt ist, obwohl er sich eine Woche oder einen Monat später mit einem nicht minder wichtigen beschäftigen wird.

Der Kreative schafft den Event, indem er ein Ereignis für horizontfüllend wichtig hält - ähnlich, wie der Jagdhund seine Beute schafft. Er nutzt einen seelischen Mechanismus, der aus den Beschreibungen der Hysterie bekannt ist: die manische Abwehr des Alltags, der Routine. Mein Kind ist das schönste, mein Essen (oder das Essen des Gastgebers) das Beste, dieser Orgasmus der lustvollste, der je erlebt wurde. Superlative kompensieren Unsicherheit und einen Mangel an wertfreiem Leben. Wo alles als Skala erlebt wird, bietet der höchste Wert prekären Halt über Abgründen der Bedeutungslosigkeit.

Ich betrachte heute den Journalismus aus der Distanz des Analytikers. Aus dieser scheint unsere Welt immer journalistischer geworden, stärker von vergänglichen Superlativen geprägt. Ich vermute, dass diese Entwicklung damit zusammenhängt, dass die Skepsis der Soldaten, Trümmerfrauen, Flakhelfer und Kriegskinder verblasst, mit ihr die Aversion gegen nationales Pathos.

Nationalismus ist einer der billigsten Superlative. Als junger Erwachsener beherrschte mich vorwiegend das Gefühl, deutsche Siege seien peinlich. Ich konnte es auch mit anderen teilen. Damit würde ich heute nicht mehr rechnen. Wenn es im Sport um die eigene Mannschaft geht, ist schon seit vielen Jahren Superlativismus selbstverständlich. Jeder Sieg wird zum Event und auf der Fan-Meile in einem stereotypen Ritual mit Fahnen und Hupkonzerten begangen, kopflose Menschen in dachlosen Autos.

Die Psychoanalyse hingegen ist so wenig Event, dass sie in ihren Darstellungen in den Medien eigentlich niemals korrekt gespiegelt wurde. Im Alltag einer Praxis liegt der Patient ruhig da, der Analytiker sitzt, die Stunde vergeht in einem bald ruhigen, bald emotional aufgewühlten Gespräch. Aber es muss nur eine Kamera auf diese Szene gerichtet sein und schon passiert viel mehr.

Der Analytiker steht auf, gestikuliert, der Patient, läuft herum, es wird Tee serviert, eine Decke gebreitet, eine Umarmung versucht und angenommen oder abgewehrt. Es ist wirklich ganz ähnlich wie im Leben des New Yorker Detektivs: Solange keine Kamera präsent ist, zieht er seine Schusswaffe einmal in seinem Leben; sobald die Kamera seine Arbeit verfolgt, knallt es jeden Tag.

Der Beschleunigungs-Wahn

Als Buchautor habe ich die Event-Orientierung am eigenen Leib miterlebt. Früher hatte ein Buch Zeit, seinen Platz auf dem Markt zu erobern. Bücher blieben länger lieferbar, sie wurden noch zwei Jahre nach Erscheinen rezensiert. Heute entscheidet sich das Schicksal eines Buches in den ersten Wochen um seine Publikation. Wenn es in dieser Zeit nicht genügend Aufmerksamkeit gewonnen hat, ist es meist mit ihm vorbei. Die wichtigen Medien rezensieren nicht in aller Ruhe, wenn das Buch auf dem Markt ist. Sie erhalten vorab die Fahnen, die Besprechung ist fertig, ehe jemand das Buch gekauft hat, nur um dem Konkurrenten zuvorzukommen. Die Buchhändler schicken gnadenlos nach einigen Monaten zurück, was kein Seller zu werden verspricht.

Gleichzeitig werden immer mehr Bücher und Zeitschriften veröffentlicht. Der Ereignis-Hype erinnert an das Verhalten Ertrinkender: Der Zeitstrom fließt so schnell, die Vergänglichkeit des heute extrem wichtigen ist ebenfalls so extrem, dass jedes Ereignis in den Medien gewissermaßen die Arme hochreißt und aus Leibeskräften schreit, ehe es versinkt.

Vor hundert Jahren schlachtete man ein Schwein, wenn es drei Jahre alt war. Dann hatte es genug Fett und Fleisch angesetzt, um jenen Braten zu liefern, der Älteren in Erinnerung ist und den es gegenwärtig sauteuer im Bioladen gibt.

Heute werden die mit zusätzlichen Rippen und viel schnellerem Fleischansatz gezüchteten Schweine in acht Monaten „schlachtreif" gemästet. Ein Sophist hat diese Entwicklung hochgerechnet und ist zu dem Ergebnis gekommen, dass wir im Jahr 2020 die Sau schon schlachten werden, ehe sie geboren ist.

Ich blättere manchmal in einem Reprint des Metallwarenkatalogs der Firma August Stukenbrok in Einbeck aus dem Jahr 1926. Die Waren werden abgebildet und haben immer dieselben Eigenschaften, sie sind fein vernickelt, bewährt, gute Qualität. Keine will etwas Besonderes sein. Wenn ich abends ins Kino gehe, kann ich den ganzen Unterschied ermessen, den der amerikanische Werber-Spruch angekündigt hat: Don't sell the steak, sell the sizzle! Verkaufe nicht das Steak, verkaufe sein Zischen in der Pfanne, verkaufe die Vorfreude, die Erwartung, das Symbol für große Dinge, freie Landschaften, wunderbare Menschen, rauschende Erfolge. Kurzum: Appelliere an die manische Abwehr, an die Illusion von Grandiosität, an den Glauben.

Wie besessen, so vergessen

Zu den erstaunlichen Leistungen der mittelalterlichen Stadtkultur gehört das Bauen großer Kirchen. Der Dom war ein Symbol für den Stolz und den Leistungswillen der Bürger; darüber hinaus drückt er aber auch ein erstaunliches Vertrauen in den Beitrag der nächsten Generation aus.

In Florenz hatten die ehrgeizigen gotischen Baumeister Längs- und Querschiff grandios dimensioniert, um den Rivalen Siena zu übertreffen – so groß, dass fast hundert Jahre vergingen, ehe ein Baumeister heranwuchs, der diese Vierung überwölben konnte. So lange stand der Dom unter Notdächern, provisorisch genutzt, im Herzen der Stadt und wartete auf die noch nicht vorhandene Bautechnik der Renaissance zu seiner Vollendung.

Der Dom von Siena verbindet romanische und gotische Elemente. Sein Fußboden ist mit Marmorintarsien und Ritzzeichnungen geschmückt. Über mehr als drei Jahrhunderte wurde an diesem Dom gebaut. Aber neben der Fassade erkennt man Spuren einer riesigen Vierung, Reste eines gigantischen Projekts, das nicht vollendet werden konnte. Die Stadtväter von Siena wollten, um Santa Maria del

Fiore in der großen Rivalin am Arno zu übertreffen, den vorhandenen Dom als Querschiff für eine neue Kirche nutzen, deren Dimensionen alles damals bekannte in den Schatten stellen würden.

Vor einigen Jahren sprach ich mit einem jungen evangelischen Pfarrer. Er hatte eine halbe Stelle in der Gemeinde (die andere Hälfte gehörte seiner Ehefrau). Daher wollte er neben seiner Arbeit in der Kirche als Supervisor und Coach arbeiten. Er ließ sich von mir beraten, wie er sich in diesem für ihn neuen Aufgabenfeld bewegen sollte.

Gegenwärtig lagen ihm zwei Anfragen vor, die erste von einem Kindergarten, der eine Teamsupervision wollte, die zweite von dem Geschäftsführer einer kleinen Softwarefirma, der ein Coaching für seine Mitarbeiter suchte.

„Ich mache jetzt erst einmal den Kindergarten", sagte mein Gesprächspartner. „Für ein Coaching im Profit-Bereich bin ich noch nicht so weit, ich werde Bescheid geben, dass ich in drei Jahren gerne auf sein Angebot zurückkomme!" Ich musste lachen. Er erkundigte sich, was denn daran komisch sein könne. „Ihr Vertrauen, dass es diese Firma dann noch gibt!" sagte ich.

Eine beruflich erfolgreiche Betriebswirtin, die wegen ihrer Beziehungsprobleme Hilfe suchte, erzählte mir von ihrer Hochzeit. Diese sei das Einzige gewesen, was sie in dieser Ehe nie bereut habe. Im Grunde habe sie nicht die Ehe geschlossen, um ihre Liebe zu besiegeln, sondern um endlich ihre Traumhochzeit feiern zu können. Sie habe eine mittelalterliche Burg ausgesucht, alle Gäste seien kostümiert gewesen, es gab eine Kutsche und ein Brautkleid mit langer Schleppe, einen Pfarrer, ein kleines Orchester, einen Polterabend mit Brautraub, kurz alles was dazugehörte.

Es sei ein tolles Fest gewesen, an das sie immer noch gerne zurückdenke. Eine solche Hochzeit musste sie einfach einmal im Leben haben, egal wie sich die Sache nachher entwickele. Das Zusammenleben hätte dann schon nach sechs Monaten nicht mehr funktioniert.

Ein neues Automodell des XY-Konzerns soll vorgestellt werden. Die größte Halle des Landes wird gemietet, fünf Tage vorher arbeiten hundert Catering-Kräfte fieberhaft. Ein namhafter Maler wurde engagiert, der für ein hohes Honorar eine riesige Leinwand bemalte. Dieses Bild ist ein Opfer an das neue Modell: Indem es die Leinwand durchbricht, zerstört es das Kunstwerk, gefeiert von einer speziell komponierten und von einem berühmten Orchester gespielten Musik. Mehrere tausend Gäste, Freunde des Konzerns, Presse- und Medienvertreter, Großkunden sind geladen. Das Ereignis kostet einige Millionen, ist in wenigen Stunden vorbei, „rechnet" sich aber insofern, weil die Berichte über das Ereignis mehr Raum füllen, als die Hersteller-Firma für das gleiche Geld als Werbefläche kaufen könnte.

Michelangelo hat die Wände der Sixtina für einen der Ereignisträger seiner Zeit bemalt. Sein Werk hat sich bis heute erhalten und wird wahrscheinlich noch viele Jahrhunderte überdauern. Im Event-Zeitalter ist das undenkbar. Wir warten nicht mehr auf ein jüngstes Gericht am Ende der Geschichte. Jedes neue Modell sendet seine Vorgänger zur Hölle.

Anfang Mai 2006 wäre Sigmund Freud 150 Jahre alt geworden. Um diese Zeit sind die Medien voller Freud-Berichte, es erscheinen ungefähr zwanzig neue Biographien, „Spiegel" und „Stern" erscheinen mit fast identischen Titelbildern, in denen der bärtige, zigarrenbewehrte Forscher mit einer nackten Frau kombiniert wird. Jahrzehnte einer hämischen Berichterstattung, die in denselben Medien Freud als überholt, unwissenschaftlich, therapeutisch gegenüber Verhaltenstraining und Psychopharmaka völlig veraltet darstellte, sind wie nie gewesen. Er wird als Pionier gerühmt, hat die Sexualität befreit, die Therapie revolutioniert, die Hirnforschung vorausgeahnt. „Nach diesem Hype können Sie Freud für die nächsten Jahre vergessen", erklärt der zuständige Redakteur einem freien Mitarbeiter, der zu diesem Jubiläum einen Artikel beigesteuert hat. „Da will niemand mehr etwas von ihm hören, so abgenudelt wie der ist!"

Event-Politik

Die hektische, plakative Reaktion, welche die Eventkultur von uns verlangt, hat ihre bedrohlichen Seiten. Politik ist von Max Weber mit dem langsamen Bohren dicker Bretter verglichen worden. Daraus ist kein Event zu machen, es sei denn, wir schießen mit einer Laserkanone auf das Brett, so dass es unter einem Lichtblitz verdampft. So macht das James Bond. Agent 007 wäre wahrscheinlich der erfolgreichste Politiker des Jahres 2007.

Wo ein Missstand ist, hat der Event-Politiker eine Blitzlösung. „Wegsperren, und zwar für immer", angesichts eines Sexualtäters wäre ein Beispiel. Es zeigt, wie weit ein einst professionell arbeitender Jurist wie Gerhard Schröder regredieren kann, wenn es in die Medien passt und seine Popularität steigert.

Im Event herrscht der primitive Narzissmus. Gut und Böse sind nicht gemischt, sondern gespalten: Es gibt den Sieger und den Verlierer, die richtige Politik und die falsche. Wer das propagiert, vor dem kann einem bange werden. Die Handelnden blenden sich selbst, indem sie Ambivalenzen leugnen. Angesichts des Sexualtäters etwa die, dass wir weder alle Harmlosen mit den Gefährlichen wegsperren, noch die Gefährlichen mit absoluter Sicherheit von den Harmlosen unterscheiden können.

Mein zweites Beispiel ist der Krieg gegen den Terror. Da ein solcher Krieg weder erklärt noch gewonnen werden kann, findet er allein auf der Event-Ebene statt. Statt den Terror zu mäßigen und seine Ausnahme-Qualität, seinen zivilisatorischen Rückschritt herauszuarbeiten, ließ sich die amerikanische Exekutive von den terroristischen Qualitäten infizieren.

Das verwundert nicht, denn es gibt keinen Unterschied zwischen Terror und Event. Nicht jedes Event ist Terror, aber jeder Terror will Event sein, „Theater". Er lebt von der Aufmerksamkeit der Medien und sucht schnelle Ergebnisse angesichts langsamer Probleme.

Ein anderes, dokumentiertes Beispiels: Angesichts eines dramatisch ums Leben gekommenen, von den Eltern missbrauchten Kindes, hinter dem eine massive Überlastung der zuständigen Behörde deutlich wird, reagiert die lokale Politik mit der Zusage, den Stellenplan des Jugendamtes um 50 Sozialpädagogen aufzustocken. Nach einer Woche redet niemand mehr über die Angelegenheit; nach einem halben Jahr beschließt der Stadtrat, die zugesagten Stellen wieder einzuziehen, das Geld wird dringender an anderen Orten gebraucht.

Event und Konsum

Der Papstbesuch im Jahre 2006 ist etwas völlig anderes, als es früher der Dom war. Der Dom im Mittelalter brauchte kein Spektakel, er musste nicht an sich erinnern, um nicht vergessen zu werden; er brauchte kein Ritual, um sich zu feiern. Der Papst ändert am Glauben der Masse nichts, indem er ihr ein Spektakel bietet; er bietet vielmehr das Spektakel, weil er es für seine Pflicht hält und lieber nicht an die Stellen im Evangelium denkt, wo das Spektakuläre auf Einflüsterungen Satans zurückgeführt wird.

Als John Lennon einmal sagte, die Beatles seien bekannter als Jesus Christus, wurde er dafür von den fundamentalistischen Christen in den USA verflucht. Sein späterer Mörder sollte sich auf diese Empörung berufen. Aber nicht die Beatles haben Jesus Christus nachgeahmt; allenfalls imitiert der Papst heute die Popstars.

Um ein Verständnis für die Struktur einer Gesellschaft zu entwickeln, halten wir uns an ihre Bauwerke. Was ist heute so mächtig, so lebenszentral, so bevölkert und menschenprägend, wie einst der Dom? Ich denke: Flughäfen, Stadien, Bahnhöfe. Oder an die Shopping Mall, welche sich um jeden modernen Flughafen oder Bahnhof bildet? Hier begegnen wir der Inflation des Events am deutlichsten. In den Kaufhausketten bemühen sich ganze Abteilungen, konsumträchtige Events zu generieren - heute ist die Toscana dran, mit Wein, Käse und Fahnenschwingern, morgen Nordic Walking, dann Ostasien mit der Verlosung eines brandneuen japanischen Automodells, später vielleicht Mexiko oder Frankreich.

Eine Architektin schreibt dazu:

„Heißt es "der mall" oder "die mall" oder gar "das mall", bereits den Artikel kann man sich aussuchen. Diese Räume ersetzen zusehends die Angebote der Stadt, zunächst ausschließlich beschränkt auf Warenkonsum, wird dort inzwischen ein großer Teil der Freizeit verbracht. Von der Espressobar zum Biergarten, unter Palmen neben Hydrokultur. Diese überdachten, klimatisierten Gebäudekomplexe sind die neuen Zentren der Peripherie, aber auch in den Innenstädten übernehmen diese Orte immer öfter "Zentrumsfunktionen". Die Lage der innerstädtischen Mall wird durch die Verbindung mit dem schon bestehenden Verkehrssystem definiert. So führt der Weg in die Stadt oft durch das Einkaufszentrum. In Berlin sind am äußeren S-Bahn-Ring eine Reihe solcher Zentren entstanden, sogenannte "Ringcenter". Auch die "neuen" Berliner Bahnhöfe werden zu "Einkaufsbahnhöfen" umgebaut.
Nach Außen abgeschlossen, gestatten diese Orte nur den Blick nach oben, in den immer gleichen Himmel. Das schlechte Wetter bleibt vor der Tür, wie auch alles andere "Böse". Die "Einkaufstraße" ist in verschiedene Atmosphären gegliedert, kleine Platzsituationen mit echten Grünpflanzen und Straßencafes mit Wasserfällen im Hintergrund. So entsteht ein großes, künstliches nach außen geschütztes und abgeschlossenes Ambiente, in dem eine urbane Atmosphäre herrscht. Die immer auf den neusten Stand der Technik gebrachten Malls passen sich ständig den veränderten Bedürfnissen der Konsumenten an. Ihre Gestaltung stützt sich auf Marketing-Profile, die nicht nur auf die Kaufwünsche und Zielvorstellungen der Kunden, sondern auch auf deren "Identität" zielen. Kreiert werden solche Atmosphären nicht mehr von Architekten. Das erledigt die Disney Corporation viel perfekter."[1]

Als Theodor W. Adorno[2] 1968 die „Kulturindustrie" kritisierte, zielte er vor allem auf Filme und Schallplatten mit der von ihm so verachteten Jazzmusik, die heute beide bereits eher zu den von der Eventkultur bedrohten Spezies gerechnet werden. Aber immer noch wird an der Eventkultur kritisiert, dass sie vor allem dem Konsum dient. Das ist ebenso richtig wie banal und unterstellt den Künstlern

früherer Epochen eine Uneigennützigkeit, die sie so nur in verklä-
renden Darstellungen des 19. Jahrhunderts hatten.

Rationalisten behaupten manchmal, dass Konsumenten durch geschickte Werbung bewogen werden können, alles zu kaufen. Die
Praktiker des Marketing und der Werbung lächeln über diese Meinung. Sie wissen genau, wie groß der Friedhof jener Produkte ist, die
sich durch keine Werbekampagne haben vermarkten lassen.

„Erfolgreich" in dem Sinn, dass es sich gegen andere Events durchsetzen, sie an Bedeutung übertreffen kann, ist ein Ereignisprodukt
dann, wenn es ihm gelingt, die Konsumenten dort abzuholen, wo sie
sind. Die frühen Hypnotiseure sprachen vom „Rapport". Wer Menschen beeinflussen will, muss zu ihnen eine enge, als Bindung erlebte Beziehung aufbauen, auf deren Nähe zur Verliebtheit Freud (in
„Massenpsychologie und Ich-Analyse") verweist.

Der Event und das Zapping

Der Event soll packen und nicht loslassen. Daher auch der Beginn
seiner großen Zeit in den 80er Jahren, als mehrere Fernsehprogram-
me und der Zauberstab der Fernsteuerung in den Konsumgesellschaf-
ten Teil der Alltagskultur wurden. Die Möglichkeit, blitzschnell ein
Ereignis zu wechseln, es „wegzuzappen", weil es nicht geeignet ist,
emotional zu binden, prägt seitdem die Inszenierung von Aufmerksamkeit. Die Bedeutung der Zapping-Geste für das moderne Lebensgefühl und seine Schwierigkeiten mit dem „Dranbleiben" können wir
gegenwärtig nur erahnen.

Wer alle Sinne fesselt, hat größere Chancen, den Rapport aufzubauen. Daher reicht es bei der Eröffnung einer Olympiade nicht
mehr, einfach die Teilnehmer hinter ihren Fahnen einmarschieren zu
lassen; vorher wird noch das Stadion unter Wasser gesetzt, tanzen
Tausende, erklingt eine spezielle Komposition.

Das Oktoberfest ist seit dem Beginn der Zapping-Ära nicht mehr einfach ein Rummel mit Besäufnis. Man erkennt die Besucher schon von
weitem, denn sie haben sich eigens in bayrische Tracht (oder was die

Modeindustrie dafür hält) geworfen. Wenn eine blonde Hotel-Erbin den Bier-Event nutzen will, um ihren eigenen Event - die Vermarktung von Prosecco in Dosen - zu starten, liefert ihr die Münchner Fremdenverkehrsreferentin ein medienwirksames Gefecht: Auf der Wiesn wird Oktoberfest gefeiert, keine Modenschau, keine Promotion-Tour. So darf Paris Hilton nur als Privatgast ins Hippodrom, aber weil die Presse eingeladen ist und alle kommen, findet sie doch noch ihren Event.

Die Sehnsucht nach Zusammenhang

„Früher rief der Kunde an, man vereinbarte Termin und Preis, bekam den Auftrag, arbeitete und bekam sein Geld. Heute muss man das Projekt präsentieren, sich einer aufwändigen Konkurrenz stellen, viele Vorgespräche führen, sich zertifizieren lassen, und ob man nach der Arbeit das Geld bekommt, ist immer unsicher." Solche Klagen kann man von Handwerksmeistern, Supervisoren, Coaches und Unternehmensberatern hören.

Während die Bindungen in der Arbeitswelt schwächer werden, Siemens, die Post, die Bahn allesamt keine Garantie für eine Lebensstellung mehr sind und der subjektive Druck für viele Leistungsanbieter wächst, werden die Events umfassender. Sie stiften Geborgenheit, machen sich zur Ganzheit, wie das im Trachtenkostüm besuchte Oktoberfest oder die „Dinnershow", bei der ein (Fernseh-)Koch und ein Kabarett gleichzeitig genossen werden können.

Die Hingabe an den Event soll möglichst total sein; was die heftigsten Identifizierungen auslöst, hat auch die besten Chancen. Daher die Beliebtheit von „Big Brother" oder den Casting-Shows, in denen „ganz gewöhnliche" Menschen auf ihrem Weg zum Sänger, Tänzer oder Quiz-Sieger begleitet werden. Die Zwölfjährigen, welche Plakate hochhalten, dass sie sich gerne von ihrem Lieblings-WM-Fußballer „Schweini" oder „Poldi" ein Kind machen lassen würden, werden als Teil der allgemeinen Begeisterung toleriert. Sie drücken die unerfüllbare, aber auch nicht ernst gemeinte Sehnsucht aus, der Event sollte dauerhaft sein, sollte bleiben und nicht wieder verschwinden.

Wenn zwei Events konkurrieren, wird der gewinnen, der mehr manische Abwehr verspricht: Geborgenheit im Ungeborgenen, Ganzheit in der Zersplitterung, Sicherheit in der Globalisierung und Reichtum im Prekariat.

Der Event als Aufhebung seiner selbst?

Wenn wir akzeptieren, dass die gesellschaftliche Bedeutung des Doms als Zentrum der Stadt dem Mobilitäts/Markt/Unterhaltungsraum der Mall weichen musste, trägt es zum Verständnis wenig bei, das als Struktur- und Sittenverfall zu beklagen. Zumal der Dom ja nicht nur für Gutes steht, sondern auch für Inquisition und Engstirnigkeit.

Vom Blickpunkt des Doms aus ist die Mall ein Chaos, ein mit Lava gefüllter Krater, der ständig neue Probleme kreiert und neue Lösungen für diese von ihm geschaffenen Probleme. Aber wäre es nicht möglich, dass in diesem Schmelzofen eine Zukunft entsteht, die ihn verändert?

Hören wir noch einmal der jungen Architektin zu, die über die Verteilung von Macht und Raum in der Stadt nachdenkt, indem sie auf ihre persönlichen (die Generation nach den 68ern symbolisierenden) Erinnerungen zurückgreift. Sie hat ihr Studium in Berlin abgeschlossen und blickt von dort aus auf ihre ersten Erfahrungen mit einer „Mall" zurück, die sie als Ritual ihres Heranwachsens und der Ablösung von den Werten ihrer Eltern empfindet. Sie distanziert sich nicht kritisch von der „Kulturindustrie" der Warenwelten, sondern nutzt diese, um zu ihrer eigenen Realität zu finden.

„Mit dem frischen Taschengeld ging ich in die Münchner Fußgängerzone. Das hatte sich quasi, als Ritual, in der ersten Phase meiner Selbständigkeit, also alleine in die Stadt fahren, etabliert. Ich begann am Marienplatz, suchte immer die gleichen Läden auf. Waren es am Anfang noch Spielwaren und Bastelläden, wurden die später ersetzt durch Schuhgeschäfte, Kaufhäuser, Plattenläden. Der Abschluss, und das änderte sich nie, war McDonalds am Stachus. Ein völlig verbotener Ort. Zuhause gab es dann am Abend Vollkornspaghetti, oder ähnlich gesundes Essen. Da konnte ich nur lachen. Diente der Fast-Food-Ausflug doch meiner Unabhängigkeit. Auch wenn ich jetzt nach Hause fahre, gehe ich sofort shoppen. Erst mal einen Überblick verschaffen. In ritualisierten Abläufen ändert sich doch jedesmal der Weg. Ich kontrolliere, was da ist. Wieder ist es die Nahrungsaufnahme die am ritualisiertesten ist. Der frisch gepresste Saft am Viktualienmarkt mit einer Zigarette auf dem immer gleichen Platz. In Berlin habe ich nie versucht das Warenangebot so angestrengt zu kontrollieren. Es gibt eine City West Strecke und eine in der City Ost. Aber die Idee, die Welt besser zu verstehen über ihre Produkte, ist geblieben. Auch der Spaß daran, alleine und ohne ein Ziel durch die Stadt zu streifen. Ich schreibe jedesmal einen neuen Text, eine andere Geschichte. Shopping is creating."[3]

Wenig später schließt die Autorin:

„So sehr ich auch hoffe, mir fällt bald etwas besseres ein als "Shopping", so ärgert mich auch der Kulturpessimismus, das Jammern. Der "Shopper" scheint mir viel schlauer als die Räume, in denen er sich bewegt, die Bühne dümmer als die Akteure. Die Erzählweise, die Aktion im Alltag, hat sich verändert. Das passiert in einem spannenden Wechsel aus Anpassung und Widerstand. Die Stadt, in der diese Geschichte erzählt wird, passt nicht mehr zur Handlung und nun wird die Geschichte von Anderen erzählt. Ich glaube aber trotz allem an Architektur, auch daran, dass diese "Freiheit" organisiert werden kann...."[4]

Als Hinweise darauf, dass die Akteure klüger sein können als ihre Bühne, erwähnt sie Susan Sontags Anmerkungen über „Camp", einen ironischen Stil, der manchmal „Kitsch für Intellektuelle" genannt wird und darauf beruht, dass Widersprüche zwar reflektiert, aber nicht bereinigt werden. "Camp ist die konsequent ästhetische Wahrnehmung der Welt. Es stellt den Sieg des Stils über den Inhalt dar, des Ästhetischen über das Moralische, der Ironie über die Tragödie."[5]

Der Aufsatz ist Oscar Wilde gewidmet, der laut Sontag „ein wichtiges Element des Camp vorwegnahm, nämlich: die Gleichwertigkeit aller Objekte" und damit den „demokratischen Geist des Camp zeigte". [6] Wilde fand einen Türgriff ebenso bewundernswert wie ein

Gemälde. „Camp-Geschmack ist eine Art Liebe, Liebe zur menschlichen Natur. Er genießt die kleinen Triumphe und die lästigen Heftigkeiten des "Charakters", statt Urteile darüber zu fällen. Camp ist ein zärtliches Gefühl."[7]

Dem Camp entspricht in der Psychotherapieszene der Witz vom Bettnässer: Er macht zwei Jahre Psychoanalyse, verliert nicht sein Symptom, sondern macht jetzt gerne ins Bett. Wenn ein Universitätsprofessor Comicstrips liest und keine Folge von „Dallas" versäumt, ist das „campy". Camp wäre eine zärtliche Aneignung von Welt, ein Versuch, die Welt so zu nehmen, wie sie ist, und gutgelaunt der Kulturindustrie ins Gesicht zu lachen.

Die Übermacht der Prothese

Die Entwicklung der Eventkultur erfüllt Abwehrfunktionen, von denen in der klassischen psychoanalytischen Kulturkritik nicht die Rede sein konnte. Sie macht die Kultur nicht behaglicher, aber sie lenkt doch sehr effektiv davon ab, dass diese inzwischen eine ganze Reihe Unbehaglichkeiten hinzugewonnen hat. Freud konzipierte technische „Prothesen", die Eisenbahn, das Schiff, das Telefon. Aber emotionale Prothesen, wie sie die Kulturindustrie liefert, haben sich erst nach seinem Tod zu ihrer heutigen Erlebnisdominanz entwickelt.

Wenn wir Freuds Bild vom „Prothesengott" weiterdenken, kommen wir zum Event als Ware und zur Ware als Event. Die Entwicklung geht in zwei Richtungen. Die erste ist geprägt von der Software der Kulturindustrie, der Soaps, der medialen Ereignisse, die – wie Star Wars – die unterschiedlichsten Warenwelten vom Spielzeug bis zur Halloween-Maske prägen und so das Gesamtkunstwerk *Event* schaffen.

Die zweite Richtung betrifft die Prothesen selbst. Sie sind heute mehr als Prothesen, sie übertreffen ihren Schöpfer, beschämen ihn, machen ihn abhängig von erborgter Grandiosität. Sie machen den Menschen zu einem Problemfaktor, der als Autofahrer zu langsam ist, um die Stärke seines Motors und die Schnelligkeit seiner Räder zu bändigen, als Computerbesitzer zu beschränkt, um die technischen

Weiten seines Systems zu erfassen, als Handyeigner zu blind, um Vielfalt und Reichtum an Funktionen zu nutzen.

Die Person des „Führers", die Freud noch als Antidepressivum und Werkzeug manischer Gleichschaltung der menschlichen Masse interpretiert hat, löst sich in der Eventkultur auf. An ihre Stelle treten einzelne Warenereignisse oder Ereigniswaren, die langfristige Planungen und systematisches Vorgehen erschweren. Kurzfristig sind sie so mächtig und einflussreich, dass die vor der Eventkultur eher schlichte Werbung inzwischen zu einem komplexen Dienstleistungsberuf („public relations") wurde. Großkonzerne bauen eigene Abteilungen auf, welche sich ausschließlich mit den Events befassen, welche das Unternehmen in der Öffentlichkeit repräsentieren, sein Ansehen fördern oder gefährden.

Ein neuer Beruf ist entstanden: Ohne Medienberater oder Mediencoaches können sich viele Vorstandsvorsitzende und Politiker ihre Tätigkeit nicht mehr vorstellen. Diese Berater sorgen dafür, dass die heutigen „Führer" sich selbst zu einem gefragten Warenereignis stilisieren, das ihnen hilft, ihre Popularität zu erhalten und Angreifern den Wind aus den Segeln zu nehmen.

Etwas zugespitzt ließe sich sagen: Nicht der Manager, der Politiker gestalten die Ereignisse, sondern der Eventberater gestaltet den Auftritt und manchmal sogar die Persönlichkeit des Politikers. Medien, Mediengestalter und die Medien beherrschende Gestalten greifen wie Zahnräder ineinander. Es ist nicht mehr erkennbar, wer jetzt was wann bewegt.

Was wird durch die Eventkultur abgewehrt?

1. Sinnlosigkeit

Freud hat die Frage, ob das menschliche Leben einen Sinn habe, als unzulässig abgewehrt - schließlich erkundige sich doch auch niemand nach dem Sinn des Lebens der Tiere. Die Sinnsuche wird von vielen Menschen emotional besetzt. Sie beruht auf einer Extrapolation. Vieles, was ich tue, geschieht in der Absicht, ein Ziel zu erreichen.

Da muss doch das Ganze meines Erlebens auch auf ein Ziel hin gerichtet sein!

Stabile Antworten sind nur möglich, wenn irgendeine Form eines Jenseitsglaubens aufrechterhalten werden kann. Seit Nietzsche sagen konnte „Gott ist tot!", ist das sehr viel schwieriger geworden. Religion trägt viele Menschen emotional nicht mehr, sie schützt nicht mehr vor Gefühlen der Sinnlosigkeit. *Der Event ersetzt einen Mangel an diesem sozusagen großen und langfristigen Sinn durch Intensität.*

So lange ich an diesem Ereignis teilhabe, löst sich die große Sinnfrage in dem Ereignishorizont auf. Insofern ist die Beliebtheit des Detektivromans ein Vorbote der Eventkultur. So lange die Sinnlosigkeit des unaufgeklärten Mordes Schritt für Schritt, durch alle Gefahren und Rückschläge, in Bedeutungen verwandelt wird, verstummen die nagenden Zweifel am Sinn der eigenen Existenz.

2. Wertlosigkeit.

Dominante Inszenierungen der Eventkultur drehen sich um Preisverleihungen (Oscar, Bambi, Goldene Palme, Nobelpreis) für frühere Leistungen oder um aktuelle Wettbewerbe (Olympia, Weltmeisterschaften, Bundesliga, Casting-Show). Wo wir solche Wettbewerbe nicht vermuten, werden sie inszeniert: Nicht einige schrullige Pseudoprominente suchen jemand, der vielleicht Sänger oder Tänzer werden könnte, sondern „Deutschland" sucht den „Superstar".

Die Zuschauer können sich durch die Stärke ihres Händeklatschens oder durch Telefonanrufe selbst in die Richter-Rolle setzen, Sieger bestimmen und Unterlegene. *Der Event hilft, Gefühle von Wertlosigkeit oder Wertunsicherheit abzuwehren.* Es gibt zahllose Möglichkeiten, mit dem Urteil der Preisrichter mitzugehen, gegen dieses Urteil zu rebellieren, eigene Wertunsicherheit zu verleugnen.

3. Exhibitionistische Frustration

Die Leitkultur des 19. Jahrhunderts kam aus England und betonte, protestantisch-puritanisch gefärbt, die Tugenden des Understatement. In Preußen hieß es „mehr sein als scheinen". Einer der ersten, der mit diesem Tabu brach, und zugleich einer der von den Medien gekrönten Pioniere der Eventkultur war der Boxer Cassius Clay. Sein Slogan „ich bin der Größte" sicherte ihm Aufmerksamkeit, aber auch hämische Kritik der Medien; er galt als „das Großmaul".

Immer übersteigt die Zahl derer, die gierig nach Ruhm haschen und ihn nicht erreichen, die Zahl derer, die tatsächlich bis in das Rampenlicht vordringen und dort einige Augenblicke verweilen. Ein zynischer Beleg dieser Tatsache sind die vielen Kopien, die jede reale und selbst virtuelle Figur produziert, welche den begehrten Glanz gewonnen hat: Elvis Presley oder Marilyn Monroe, Harry Potter oder Luke Skywalker.

Exhibitionismus weckt Neid und verletzende Kritik, die Verletzungen wiederum stimulieren den Exhibitionismus. Die Folge ist das genaue Gegenteil des alten Spruchs: „Wenn du geschwiegen hättest, wärst du ein kluger Mann geblieben!" Ob Schlagersänger, Schauspieler, Tennis- oder Fußballstar - jeder redet oder schreibt sich gelegentlich um Kopf und Kragen. Der Event lässt an Aufstieg oder auch Absturz eines Idols teilhaben. Im Werden des Ruhms winkt eigene Geltung; in seinem Zusammenbruch der Trost, nicht selbst betroffen zu sein.

4. Unübersichtlichkeit

4.1. Komplexität.

In der Konsumgesellschaft dominieren Unübersichtlichkeit und mit ihr Ängste, sich in komplexen Zusammenhängen zu irren, sich täuschen zu lassen, Fehler zu machen. Die Eventkultur bietet eine Ersatzbefriedigung, welche diese Ängste abwehrt, indem sie „Durchblick" und „Kontrolle" wenigstens über das aktuelle Ereignis verspricht.

Die Tendenz der Medien, Events zu produzieren, welche von realer Komplexität ablenken, ist umso größer, je weniger gebildet die Käufer sind. Die meisten Schlagzeilen der Boulevardpresse erzeugen „menschliche" Events, die jeder verstehen und bewerten kann. Die „seriöse" Presse versucht, Sachthemen auf die erste Seite zu stellen.

Sie bringt die „menschlichen" Ereignisse auf der letzten Seite unter. Typisch für die Eventkultur ist, dass kein Massenmedium auf den angesagten Event verzichten wird. Über den neuen Potter-Band berichten alle Medien, aber auf unterschiedlichen Sendeplätzen. Kaum eines wird das Thema ignorieren. So gewinnt der Event eine unentrinnbare Qualität, die mit der Phantasie der Medienschaffenden zusammenhängt, wer irgendwo nicht dabei sei, falle heraus.

4.2. Heimatlosigkeit

Stars einer Vorabendserie haben nicht selten Ärger mit Zuschauern, die sie auf der Straße treffen und so distanzlos behandeln, als ob sie nicht die Schauspielerin B., sondern eine bis in die Details ihres Liebeslebens vertraute Freundin vor sich hätten, der gegenüber sie schon immer den einen oder anderen Kommentar loswerden wollten. („Hey, was du mit dem X. gemacht hast, das war wirklich nicht richtig, eine anständige Frau tut das nicht!")

Solche Reaktionen sind in der Eventkultur weder zufällig noch beliebig, sondern zu erwarten. *Eine TV-Serie schafft für Zuschauer eine künstliche Heimat, ein Zuhause, das es ihnen erlaubt, den Mangel an Beziehungen und interessanten Personen in ihrem Alltag zu verleugnen.* Zur Realität der City gehört, dass Menschen in ihren Wohnungen isoliert sind; die Serienheimat hingegen stellt dörfliche Verhältnisse her, es ist immer etwas los, immer kommt jemand vorbei und lädt spontan zur Party ein.

5. Monotonie

5.1. Neue Bräuche

Jägerkultur, Dorftradition, „gute alte Zeit" waren sehr viel weniger berechenbar als die (Post-)Moderne, in der immer alles am Funktionieren gehalten werden muss und die Tendenz zum Supermarkt geht, der jeden Tag 24 Stunden an denselben Plätzen dieselben Waren anbietet.

Der Event wehrt die Öde ab, welche durch Arbeitsanforderungen entsteht, in denen immer gleiche Prozesse eine schwer erträgliche

Monotonie verbreiten: jeden Tag ins Büro fahren, sich an den Bildschirm setzen, die Vorgänge abarbeiten. Die Eventkultur intensiviert zyklisch im Jahresablauf verwurzelte Ereignisse, die den Alltag gestalten helfen: der Weihnachtsmarkt, das Silvesterfeuerwerk, der Fasching/Karneval. In den gegen Routine gesetzten Riten ist die Eventkultur nicht wählerisch; in den letzten Jahren haben sich neue „Volksbräuche" (etwa Halloween-Masken, Weihnachtsmänner, durch LED's leuchtende Rentiergeweihe) durchgesetzt. Feststimmungen werden in Vorgärten inszeniert - Leuchtgirlanden und Santa Claus im Dezember, der Osterbusch mit dutzenden bemalter Eier im Frühling, der von innen erleuchtete Kürbis Anfang November.

5.2. Rites de passage

Die Gleichförmigkeit gilt auch für die Biografie. Kindergarten, Schule, Beruf reihen sich aneinander. Um Monotonie und Bedeutungsarmut abzuwehren, werden künstliche Übergangsrituale geschaffen. So veränderte sich beispielsweise die Abiturfeier dramatisch. Sie wird von den Abiturienten als Event im Wettbewerb mit anderen Gymnasien gestaltet, spezielle Räume werden angemietet, aufwändige Garderobe wird in vielen Fällen eigens gekauft, es gibt Musik, Show, Getränke.

Als meine Älteste 1987 Abitur feierte, saßen wir in Strassenklamotten in der Turnhalle an Tischen, es gab Brezeln und Bier, das Schulorchester spielte, die Zeugnisse wurden ausgehändigt. Als 2002 meine Jüngste dran war, trug sie ein ausgeschnittenes schwarzes Kleid, die Räume waren angemietet, es kostete Eintritt, es gab Champagner, die Zeugnisverteilung war mit dramatischer Musik untermalt und um eine Darbietung im Stil einer Oscar-Verleihung bereichert, in der drei Anwärterinnen oder Anwärter für Titel wie „die süßeste Maus" oder „das Mädchen mit den schwärzesten Augenringen" nominiert und dann die Gewinnerin ausgerufen wurde.

Als vor zwei Jahren ein Freund seinen 60ten feierte, lud er nach Rom ein. Auf diesem Fest sammelte eine Anwältin, die über chronische Geldsorgen klagte, Gäste für *ihren* Geburtstagsevent: eine Besteigung des Kilimandscharo, an der auch mein Freund teilnahm. Er erzählte, wie er eine Champagnerflasche im Rucksack trug, um das Geburtstagskind auf dem Gipfel damit zu überraschen. Der Gipfelsturm unterblieb aber wegen schlechten Wetters und allgemeiner Erschöpfung. So wurde der Ersatz-Event beim Pool des Hotels am Fuß des Berges gefeiert.

6. Angst

Es mutet tautologisch an, Angst gesondert anzuführen. Sie spielt in allen bisher aufgeführten Themengruppen ihre Rolle und setzt generell die Tätigkeit der Abwehrmechanismen in Gang. Doch sind die Ängste im Hintergrund der manischen Abwehr so wichtig, dass sie einen Hinweis rechtfertigen. Es sind die Ängste, auf die Harald Pühl (in diesem Buch) in seiner Analyse der Paradoxie des wachsenden Unglücks in der Konsumgesellschaft hinweist: Je mehr wir haben könnten, desto mehr Bedürfnisse werden auch versagt. Pühl weist auf Aristoteles hin, der die Frage nach dem Glück in die Frage nach der Abwehr des Unglücks wendet. Daher wachsen auch die Ängste, diese Abwehr könne scheitern, weil die Fülle an Möglichkeiten und Aufgaben das Individuum überfordert und es ihm unmöglich macht, eine befriedigende Wahl zu treffen.

Eine wesentliche Qualität des Events ist, dass er in vielen Beteiligten gleiche Gefühle weckt und sie daher von Phantasien der Vereinsamung und Vereinzelung befreit. Der Event ist totalitär und demokratisch zugleich: totalitär, weil er alle Sinne beansprucht, wie das „Gesamtkunstwerk" der politischen Manifestation („Triumph des Willens"), demokratisch, weil er sich durch die eigene Über-Präsenz abnützt und daher alsbald dem nächsten Event seinen Platz überlassen muss. Wenn der Papst Deutschland jeden Monat besuchen würde, wäre dieses Ereignis keine Schlagzeile wert.

So tritt der Event an die Stelle des idealisierten Führers, der die Massen in gemeinsamer Abwehr von Angst und Unsicherheit an sich bindet.

Anmerkungen

1 Schmidbauer, Ina, Shopping is Creating, Unveröffentl. Diplomarbeit, Hochschule Weißensee, 2000, S. 1

2 Adorno, Theodor W.: Ohne Leitbild. Parva Aesthetica, Frankfurt am Main 1968. Der Begriff der Kulturindustrie entstand früher, in Adorno/Horkheimer, Dialektik der Aufklärung, dessen erste Fassung bereits 1944 erschien.

3 Schmidbauer, Ina, Shopping is Creating, Unveröffentl. Diplomarbeit, Hochschule Weißensee, 2000, S. 6

4 Schmidbauer, Ina, Shopping is Creating, Unveröffentl. Diplomarbeit, Hochschule Weißensee, 2000, S. 12

5 Sontag, Susan: Kunst und Antikunst, Frankfurt am Main 1991 S. 335

6 Sontag, Susan: Kunst und Antikunst, Frankfurt am Main 1991 S. 337

7 Sontag, Susan: Kunst und Antikunst, Frankfurt am Main 1991, S. 340

Literatur

Adorno, Theodor W.: Ohne Leitbild. Parva Aesthetica, Frankfurt am Main (Suhrkamp) 1968

Adorno, Th.W., /Horkheimer, M., Dialektik der Aufklärung, Frankfurt am Main (Suhrkamp) 1957

Bauer, Annemarie und Schmidbauer, Wolfgang, Im Bauch des Wals, Über das Innenleben von Institutionen, Berlin (Leutner) 2006

Bauer, Annemarie und Gröning, Katharina, Institutionsgeschichten-Institutionsanalysen, Tübingen (discord) 1995

Baumann, Zygmunt, Krise der Politik: Fluch und Chance einer neuen Öffentlichkeit, Hamburg (Inst.f.Sozf.) 2000

Burckhardt, Jacob, Geschichte der Renaissance in Italien, Esslingen (Paul Neff) 1920

Pühl, Harald, Angst in Gruppen und Institutionen, Berlin (Leutner) 2005

Schmidbauer, Ina, Shopping is Creating, Unveröffentl. Diplomarbeit, Hochschule Weißensee, 2000

Schmidbauer, Wolfgang, Dranbleiben, Freiburg (Herder) 2002

Ders., Weniger ist manchmal mehr. Zur Psychologie des Konsumverzichts, Reinbek (Rowohlt) 1992

Ders., Jetzt haben, später zahlen. Die seelischen Folgen der Konsumgesellschaft, Reinbek (Rowohlt) 1995

Sennett, Richard, Der flexible Mensch. Die Kultur des neuen Kapitalismus. Berlin (Ullstein) 2000

Sontag, Susan: Kunst und Antikunst, Frankfurt am Main (S. Fischer) 1991

Peter Heintel

Event als Angebot einer "Großgruppenkultur" in der Übergangsgesellschaft

Herkunftserklärungen

Wenigen Begriffen ist es so rasch und umgreifend gelungen, sich im deutschen Sprachschatz zu etablieren. Fast zwanghaft erscheint die Aufforderung, jedes Ereignis, das nicht Alltag oder Arbeit ist, *Event* zu taufen. Egal, ob es sich um ein Rock-Konzert im Fußballstadion oder eine Privatparty, eine Opernaufführung auf einer Seebühne oder eine Geburtstagsfeier, ein „Gottschalk-Event", einen „open-air"-Musikantenstadel oder einen Dorfkirchtag handelt, man wird zu einem Event geladen. Unser Bundesland Kärnten ist berühmt für seine „Eventkultur" und auch stolz darauf; vor allem hat es Bedeutung für den Fremdenverkehr; Gäste wollen nicht nur Baden, Skifahren, Wandern, zumal wenn es regnet. Aber auch aus Baden, Skifahren und Wandern lassen sich Events machen. Für deren Erfindung und Gestaltung gibt es eigene Eventbeauftragte, sogenannte „Ideenfabriken". Aber auch in bescheideneren Rahmen hört man von „Animateuren"-Einladungen zum vormittägigen „fun-event", wo irgendwelche Paare sich in seltsamen Wettbewerben um die ihnen versprochene Begeisterung quälen.

Es ist nun nicht gerade schwer, sich als distanzierter Intellektueller kritisch erhaben über diese Zeiterscheinungen lustig zu machen;

Stoff hat man wahrlich genug. Bedenklich sollte allerdings machen: Die Sache funktioniert und womöglich erwischt man sich selbst dabei, an dem einem oder anderen Event teilgenommen zu haben. Man kann sich auch mit üblichen Erklärungen beruhigen und aus der Affäre ziehen, dass es sich um nichts anderes als einen Teil unserer hedonistischen Spaßgesellschaft handelt, die ihre Befriedigung verlangt, zumal wenn Alltag und Arbeit sie nicht mehr bieten. Also Entlastung, Kompensation, Ablenkung wäre mit diesem Phänomen verbunden und manchen fällt das alte Rom ein mit seinen Festen in den Amphitheatern: „panem et circenses". Sofort muss sich auch der Verdacht hintergründiger politischer Manipulation einstellen, zumal sich auffällig oft Politiker bei Eventgelegenheiten „zeigen" und Medien diese Tatsache als besondere Ehre und Auszeichnung verkünden. Hier wäre allerdings sofort zu unterscheiden, ob Politiker selbst aktiv sind, also Events mit ihnen als Ursache und Grund verbindbar machen, oder ob sie eben nur die medial und massenhaft beliebten Events für ihr Erscheinen ausnützen. Ein feiner, aber bedeutsamer Unterschied. In einem Fall stellen sie sich als jene Väter, Mütter („Landesväter") vor, die im Wissen um die Bedürfnisse ihrer Schutzbefohlenen ihnen dafür entsprechende Angebote machen; im anderen schwimmen sie eher mit den Aktualitäten mit, in der Hoffnung, ihre Verbundenheit mit ihnen zum Ausdruck bringen zu können; die psychodynamische Wirkung kann im ersten Fall „Regression" bedeuten, im zweiten eher Kumpelhaftigkeit, Kameradschaft. In den weiteren Ausführungen zum Thema wird darauf noch zurückzukommen sein.

Eine nächste, nicht unplausible Erklärungslinie beschäftigt sich mit unserer recht eingeschränkten Fähigkeit, unsere Freizeit sinnvoll zu gestalten, unseren Mangel an „Zeitsouveränität". Es handle sich um eine Fortsetzung unserer konsumgewöhnten Gesellschaft in jene Zeiten hinein, die sich von Arbeit und Alltag als „besondere" unterscheiden sollten. Zwar gibt es auch die verbreitete Tendenz, die „normale" Konsumzeit in sie hinein fortzusetzen; sich einen „Verkaufsevent" am inzwischen durch liberalisierte Ladenöffnungszeiten an Feiertagen geöffneten „Konsumtempel" zu geben; die „Waren-Erlebniswelt" zu genießen - und tatsächlich kann man staunen, überwältigt sein von ihrer vielfältigen Pracht; anscheinend langt es aber doch nicht. Man braucht besondere Events für die Kennzeichnung besonderer Zeiten. Hier könnte eine Schlussfolgerung nicht ganz abwegig sein: Vielleicht haben Events die Bürde einer Nachfolge zu tragen; dort wo private und öffentliche Feste ihre Verankerung in ihrer eigenen Gesellschaft, ihren Gruppen, Schichten, Ständen, Parteien, verloren haben.

Wo ein Kirchenjahr säkularisiert nur mehr eine unverbindliche Bedeutung hat, gibt es auch keine durch sie gestützten und ausgewiesenen besonderen (Hoch-)Zeiten mehr. Irgend etwas scheint uns dabei aber abhanden gekommen zu sein, zu fehlen. Zusätzlich bemerken wir, wie schwierig es zu sein scheint, aus eigener Kraft und Regie neue „heilige" Festzeiten ins Leben zu bringen und zu arrangieren. Dafür waren nämlich früher Institutionen und ihre Autorität zuständig - heute aber hört man selbst kirchliche Würdenträger von Events reden. Also müsste man sich danach umsehen, wo denn heute jene Institution und Autorität zu finden ist, die das Recht und die Macht hätte, verbindliche Fest-Zeiten zu verkünden und vorzuschreiben. Man wird so ohne weiteres keine finden (abgesehen von jenen Politikern, von denen zuerst die Rede war; so erfolgreich sind sie dann aber oft nicht, weil sie sich der Willkür und den Zufällen von Bedürfnissen, deren Management etc. ausliefern müssen. Schließlich werden sie am Ende unfreiwillig zu komischen Mitspielern des jeweiligen Schauspiels).

Schließlich bleibt jene, die auch sonst unser Leben bestimmt, und uns die kleinen und größeren Bedürfnisse und Wünsche befriedigt: unsere „produktive" Wirtschaft mit ihrem Warenangebot. Wenn nicht, wie schon vorhin erwähnt, der Konsumalltag in die Freizeit hinein verlängert wird, so muss man zusätzliche „Warenangebote" vorfinden können. Es sollte sich auch um solche handeln, die irgend etwas mitbringen, das nicht im Normalangebot ohnehin schon vorhanden ist. Und hier kann man es zunächst einmal mit *allem* versuchen; nichts ist von vornherein ausgezeichnet. Hier könnte auch ein Grund für die epidemische Verbreitung des Begriffs liegen.

Wenn ein solcher für alles und jedes verwendet wird, so spricht man normalerweise von einer semantischen Verwahrlosung, von einem „Kautschuk-Gummibegriff". Eine andere Betrachtungsweise kehrt die „Beweislast" sozusagen um: Vielleicht ist es die Funktion solcher Begriffe, alles von ihm Bezeichnete „gleich-gültig" zu machen; oder auf unser Thema bezogen: Man kann es mit allem versuchen, aus allem ein Event machen, womit ist eigentlich egal.

Was hier zunächst als Verlegenheit, ja als Gewaltsamkeit neuer Art verstanden werden kann, vielleicht auch als Folge von Wertepluralismus oder Relativismus, könnte aber noch ein anderes Gesicht haben. Einmal hat es auch etwas Befreiendes an sich, einerseits sich Feste, besondere Zeiten nicht mehr vorschreiben lassen zu müssen (wir kennen die quälende Hintergrundsmelodie von fest institutionalisierten Familienfesten, ebenso wie die Mühseligkeit von sogenannten „gesellschaftlichen Verpflichtungen", wie „Bällen", Eröffnungsfeiern, Jubiläen), andererseits es mit allem und jedem zu versuchen.

Letzteres hat nämlich einen doppelten Nebeneffekt: Erstens kann man alles, was es so gibt, verwenden, auszeichnen, auch überprüfen, ob es passt. Von klassischen Festspielen, bis hin zu Parties aus irgendeinem zufälligen Anlass, von Geburtstagen bis zu Volksmusikkonzerten, alles kann zum Event gemacht werden. Letztlich wird es auf diese Weise dem Konsumgeschehen und -verhalten angepasst, aber auch nicht so ganz. Die „Gegenstände" und „Anlässe" von und für Events unterscheiden sich vom gewöhnlichen Warenkorb. Und wenn außerdem noch Gegenstände, Anlässe und Inhalte austauschbar sind (auch nicht so ganz, wie wir noch sehen werden, weil durch sie „Massenorganisation" geschieht), bleibt die „metaphysische Aura" des Events plötzlich *für sich* wichtig und interessant. An dieser Stelle sollten Forschungsfragen ansetzen. Was vermitteln Events, *welche* Erbschaft haben sie übernommen, was ist ihre Kompensationsfunktion, welche Bedeutung haben sie für unsere „Übergangsgesellschaft", in der nicht nur die alte „Eventverantwortlichkeit" in die Brüche geht, und mit ihm alte gesellschaftliche „Identitäten", Zugehörigkeiten, Orientierungen, sondern auch neue Organisationsformen verlangt werden.

Man muss sich keine Sorgen machen, „es ist immer etwas los", es tritt in der Freizeit keine Langeweile mehr auf. Man kann immer etwas „unternehmen"; kann scheinbar „aktiv" sein. Der Kontrast zur Arbeitszeit ist nicht allzu groß, jedenfalls wird man nicht genötigt, sich selbst irgendwelche Freizeitarrangements zu überlegen. Wo plötzlich tatsächlich so etwas wie eine „freie" Zeit auftritt, also eine solche, die dem Individuum voll zur Verfügung steht, wird das sehr oft als eher belastend empfunden. So wird auch von „Urlaubsdepressionen" berichtet, die dadurch entstehen, dass plötzlich (ohne Übergang, weil per Flugreise die räumliche Distanz in kurzer Zeit überwunden werden kann) alles anders ist, plötzlich anscheinend eine „unendliche" Zeit über das Individuum hereinbricht. Zwar gibt es wenigstens geregelte Essenszeiten, aber sonst Strandkorb neben Strandkorb und ein Meer, das mit sanftem Wellenschlag immer gleich zum Ufer hin und wieder zurückfließt. Bessere Hotels bieten daher Eventprogramme, die wochenweise ausgeschildert bereits beim ersten Frühstück nachlesbar sind.

Was ist es, dass die geschenkte Ruhe so unruhig macht, die freie Zeit zu einer drückenden Leere werden lässt? Sicherlich kann der „harte" Übergang ins Treffen geführt werden. Es ist nicht leicht umzuschalten, aus dem Berufsstress ins Innehalten, in ein passives Erleben umzusteigen; aus diesem Grund wird übrigens das durch Ferienwochenendstaus erzwungene Annähern an den Urlaubsort gar nicht so negativ empfunden, wie vielfach geglaubt. Es kommt aber noch ein Weiteres hinzu: In der Freizeit kulminieren sozusagen alle Errungenschaften und Probleme unserer Moderne, „stürzen" sozusagen über uns herein. Dass sie etwas Schwieriges ist, zunächst viel schöner klingt, als sie sich dann wirklich herausstellt, dürfte man immer schon gewusst haben. („Nichts ist beschwerlicher als eine Reihe von Feiertagen", „Müßiggang ist aller Laster Anfang" etc.). Auf der anderen Seite wurde sie auch als unverzichtbar angesehen; bei den Griechen genoss sie bekanntermaßen als Muße höchsten Stellenwert. Woher diese Ambivalenz?

Freizeit hat wohl etwas mit Freiheit zu tun; sie verlangt Umgang mit ihr und einen guten Gebrauch. Zugleich sagt sie aber nichts aus über das Wie und Was. Ihre Wahrnehmung versetzt uns zunächst in einen bloßen Möglichkeitsraum; was wirklich wird, ist noch offen. Diese Öffnung in ein Unbestimmtes wird zumindest vorläufig als Leere, als Vakuum empfunden. Bekannt ist aber der „Horror vacui", der uns Menschen bei diesen Gelegenheiten begleitet. Wir fürchten uns anscheinend vor der unbestimmten Offenheit unserer Freiheit. Sie nimmt uns jede Sicherheit, führt uns in ein „Nichts", das immer auch mit Endlichkeit und Tod in Verbindung gebracht wird; sie veranlasst zur „Sinnfrage"; wenn alles offen ist, was verdient Auszeichnung, was soll durch Entscheidung Wirklichkeit erlangen? Auf diese Zuspitzung könnte freilich geantwortet werden, dass es „in Wirklichkeit" nicht so schlimm ist. Wir leben immer schon in beschränkten Möglichkeiten und Sinngefügen einer vorstrukturierten Lebenswelt. Jedenfalls lässt sich dieser Befund für unsere Alltags- und Berufswelt kaum bestreiten. Zwar werden auch dort immer mehr Handlungsoptionen sichtbar und aufgetan (siehe P. Groß: „Multioptionsgesellschaft"), was unsere Freiheit „erweitert", aber auch nicht gerade zur leichteren Lebensführung beiträgt; im Großen und Ganzen gibt es aber Ziele, Leitfäden, Rahmenbedingungen und vorgegebene Kontexte, die unseren Freiheitsgebrauch übersichtlicher machen.

Das Leben in zwei Zeitreihen

Die Freizeit soll aber gerade nicht in diesen vorentschiedenen Zusammenhängen beschränkt bleiben; sie ist eine eigene, unterschiedene Zeit, in der die Freiheit mit ganz anderer Kraft „über uns" kommen soll. Positiv wird sie ja als eigentlicher Ort der Freiheit bezeichnet, insofern kann die Zuspitzung doch eine Richtungsweisung geben. Eine viel banalere Situation kann noch als Zeuge herangezogen werden, die des Wartens, vor allem wenn es plötzlich und unerwartet von uns verlangt wird. Selten empfinden wir es als angenehm, als geschenkte „Ruhezeit". Es macht uns eher ungeduldig und ärgerlich und wir sind rasch darauf aus, einen Schuldigen zu finden. Dieser innerpsychische Vorgang lenkt ab, von dem, was eigentlich passieren kann.

Der Eintritt in eine „andere" Zeit öffnet einen Raum, der „gefüllt", eingerichtet werden will. Und oft zeigt er sich als bereitwillige Eintrittsstelle unangenehmer Gedanken (es „fällt" einem alles Mögliche ein: Was man hätte tun sollen, was man bisher „auf die lange Bank geschoben hat", wen man schon längst wieder einmal hätte besuchen sollen, etc.). Der Eintritt in die andere Zeit konfrontiert mich mit mir selbst und nicht immer ist das eine angenehme Partnerschaft, auch wenn sie in positiver Formulierung als Selbstreflexion firmiert. Freizeit wäre nun die Institutionalisierung jener anderen Zeit, also die ständige Aufforderung, sich mit sich selbst zu beschäftigen, harmloser gesagt, wirklich nur das zu tun, was dem eigenen Freiheitswunsch entspricht. Freizeitregelungen werden ja auch hauptsächlich deshalb als neuzeitliche Errungenschaft angesehen, weil hier insbesondere der individuellen Freiheit ein angemessener Ort zugebilligt wurde, auf dem sie sich eben anders entfalten kann als in der Arbeitszeit. Angenommen werden muss auch, dass eine sich spezialisierende und differenzierende Arbeitswelt in ihrer Funktionalisierungsnotwendigkeit niemals dem „ganzen Menschen" gerecht werden kann. D.h. aber zumindest, dass er in der Freizeit auf die Suche nach sich selbst geschickt wird. Das „gewöhnliche" Leben wird transzendiert.

Menschen, insofern sie um ihre Freiheit als Wesenszug nicht herumkommen, leben demnach immer in zwei Zeitreihen: In einer alltäglich notwendend überlebensorientierten, und in einer von ihr unterschiedenen mehr oder weniger Freiheit beanspruchenden. In den religiösen Verfassungen menschlichen Zusammenlebens wurde diese Differenz als jene von Immanenz und Transzendenz bezeichnet. Aus vielen Gründen wollte und konnte man die Transzendenz nicht individueller Freizeit überlassen. Die andere Zeit, die zweite Zeitreihe, in der ja, wie bereits gesagt, letztlich die „letzten Dinge" auftauchen, über Leben, Endlichkeit, Sinn und Tod nachgedacht wird, wurde institutionell bestimmt, geregelt und ritualisiert. Die Freizeit war im Grunde identisch mit Feiertagen und ihren Veranstaltungen. In ihnen war zwar auch von den letzten Dingen die Rede, sie waren aber nicht Gegenstand individueller Reflexion. Daraus könnte unter anderem der Schluss gezogen werden, dass in der Bewältigung dieser Reflexionen Individuen überfordert sind, man Kollektive, Institutionen etc. braucht; dass das selbst für „Selbsttranszendenz" nicht ausreicht.

Könnte dies nicht auch ein Grund für die nachfolgenden Events sein, die gleichsam beides zu vereinigen suchen: die „freie" Wahl der Veranstaltung in Kombination mit einem kollektiven Geschehen, das Individuen wiederum entlastet? Selbsttranszendenz ist nun freilich einerseits die unverzichtbare individuelle Erfahrung von Freiheit, auch der Ort dessen, was wir im Zusammenhang mit ethischer Fragestellung „Gewissen" nennen, und unsere Art der Freizeit ist eine Zumutung, sich diese Erfahrung zu „leisten". Selbsttranszendenz aber nur individuell geübt, führt in grübelnde Verzweiflung. Sie ist nämlich auch verantwortlich für ständige „Identitätsgefährdung"; denn das „Ich" ist so unbestimmt wie seine Freiheit. Selbsttranszendenz heißt immer auch zu sich selbst in Differenz treten, sich in sich selbst als unterschieden, als „wer anderer" zu erleben. („Ich wäre ja so gern jemand anderer, nur leider komme ich so selten dazu." Ödön v. Horváth).

Es ist wohl nicht unsere erste Sehnsucht, uns in eine innere Identitätserschütterung zu begeben, also auch nicht verwunderlich, wenn wir unsere Freizeit dazu nicht verwenden. Auf der anderen Seite bleibt sie bei ihrer Herausforderung; sie ist nun einmal da und lässt uns nicht in Ruhe. Es muss daher eine gewaltige Verdrängungsenergie aufgewendet werden, sie nicht wahrzunehmen. Unsere Bereitschaft, uns in „Freizeitaktivitäten" hineinzustürzen, eben auch Events zu besuchen, mag dieser Energieumleitung zu verdanken sein. Solange wir nicht ausreichend imstande sind, unsere Freizeit im obigen Sinn auch kollektiv zu gestalten (aus bloß individueller Autonomie so etwas wie eine „kollektive" Autonomie zu machen), ist diese Verdrängung auch Selbstschutz. Ich verwendete vorhin das Wort „Kulmination". All jene Phänomene, die Zeitdiagnostiker übereinstimmend, als Kennzeichen unserer Moderne feststellen, wie Individualismus, Beziehungslosigkeit, Verlust von Zugehörigkeit, Einsamkeit, Sozialdefizite, Orientierungslosigkeit, Sinnkrise usw. werden in einer „recht verstandenen"

Freizeit vor allem in ihrer negativen Seite bewusst. Die andere, die positive, die ebenso mit ihnen verbunden ist, kommt hingegen nicht zur Geltung, weil sie nur in Gemeinschaftsformen ihre Bedeutung und ihren Geltungsbereich bekommt, dort erst „wirklich" wird. In diesbezüglichen Gestaltungsaufgaben sind wir noch ungeübt und scheuen die Mühe, die damit verbunden ist. Man muss nur jene Erfahrungen heranziehen, die dabei gemacht werden, wenn man sich in der eigenen Familie auf einen Freizeitaushandlungsprozess einlässt oder gar in Familienkonferenzen „Kollektivtranszendenz" versucht. Größere Events („Großgruppenerlebnisse") ersparen diesen Aufwand und erreichen, wenn man Teilnehmerberichten glauben darf, doch auch so etwas wie individuelle und kollektive „Transzendenz"; jedenfalls tauchen recht oft magisch-religiöse Begriffe auf. Die Reduktion auf unreflektiertes Erleben hat aber Folgen, die den vorhin erwähnten Errungenschaften nicht nur widersprechen, sondern sie auch gefährden. Autonomie-, Freiheits- und Reflexionsverlust kann zwar als große Entlastung erlebt werden, aber in einem Selbstverlust enden. Dieser macht süchtig auf weitere Events; das Selbst soll ja keine Chance mehr bekommen, sich in der Freizeit zu Wort zu melden.

Trotz der anfangs erwähnten Verbreitung des Begriffes verbindet man Events doch eher mit größeren spektakulären Veranstaltungen. Ihrem Charakter und möglichen Entstehungsgrund will ich mich nun zuwenden.

Events als Großveranstaltungen

Zunächst soll eine seltsame Ambivalenz in Erinnerung gebracht werden: Großveranstaltungen versammeln Menschenmassen. Massen sind aber nicht gerade das, was wir schätzen, mit selbstverständlicher Begeisterung aufsuchen. Wie aus vielen Untersuchungen bekannt, machen sie eher Angst, vermitteln dem Einzelnen Ohnmachtsgefühle, konfrontieren mit der Tatsache, dass zwar viele Menschen „nah" sind, zugleich aber Anonymität, Ferne, Fremdheit herrscht. Viele Menschen an einem Ort führen daher oft auch zu einer Steigerung des Aggressionspotentials, was man bei Warteschlangen (in Österreich auch bei Skiliften; laut Umfragen für diese „Skination" ein besonderes Ärgernis) in übervollen Verkehrsmitteln, in der „Rush-hour" spüren kann. Man kann also festhalten: Unstrukturierte, unorganisierte, „führerlose" Massen sind uns nicht angenehm. Wieso haben aber dann Events einen derartigen Zulauf? Offensichtlich haben Massen auch eine positive Attraktion. Diese hat m. E. mehrere Facetten, die nicht alle auf einer Ebene liegen und daher Massen-Events manchmal so verwirrend und uneindeutig machen. (In „Großgruppenveranstaltungen" haben wir versucht, diesen Dimensionen auf die Spur zu kommen; auffallend war hier immer die Diskrepanz zwischen der Stärke und Kraft positiver und negativer Energie in bezug auf Agieren und der vergleichsweise schwachen Fähigkeit, das Gesamtgeschehen zu reflektieren, sich eine Übersicht zu verschaffen. Die „Kollektivkräfte" entwickeln eine emotionelle Dichte, die imstande ist, jede „vernünftige" Distanzierung aufzuheben). Die Uneindeutigkeit hängt auch mit den unterschiedlichen Erwartungen, Projektionen, Sehnsüchten zusammen, die an Massenzusammenkünfte herangetragen werden. Bevor wir uns aber diesen zuwenden, noch ein kleiner gruppendynamischer Umweg.

Über die emotionellen Besetzungen von Gruppen und Organisationen (Massen)

Viele und oft erprobte Assoziationsübungen, die sich mit dem Unterschied von Gruppe und Organisation befassen, haben immer den gleichen Ausgang: Gruppen oder Teams werden zunächst überwiegend mit positiver Bedeutungszuweisung besetzt, erst später stellen sich auch kritische Begriffe wie „Gruppendruck" oder Gruppenkontrolle etc. ein. Umgekehrt in der Assoziation zu Organisationen; hier dominieren vorerst negative Zuweisungen und erst später tauchen positive zumindest ambivalente auf wie Sicherheit, Notwendigkeit, Rationalität etc. Dieses oft wiederholte Übungsresultat bezeugt zunächst zweierlei: erstens, dass solche „Spontanübungen" mit emotional verankerten Assoziationen beginnen und erst im weiteren Verlauf rationalere Überlegungen Raum gewinnen. Zweitens, dass wir Gruppen emotionell eher positiv besetzen, Organisationen eher negativ oder neutral. D. h., dass selbst organisierte Menschenmassen, wie das ja im Allgemeinen in Organisationen der Fall ist, nicht unmittelbar positive Gefühle hervorbringen. Fremdheit, Anonymität und das damit verbundene Misstrauen können eine Ursache sein, eine andere natürlich unser Erleben von Hierarchie, Macht und Abhängigkeit. Wir haben noch eine weitere Ursachendimension verfolgt, die geeignet ist, einige Schlaglichter auf unser Thema zu werfen. Wir haben uns nämlich von der Gruppendynamik ausgehend damit beschäftigt, warum Gruppen diese positive Auszeichnung erfahren und haben vier Gründe gefunden, die alle den Befund stärken, dass wir primär „Gruppenwesen" sind.

Erstens scheint es eine prinzipielle, man möchte fast sagen, eine auch leiblich-physiologisch verankerte Seite zu geben. Sie hängt mit dem Thema Fremdheit und Anonymität zusammen. Positive Gefühle, wie Vertrauen, Freundschaft, Liebe, Zuneigung usw. können wir offensichtlich nur zu konkreten Personen in „sinnlicher" Umgebung entwickeln. Sie entstehen und verfestigen sich in *direkter* Kommunikation; und letztere hat zeitliche, räumliche und quantitative Grenzen. So wissen wir auch aus der Medienforschung, dass uns die ständig „frei Haus" gelieferten menschlichen Katastrophen erst dann berühren, wenn sie uns „näher" rücken; wenn z. B. ein Familienmitglied, ein Bekannter etc. davon betroffen sind. Es findet sich hier allerdings oft eine „geheuchelte" Betroffenheit, die ihren Ursprung nicht in eigener Gefühlsberührung hat, sondern im uns allen verständlichen guten Willen, Anteilnahme und Mitgefühl auch für Fernes zu entwikkeln, das uns unmittelbar nicht berührt. Ein guter Wille dieser Art setzt aber meist schon eine vorgängige Reflexionsleistung und Selbstdistanz voraus. Das christliche Gebot, nicht nur den Nächsten, sondern auch seine Feinde (Synonym für Fremde) zu lieben, hat es hier immer schon schwer gehabt, obwohl es für weltgesellschaftliche Dimensionen in Zeiten der Globalisierung praktisches Postulat sein müsste. Aus der Vertrauensforschung hören wir auch von einem Vertrauen in Systeme, Institutionen, etc.. Auch dieses ist aber eher ein vermitteltes, etwa in Verlässlichkeit, Berechenbarkeit, Sicherheit. Dass es geschichtlich auch Übertragungen gibt, z. B. Kaiser oder Diktatoren tatsächlich auch „geliebt" wurden, steht auf einem anderen Blatt und wird im Weiteren im Eventthema noch zu berücksichtigen sein. Für unsere Organisationswelt ist es aber immer schon ein Problem gewesen, emotionell positiv besetzt zu werden. Organisationen, deren Zielsetzung mit den jeweiligen individuellen Wünschen und Vorstellungen übereinstimmen (Greenpeace, Forschungsbereiche, Caritas), haben es hier zwar einerseits leichter, weil sie auf höhere individuelle Bereitschaft zählen können, in der Praxis andererseits oft aber auch schwerer, weil sie es nicht verstehen und zulassen wollen, dass in ihrer Organisation auch die oben beschriebenen Probleme und Entfremdungen stattfinden.

Zweitens gibt es menschheitsgeschichtliche Prägungen. Die Zeit, in der Menschen in Kleingruppenformationen gelebt haben, war ungeheuer viel länger als jene, in der wir uns bewusst organisieren. Zwar gibt es hier auch ständische und historische Ungleichzeitigkeiten, im Großen und Ganzen ist es aber unsere „Neuzeit", die mit Organisation so richtig ernst gemacht hat (die sogenannte „Ausdifferenzierung" unserer Gesellschaft). Selbst Politik war lange noch eher familial als organisatorisch strukturiert („tu felix Austria nube"). Obwohl Hierarchie vom Anfang an ein Organisationsprinzip verkörpert, also Gruppenkonstellationen „zusammenzwingen" musste, hat sie nie auf das Gruppenprinzip verzichten können (Abteilungen, heute Projektmanagement, etc.). Allerdings muss sie aus strukturellen Gründen darauf bedacht sein, Untergruppen, Vereine, Abteilungen nicht zu stark werden zu lassen; denn, deren Stärke bedroht sowohl die jeweilige Autorität, wie den Gesamtzusammenhalt (Abteilungsegoismus, die ständige Hin- und Herbewegung von Dezentralisierung und Zentralisierung, etc.). Tendenziell begegnen sich hier also Feinde.

Hierarchien kämpfen gegen die Selbstständigkeit (und emotionelle Heimat) von Untereinheiten und diese gegen ihre organisatorische Gefährdung und Auflösung. Da aus diesen prinzipiellen Gründen heraus die emotionelle Heimat der Organisationsmitglieder eher in den Untereinheiten vorzufinden ist, wirkt sich auch diese Tatsache emotionell zu ungunsten der Organisation aus.

Betrachtet man nun einige Linien unserer neuzeitlichen Entwicklung, kommt noch einiges für unser Thema Relevantes hinzu. Man kann nämlich unsere Neuzeit überhaupt unter dem Gesichtspunkt einer Auflösung traditioneller Gruppen anschauen. Dorfgemeinschaften wurden aufgelöst, als man für die Manufakturen Arbeitskräfte brauchte (ein Prozess, der weltweit bis heute anhält, uns das Pendlerwesen beschert und global Megastädte und Slums gebracht hat). Das städtische Gildenwesen wurde durch die Industrialisierung ebenso aufgelöst, wie die familial-dynastisch ausgerichtete Adelspolitik. Vereine - Rückzugsmöglichkeiten für Gruppen, waren lange Zeit verboten (was zu „Geheimbruderschaften" führte), und die Anforderung in mehreren Gruppen Mitglied zu sein, stieg an, was notwendigerweise nicht nur Loyalitätsprobleme brachte und Zugehörigkeitsverunsicherung, sondern auch eine gewisse Flüchtigkeit und Bindungslosigkeit auf den Weg brachte. Heute geht es um die Auflösung der letzten, wie es scheint „naturwüchsigen" Primärgruppe, der Familie. Die ganze Entwicklung scheint zu enden in jener bereits vorhin erwähnen zeitdiagnostischen Feststellung, in der von Individualismus, Bindungslosigkeit, Heimatlosigkeit, Egoismus, Unverbindlichkeit, Objektivismus, Wertepluralismus und Relativismus und dementsprechender Orientierungslosigkeit die Rede ist.

Auch wenn diese Zuspitzung nur die eine, wahrscheinlich im Moment dominierende Seite herausstellt (es gibt schließlich ein „blühendes" Vereinswesen, Clubs, die Freiwillige Feuerwehr, Sportvereine, Brauchtumsgruppen, etc.), mit einem ist zu rechnen: einem *Defizitgefühl* in Bezug auf alte Gruppengeborgenheiten. Verstärkt wird dieses durch eine wettbewerbs-orientierte Verdichtung unseres Berufslebens, die einerseits Konkurrenzindividualismus fördert, andererseits für andere (Gruppen-)Aktivitäten immer weniger Zeit lässt; und zugleich Arbeitslosigkeit perpetuiert, in der die Betroffenen überhaupt aus Sozialverbünden herausfallen. In der Großwetterlage spricht man von einer Entsolidarisierung der Gesellschaft, was ebenso in die gleiche Richtung deutet. Solidarität kommt nämlich emotionell aus Gruppenkonstellationen wie Nachbarschaftshilfe, Familienbetreuung, Kameradschaftshilfe, etc.; dort funktioniert sie auch heute noch relativ problemlos. Solidarität in der Gesellschaft und Politik hat aber ein wenig mit Feindesliebe zu tun. Man muss sie nicht nur emotionell akzeptieren - und wir wissen, dass das nicht so einfach ist - man muss ihre „Vernünftigkeit" einsehen; diese ist aber von fragilem Charakter.

Das Zugrundegehen traditioneller Gruppenstrukturen mag ebenso wie die auftretenden Defizitgefühle bedauert werden. Man sollte aber die Vorteile und Gefahren genauer ins Auge fassen. Wir, die wir die „alten" Gruppen kaum mehr erlebt haben, wissen wenig von Gruppendruck, Sozialkontrolle, dem normativen Gefängnis des „Man", in das „man" gesperrt war. Direkte Kommunikation ermöglicht Dauerbeobachtung. Der Beichtvater einer übersichtlichen Gemeinde konnte leicht behaupten „Gott sieht alles", weil er als „Herr der Geheimnisse" (durch die Beichte) tatsächlich alles sehen konnte, was sich bei seiner „Herde" abspielte. Das Wort Subjekt ist in diesen Konstellationen bis heute noch ein Schimpfwort und man tut gut daran, sich nicht allzu „besonders" hervorzutun (ich kenne Dorfgemeinden, die sich in ihren Aktivitäten noch heute gegenseitig lähmen, weil keiner sich getraut „hervorzustechen").

Ein historisches Beispiel von großer Tragweite war die Französische Revolution mit ihren Parolen „Freiheit, Gleichheit, Brüderlichkeit oder Tod". Es sind dies nämlich Parolen, die emotionell eher zu Gruppenkonstellationen passen, auch bürgerlich-ständischen Ursprungs sind und sich gegen die Feudalorganisation und -hierarchie gerichtet haben. Das Problem nach der geglückten Revolution war aber, eine (politische) Organisation aufzubauen. Allen Bestrebungen dieser Art zuwider erstickte die „Gruppenphantasie" jede Initiative, in der sich irgendjemand zu besonderer Tätigkeit aufschwang; die Guillotine sorgte für Gleichheit.

Traditionelle Gruppen sind also um ihrer selbst bzw. ihres Fortbestehens willen darauf aus, fremdbestimmende Sozialkontrolle auszuüben, Individuen nicht „frei" zu lassen. Anders Organisationen; „Stadtluft macht frei", das wusste man schon sehr früh. Es ist einmal die Anonymität, die Individuen unbeobachteter sein lässt (der Nachteil: mehr Kriminalität), zum anderen aber die Forderung der Struktur selbst, die auf *Individuen* setzt. Sie braucht Einzelne, die als Autoritäten, Führer, Leiter einerseits Verantwortungszuordnung ermöglichen, andererseits das Schnittstellenmanagement zwischen unterschiedlichen Hierarchiestufen und Untergruppierungen betrauen. Letzteres heißt immer Mehrfachzugehörigkeit, Auflösung linearer Loyalitätsverpflichtungen.

Für die allmählich der neuzeitlichen Ökonomie des Kapitalismus unterworfenen Arbeitsverhältnisse mit ihren Technologieentwicklungen kommt noch dazu, dass man den *Einzelnen* brauchte, sowohl als „Rädchen in der Maschine" des Gesamtproduktionsprozesses, wie auch als Rechnungseinheit der Leistungszuordnung und Kostenberechnung. Man geht also kaum fehl, wenn man behauptet, dass *ein* wesentlicher Grund für die Entwicklung des Individualismus in der Differenzierung von Organisationen liegt. Individuen, die langsam auch zu ihrem Selbstbewusstsein (im doppeltem Wortsinn) gelangen, sind aber allemal eine Gefahr für traditionelle Gruppen. Sie werden daher von ihnen nicht gerade gefördert, sogar ausgeschlossen. Wiederum führt dies zu den erwähnten Defizitgefühlen. Denn eines ist klar: Individuen sind Sozialabstraktionen, allein nicht überlebensfähig, Defizitgefühle nicht nur nachvollziehbar, sondern überlebensorientiert.

Somit ergibt sich für unser Thema folgende Ausgangslage: Mit den traditionellen Gruppen geht es zu Ende; wir können als Individuen mit ihrer Tendenz zur fremdbestimmenden Sozialkontrolle nichts mehr anfangen. Hinzu kommt, was sie selbst betrifft eine Reflexionslosigkeit, die wir auch nicht mehr einfach hinnehmen. (Aus der Gruppendynamik wissen wir, wie schwer es Gruppen fällt, über sich zu reflektieren, und zwar als Kollektiv; viel leichter fällt es über Einzelpersonen etwas zu sagen, als Gruppenprozesse zu verstehen; überhaupt ist anzunehmen, dass Gruppendynamik genau zu diesem Zeitpunkt entstand, als die Reflexionsfähigkeit von Gruppen gegenüber ihrer traditionellen „Selbstblindheit" brisant wurde.) Ebenso gibt es aber dieses Defizitgefühl von Heimatlosigkeit und Zugehörigkeitsverlust, das behoben werden will; das auch dazu führt (siehe Assoziationsübung), dass heute Gruppen „idealisiert" werden. Auf der anderen Seite stehen anonyme Apparate und Organisationen, die zwar die Selbständigkeit von Individuen fördern, emotionell aber offensichtlich zu wenig Rückhalt bilden. Ich habe vorhin den Begriff „Übergangsgesellschaft" verwendet. Diese Ausgangslage beschreibt genau das, was ich damit meine. Wir stehen noch emotionell und organisatorisch in alten Formen und Mustern und wissen zugleich, dass sie nicht ausreichen. Doch es gibt Versuche und Kompensationen.

Die Antworten einer „Übergangsgesellschaft" auf Defizitgefühle einer Gruppenzugehörigkeit

Die fortschreitende Auflösung traditioneller (Klein-)Gruppenformationen wurde, zumindest seit der Gründung der europäischen Nationalstaaten, durch Angebote auf „größerer" Ebene kompensiert; vorher standen sich gegenüber: Gruppenformationen und der Universalismus von Reich und Kirche. Erstere waren für die Alltäglichkeit, die unmittelbare Lebensbewältigung zuständig, letztere für den Platz jedes Einzelnen, in der Ordnung der Welt und der Schöpfung. Kirchenjahr und Reichstage brachen beide Ebenen in einen vermittelten Zusammenhang. Die Gründung der Nationen, ihr absolutistischer Zentralismus lässt sich als „Emanzipation" aus beiden Ebenen heraus verstehen. Sie war sowohl als Gruppenersatz Antwort auf deren tendenzielle Auflösung, wie auch die Herauslösung aus einem letztlich doch religiös fundierten Universalismus (der durch die Reformation in die Welt gebrachte Spruch: „cuius regio, eius religio" ist dafür eine typische Formulierung). Eine Ausnahme in dieser Entwicklung stellt wahrscheinlich die K.u.K. österr.-ungarische Monarchie dar, deren Vielvölkerstaat eigentlich keine Nation war, und deren Verbindung mit dem katholischen Universalismus bis zu ihrem Ende nie abgerissen ist. Da es aber auch sonst kaum „reine" Nationen gab (überall Minderheiten, eingegliederte „Völker"), und sich (bis heute) Regionen und Minderheiten ihrer Einvernahme widersetzen, war vom Anfang an klar, dass die Nation sowohl in sich keine gruppenanaloge Homogenität und Identität herzustellen imstande war, als sie auch auf Universalismus verzichten musste; es gab einfach zu viele Nationen nebeneinander.

Die Reaktionen auf diese innere Fragilität lernen wir aus der gesamten europäischen Geschichte. Erwartungsgemäß gingen sie in zwei Richtungen: Zum einen musste der Versuch gemacht werden, die „alten" Gruppengefühle" auf die Nation, den Staat zu übertragen; zum anderen sich möglichst „universell" zu geben. Für letzteres boten sich zwei Möglichkeiten an: Ideologisch als diejenige, die die eigene Nation als die höhere, bessere, allgemeinere darstellt, politisch als eine, die gegenüber anderen „hegemoniale" Ansprüche stellt. Eine Art des „realen Universalismus" war auch die Ausdehnung des lokalen Handels auf den „Welthandel" (z. B. Ostindische Kompanie) und der damit verbundene Kolonialismus.

Beide Richtungen lassen sich insofern ganz gut verschränken, als die Stabilisierungsfaktoren der Gruppe ganz gut zu jenen der Ideologie der Nation passen; Grenzsetzung und Grenzschutz, Abwertung der Fremden, Außenfeindkonstruktionen, Homogenitätsbeschwörungen im Inneren, Unterordnung des Individuums unter die (Volks-)Gemeinschaft. Die Verschränkung ermöglichte mit der Zeit auch eine emotionelle Identifikation mit der Nation, die im ersten und zweiten Weltkrieg ihren blutigen Höhepunkt gefunden hat. Diese Kriege machten (hoffentlich) endgültig deutlich, dass das vorgängige Nationalstaatskonzept gescheitert war. Die Europäische-Union ist trotz aller partikularen Rückfälle die adäquate Antwort darauf und sie wird daher nicht zufällig von jenen am meisten bekämpft, die - meist manipulativ - am alten Nationenkonzept festhalten wollen. Was für uns an dieser holzschnittartig charakterisierten Entwicklung interessant ist, ist die Beantwortung der Frage, wie es gelingen kann, „große" Einheiten und Organisationen trotz Anonymität, innerer Fremdheit etc., emotionell identifizierbar zu machen. Für mich bieten sich zwei Antworten an: Einmal muss der Versuch gelingen, Gruppenemotionen (projektiv) auf anonyme Organisationen zu übertragen, zum anderen müssen diese einen universellen, gleichsam menschenverbindenden Charakter gewinnen, indem sich der Einzelne gut aufgehoben fühlt. Ich behaupte, dass beides ständig passiert ist und in gewisser Form noch immer geschieht; ich behaupte weiter, dass diese Versuche solange noch anhalten werden, als das immer noch wachsende Defizit an Gruppenzugehörigkeit („einsame" Individualität) nicht gelöst wird; und solange es ebenso keine befriedigende Antwort auf die neuen Universalitätsanforderungen einer globalen Weltgesellschaft gibt (die ökonomisch-technologischen sind nicht ausreichend).

Die oben genannten (Kompensations-)Antworten kennen wir recht gut; ich kann mir daher eine ausführliche Beschreibung ersparen. Vielleicht nur einige Hinweise. Es ist einerseits die Sprache, die hier gute Auskünfte gibt. Man muss sich nur ansehen, mit welch regelmäßiger Wiederholung familiale und gruppenaffine Analogien bei Staatsakten, Jubiläumsfeiern etc. verwendet werden (bei uns sogar in der Bundeshymne aufzufinden); „der Landesvater", der für einen guten Haushalt sorgt, der Koalitionspartner wie eine „Braut" geschmückt, der hier oft verwendete „Heimatbegriff", „wir sitzen alle im gleichen Boot", „wir sind doch eine große Familie", eine „Gesinnungsgemeinschaft", „Kollegen"; alle diese Wendungen klingen zwar relativ harmlos, transportieren aber indirekt emotionellen Gehalt. Weniger harmlos war die Sprache des Nationssozialismus und Faschismus, der, wie mir scheint, die obgenannten zwei Richtungen am radikalsten verschränkte und wie wir wissen, damit äußerst wirksam wurde. Er verwendet die Symbolsprache der Gruppe bis in ihre älte-

ren magischen Ursprünge hinein in „Blut und Boden". (Vgl. den Beitrag von G. Brockhaus - die Hrsg.)

Neben der Sprache ist die Symbolik zu analysieren: Gruppenem-
bleme werden zu Nationalsymbolik hochstilisiert. Verwunderlich war
für mich auf anderer Ebene immer schon der Streit um „Logos". Von
unserer Warte aus betrachtet, könnte man für ihn aber einiges an Verständnis aufbringen. Ein Symbol soll ja eine emotionelle Identität darstellen, die Frage ist aber, wie und in welcher Form die einzelnen
Gruppen in ihr vorkommen, sich in ihm „zu Hause" fühlen. Fahnen,
Wappen, Wimpel haben ihren Ursprung meist auch in irgendwelchen
Gruppenkonstellationen, was man heute auch gut beobachten kann
beim Austausch der Wimpel vor Anpfiff zu einem Fußballmatch.
Diese Art Sportveranstaltung würde einige nähere Ausführungen verdienen; schon aus dem Grund, weil sie sich hoher Beliebtheit erfreut
und in bestimmter Form das repräsentiert, wovon wir die ganze Zeit
sprechen: Zwei Gruppen (Mannschaften) spielen auf dem Feld, im
Stadion sitzen aber „ihre Nationen". In ihrer Identifikation mit ihrer Mannschaft sind sie „eins", als Individuum" aufgehoben. Es geht
um Sieg und Niederlage; ein Unentschieden wird nicht so hoch geschätzt; welche ist die bessere, „allgemeinere" Nation; wie kann man
sich über seine Mannschaft von der anderen abgrenzen - über die
„sektorielle" Abgrenzung hinaus, die räumlich schon von vornherein
vorgesehen ist. „Pfiffe" sind das Abwertungsinstrumentarium und es
sind oft die „bitteren" Niederlagen, die zu den sogenannten Ausschreitungen führen. Auch im europäischen „Kampf der Nationen"
waren es oft auch die Niederlagen und die mit ihnen verbundenen
Traumata, die symbolisch in der Erinnerung aufrechterhalten, zu
neuen Kriegshandlungen führten.

Zurück aber noch einmal zu jener historischen Gestalt, der die
Verschränkung am besten und am fatalsten „gelungen" ist. Sprache
und Symbolik hätten nicht ausgereicht. Der Nationalsozialismus (übrigens stellt schon das Wort eine Aufforderung dar, etwas zu verbinden, was nicht so ohne weiteres zu verbinden war: die Nation, das
„Abstrakte, Allgemeine" mit dem Sozialen, dem Sozialismus; eher

bezogen auf „Gruppensolidarität") erfand auch die dafür nötige Organisationsform. Der ganze Staat war gruppenmäßig strukturiert. Jedes Individuum hatte ab einem gewissen Alter (verpflichtend) die Mitgliedschaft zu einer Gruppe einzugehen; Zugehörigkeit und Heimat waren gesichert. Einiges an Faszination, vor allem bei Jugendlichen, stammte aus diesem emotionellen Rückhalt. Und diese Gruppen waren, auch wenn sie so taten, keineswegs traditionelle Gruppen; diese wurden sogar aufgelöst (unter anderem bekam auch die Primärgruppe Familie eine völlig andere Aufgabenstellung; im Grunde wurde sie in ihrer traditionellen Form aufgelöst). Es waren „konstruierte" Gruppen, hatten auch ihre definitiven Zuweisungen und Zielvorgaben. Aber, es waren Gruppen. Wie kommt man aber von ihnen zu einer Nation? Indem man diese zur „Großgruppe" macht.

Die Nation ist nicht eine abstrakte, mühsam sich selbst erhaltende Einrichtung, sie ist *Einheit* aller Gruppen („ein Volk, ein Reich, ein Führer"). In dieser Einheit ist sie „einzig" und einzigartig. Die Einheit ist eine besondere (im „historischen Auftrag") und sie ist eine universelle; außerhalb gibt es nur Defizienz, Feinde, Untermenschen, und eigentlich muss man daher gegen *alle* Krieg führen. Ebenso ist innere Opposition nicht vorgesehen. Es gehört zu den ganz alten Gruppenängsten, dass etwas den inneren Zusammenhalt gefährden und zum Zerfall der Gruppen führen könnte.

Man könnte nun einwenden, dass diese kurze Beschreibung auf alle totalitären Systeme anwendbar sei; jedenfalls finden sich im Stalinismus zweifellos Parallelen. Für unsere Zusammenhänge geht es mir aber darum, einen wesentlichen Unterschied zu markieren. Diktaturen gibt es in verschiedenen Ausprägungen, oft auch als die Herrschaft von bestimmten „Elitegruppen" über andere, die meist mit Gewalt unterdrückt werden. Das nationalsozialistische Konzept war aber ein grundsätzlich anderes, und, wie mir scheint, auch deshalb für mehr Menschen attraktiv, als man es im Nachhinein glauben mag. Die gruppenförmige Durchorganisation in Verbindung mit ihrer universalistischen Einheitsvorstellung war tatsächlich eine konsequente Antwort auf ein sozialpsychologisches historisches Defizit; ihre Unterstützung erhielt diese Entwicklung natürlich auch noch durch zwei Fakten: Die ökonomische Not vieler und die damit verbundene Perspektivlosigkeit und die traumatische Erinnerung an die „schändlichen" Friedensschlüsse des ersten Weltkriegs. Ich mache diesen Unterschied aber auch noch aus folgendem Grund: Wir hoffen, dieses Konzept sei endgültig gescheitert; hoffen daraus etwas gelernt zu haben. Das mag so sein. Ich fürchte allerdings, dass es Anzeichen gibt, die mich vermuten lassen, dass jenes Defizit, das auch Nahrung für den Faschismus war, nicht behoben ist. Das aber bedeutet Anfälligkeit. Sie findet sich sowohl in arbeits- und perspektivlosen Jungendgruppen mit ihren Außenfeindkonstruktionen, in abgeschwächt-verhaltenen Formen aber auch in Organisationen, die für ihre Mitarbeiter zwecks Herstellung einer corporate-identity für Kollektivveranstaltungen ganze Stadien mieten (manchmal genügen auch schon „Fest-Säle"). Mag sein, dass es in letzterem Fall nur sehr selten gelingt, eine längerfristige Identifikation mit der Organisation herzustellen. Die klare und einseitige ökonomische Zielsetzung ist zwar im Sinne der Globalisierung universell, transportiert aber doch zu wenig „Zusatzinhalte". Diese müssen dann irgendwie „künstlich" darangeklebt werden und das wird auch bemerkt. Leichter hatten es da noch „paternalistische" Unternehmen oder „verstaatlichte", die den Versuch machten, „universellere" Bedürfnisse ihrer Mitarbeiter aufzunehmen und sogar Gruppenrücksichten zu nehmen; Sportvereine zu gründen, Pensions- und Erholungsheime zu bauen, Betriebsausflüge in regelmäßigen Abständen zu organisieren, kurzum ihren „Mikrokosmos" zu einen Makrokosmos zu erweitern.

Die „Event-Antwort"

Mit dieser kurzen Beschreibung einer Entwicklung und der Erläuterung einiger Grundthesen sind wir wieder beim Event-Thema angelangt. Wie uns von verschiedenen Seiten mitgeteilt wird, hat sich durch die Globalisierung die Diskrepanz verschärft, haben sich die Defizitgefühle weiter verdichtet. Auch wenn, wie geschildert, diese

Themen unsere gesamte neuzeitliche Entwicklung ausmachen, gab es bis vor kurzem doch noch in Familie, Berufskontinuität und Ortsfestigkeit Identitätsstabilisierungsfaktoren, die so etwas wie eine „Heimat" konstituierten. Diese letzten Anker sind aber in Auflösung begriffen; dementsprechend wächst gerade jetzt die Sehnsucht nach Rückzugsorten, Geborgenheiten („cocoonig" hieß kürzlich das Schlagwort).

Die Befriedigung unserer „Gruppenzugehörigkeitsbedürfnisse" ist von zwei Bedingungen abhängig: von einem Raum und seinen Grenzen und einer sozialen Kontinuität. Beide Bedingungen sind kaum mehr gegeben. Es wird uns permanent Mobilität und Flexibilität angeraten und wenn man Berufslaufbahnen verfolgt, so wird dieser Rat offensichtlich befolgt. Die Spezifität und Besonderheit von Orten löst sich auf, die Architekturen, das Angebot an Identitätsagenturen, Hotelketten, etc. gleichen sich an; es wird sozusagen eine „globale Heimat" hergestellt; es gibt wenig Überraschendes, kaum mehr Exotisches, außer in Konserven für den Fremdenverkehr. Es „verkehren" aber auch immer weniger Fremde, der oft „anbefohlene" interkulturelle Dialog fordert Bekanntschaften.

Der Verlust von Ortsanbindung macht auch soziale Kontinuität schwierig; es ist schon eine Sache des Selbstschutzes, sich nicht zu intensiv auf Kollegen, Freunde etc. einzulassen. Ein Dauerabschiedsprogramm wäre emotionell schwer verkraftbar. Nachgewiesenermaßen ist auch die Bereitschaft eine Ehe einzugehen oder gar eine Familie zu gründen unter den jungen Erwachsenen eher zögerlich. Sie scheinen auf etwas zu warten, was oft nicht eintritt: ein sicherer Arbeitsplatz und eine gewisse Ortsstabilität.

Was es real nicht gibt, so könnte gefolgert werden, könnte man sich heutzutage doch „virtuell" einrichten. Tatsächlich kann man hier viele Versuche bemerken. Die elektronische Kommunikation öffnet ein weites Feld der „Vernetzung". Es entstehen „virtuelle Räume", ChatRooms etc. und auch soziale Gemeinschafen von oft erstaunlicher Überlebensfähigkeit. (Vgl. dazu den Beitrag von H. Pühl - die Hrsg.). Mag sein, dass dies eine zukunftsträchtige Antwort auf die Defizite und Sehnsüchte ist, jedenfalls in einer Übergangsgesellschaft. Es fehlen uns aber noch ausreichende Erfahrungen damit, vor allem wissen wir noch nicht so recht, was der „Mangel an Sinnlichkeit" und körperlicher Nähe ausmacht und bewirkt.

Die Nation als frühere Identifikations- und Kompensationsgestalt, also die „universelle" Seite fällt ebenso aus; ständig hören wir von Machtverlust, der Erpressbarkeit, der Ohnmacht von Nationalstaaten. Politisch gesehen lässt sich gegen diese ständige Abwertung kaum etwas einwenden - nicht gerade eine gute Ausgangsposition für Identifikation. Die Globalisierung führt uns täglich vor Augen, wie „wertvoll" die eigene Nation ist, wem Löhne und Umweltauflagen zu „teuer" sind. Also sind auch die Nationen angehalten, sich ins „Ideelle", „Virtuelle" hinzubegeben. Dies scheint nicht so leicht zu sein, deshalb wird oft auf die alten Muster zurückgegriffen. Es werden die defizit-entsprungenen Ressentiments geschürt, wiederum Gruppenphantasien auf Staaten übertragen („man muss sich gegen Brüssel wehren"; Außenfeinde stehen sofort parat). In dieser schwierigen Umbruchslandschaft nehmen Events eine besondere Stellung ein. In der Form von Großveranstaltungen bieten sie Antworten auf die verschiedensten auch widersprüchlichen Bedürfnisse.

Massenveranstaltungen repräsentieren stellvertretend Universalismus. Wo viele Menschen zusammenkommen, muss es sich um etwas Gemeinsames, Allgemeines, Bedeutsames handeln; die große Quantität überzeugt und macht wichtig und wertvoll. Es ist anzunehmen, dass der Besuch dieser Events von zwei Motivbündeln getragen wird, die sich gegenseitig verstärken können: Das eine ist am Thema, an der Ausrichtung der Veranstaltung interessiert (welches Thema ist „universell" bedeutsam), das andere an der Masse; letzteres sollte nicht unterschätzt werden. Viele sagen es auch: Sie gehen dorthin, „weil was los ist". So werden Themen auch dadurch gestärkt und gewinnen Ansehen, weil eben viele „hingehen". Die Masse, die Vielen sind aber nicht bloß eine abstrakte Quantität, sie sind „sinnlich" vorhanden; auch wenn man nicht alle sieht, schon gar nicht genau wahrnehmen kann, man spürt sie, hört sie, nimmt auch gerne wechselnde Eindrücke war; merkt auch die Anwesenheit recht unterschiedlicher Personen.

Dann passiert meist etwas ganz Wichtiges: In irgendeiner Weise werden die Unterschiede „gleichgeschaltet". Es entsteht eine innere Homogenität, die sich auch in gleichen Äußerungen und Handlungen zeigt; die Unterschiede sind aufgehoben, aus den Vielen wird ein einziger „Organismus". Die Individuen fühlen sich in höchstem Maß „aufgehoben", haben gleichsam ihre „universelle Heimat" gefunden. Sie sind sich auch „nah", bis hin zu Umarmungen, körperlicher Berührung; es herrscht eine unerwartete Form freundschaftlicher Verbundenheit, einer freudigen bis enthemmten Spontanität, die man anscheinend ohne Gefahr, Zurückweisung oder Schamgefühle ausleben kann.

Psychoanalytische Zugänge bezeichnen diese Erscheinung als Regression; einmal wird der Wunsch nach „Verschmelzung" mit der Masse, als Sehnsucht nach ursprünglicher mütterlicher Geborgenheit interpretiert, zum anderen der Individualitätsverlust als Selbst-Infantilisierung bezeichnet.

Diese Sichtweise ist sicherlich nicht von der Hand zu weisen. Dass die Geborgenheitssehnsucht etwas mit sehr frühen Erlebnissen zu tun haben wird, mag ebenso ihre Richtigkeit haben, wie der Hinweis, dass ihr Mangel solche wiedererinnern lässt. Auch kann man sich als Beobachter des Eindrucks nicht erwehren, dass auch Erwachsene gewisse kindliche Züge einnehmen.

Erfahrene Psychoanalytiker sprechen aber keineswegs abwertend von dieser Regression; erstens deshalb, weil sie zu jenen Verhaltensmustern gehört, die uns in Gefahren und bei den Ängsten immer wieder aufsuchen, zweitens, weil hier auch Erlebnisse stattfinden, die neue „Progressionen" ermöglichen. Darüber hinaus sollte auch Folgendes nicht vergessen werden: Die „Radikalisierung" des Individualismus lässt ihn als Last und Bürde empfinden; überall dort, wo er besonders stark vertreten und gefordert wird, wächst auch das Bedürfnis der „Selbstauslöschung", der Wiedervereinigung mit den Anderen. Weiters ist daran zu erinnern, dass es immer schon so etwas wie den Wunsch nach „kosmologischer Verschmelzung", einer „Einheit mit der Weltseele" gegeben hat, die m. E. nicht bloß der Regression entsprang. Denn auch auf erwachsener Ebene stellt sich heute mehr

denn je die Frage, welchen Ort wir in den sich immer mehr univer-
salisierenden Zusammenhängen einnehmen werden. Schließlich
schrieb schon Schiller eine „Ode an die Freude", in der es heißt: „Seid
umschlungen Millionen, diesen Kuss der ganzen Welt" - nicht von
ungefähr die inoffizielle Europahymne. Ebenso sprachen wir schon
von der Feindes-(Fremden)Liebe, und in der Bibel finden wir jene
Stelle, wo es heißt, dass wir werden sollen „wie die Kinder". Das
„Weltbürgerkonzept" ist auch schon einige Jahrhunderte alt und in
der globalisierten Gesellschaft erst recht gefragt, wenn man unter
Bürger nicht bloß den „share-holder" verstehen will. Wir alle kennen die Gefahren einer durch Regression unterstützten Gleichschaltung, wir wissen auch um die Ausrichtung auf Führerfiguren und
Idole, gleichsam die „Taktgeber" des Geschehens. Die notwendige
Kritik dieser Seite löst aber nicht das Problem der anderen. Betrachtet man Events mit internationaler Teilnehmerschaft, sollte man auch
diese andere Seite sehen:der Event als Einübungsfeld in das *Erleben*
einer Zusammengehörigkeit, das kaum eine intellektuelle Beschwö-
rung des interkulturellen Dialogs ersetzen kann. In unserer Übergangsgesellschaft muss auch der Event der beschriebenen Art ambi-
valent werden: Er kann ebenso „faschistoide" Züge annehmen (manipulativ missbraucht werden), wie er ein Gefühl neuer Verbundenheit unterschiedlichster Menschen hervorbringen kann. (Woodstock
wird immer wieder in dieser Form beschrieben).

Weil man sich aus naheliegenden Gründen kritisch eher mit den
faschistoiden Ausprägungen beschäftigt hat, ist die andere Seite eher
unterbelichtet geblieben. Auch die „Dialektik" der Masse: es geht
nämlich nicht bloß um die Verschmelzung mit der „großen Mutter",
oder um „Führerfixierung", die Gleichschaltung hatte indirekt zunächst auch eine „emanzipatorische" Funktion. Diese Sichtweise mag
seltsam klingen, ja geradezu Unvereinbares zusammenbringen wollen. Es ist aber doch so, dass die reine, abstrakte Quantität die mit-
gebrachte soziale *Qualität* und Unterschiedenheit auflöst, zumindest
gefährdet sie sie. Das, was in Massen Angst macht, ist ja gerade ihre
Kraft und Gewalt, Gruppierungen und Zugehörigkeiten zu relativie-

ren. Begibt man sich in die Massen, so muss dies zunächst als Verlust, Identitätsgefährdung empfunden werden, wenn Identität auch aus vorgängiger sozialer Zugehörigkeit abgeleitet werden muss. Zugleich kann dieser Verlust aber auch als Befreiung von dieser aufgefasst werden. Massen sind gegenüber gesellschaftlichen Herkünften rücksichtslos (insofern gewissermaßen auch „demokratisch" und nicht zufällig spricht man erst seit der Erfindung der Demokratien von Massengesellschaften). Eine Gleichschaltung dieser Art bringt daher, so paradox dies klingen mag, das Individuum als abgelöst von seiner Zugehörigkeit erst hervor. Ein besonderer Status, Schichtzugehörigkeiten, Familien- bzw. Standestraditionen gelten plötzlich nicht mehr, sind jedenfalls nicht mehr so bedeutsam, gesellschaftliche Schranken werden aufgehoben; eine „Vereinzelung" passiert, eine „Reduktion" auf das bloße Ich, den einen Menschen wie den anderen. Was normalerweise bedrohlich wirkt und Massen entweder auseinandergehen lässt oder nach einer raschen inneren Strukturierung verlangt, findet sich bei Events in einer angenehmeren Situation; die Vereinzelung kann als Befreiung - fast könnte man sagen - „genossen" werden, weil über Thema, Anlage, Organisation recht bald eine neue Vereinheitlichung angeboten wird. Insofern empfiehlt es sich, Massenveranstaltungen immer auch als Prozess anzusehen.

Die „Event-Typen"

Im einleitenden Teil haben wir festgestellt, dass gegenwärtig anscheinend alles für eventtauglich erklärt wird, und wir haben dafür auch Gründe gesucht. Großveranstaltungen lassen sich diesen Titel jedenfalls nicht mehr nehmen und daher ist es sinnvoll, sich dort ein wenig umzusehen. Welche Events dieser Art finden einen besonderen Zuspruch und was ist ihr Gegenstand, ihr Inhalt? Ich sehe deren sieben:
- Sportereignisse
- spezifische Kulturereignisse
- religiöse und ideologische Veranstaltungen
- Nostalgieveranstaltungen

- Großevents von Großorganisationen
- nationale und internationale Großveranstaltungen
- Produkt-/Markenevents.

Es wäre hier nicht der Raum, auf alle diese Varianten genauer einzugehen; wir müssen uns auf einige Erläuterungen beschränken. Sportveranstaltungen eignen sich besonders für die Befriedigung aller Bedürfnisse, die wir bisher angeführt haben. Zunächst bereits von den Akteuren her; es sind entweder Individuen, mit denen man sich identifizieren kann; die als „Helden der Nation" sich aber auch einem Allgemeinen aufopfern, also den Beweis antreten, was alles in einem Individuum steckt, wie es auch in der Gemeinschaft „aufgehoben" ist; oder Mannschaften, die alle Gruppenphantasien und Defizitgefühle auf sich vereinigen lassen, die an- und vorzeigen, in welcher Weise Gruppen, Regionen, Organisationen, Nationen etc. repräsentieren. Meist geht es auch um „Kampf", Konkurrenz, Sieg und Niederlage, also um kultivierte Kriegsspiele, die jedenfalls Unterschiede markieren, Grenzen setzen zwischen mir und den anderen. Schließlich kommt aber noch so etwas wie Internationalität in den Blick, wenn man sieht, dass Sportler anscheinend ohne viel Skrupel ihre Nation wechseln. Letzteres hat zwei mögliche Konsequenzen: Die erste ist die, dass sich das Publikum mit seinen Identifikationswünschen plötzlich vor ein Problem gestellt sieht und zweifach reagiert: Ist der „Ausländer" gut, gibt es besondere Bemühungen, ihn zum „Inländer" zu machen, ihn besonders zu hätscheln und zu pflegen. Wehe aber er versagt; dann bleibt er Ausländer und ist schnell wieder in der Versenkung verschwunden. Es beginnt sich aber auch schon eine andere Konsequenz herauszubilden, gefördert auch durch olympische Spiele, Weltmeisterschaften etc. Es gibt hier zwar noch den „Kampf der Nationen", man kann sogar sagen, er verschärft sich sogar (als „Skination" Österreich beeilen sich alle unsere Medien nach Abschluss solcher Ereignisse die Nationenwertung zu veröffentlichen und man spricht von „nationalen Katastrophen", wenn wir in der Wertung nicht ganz oben stehen), zugleich wird er aber auch in doppelter Weise „aufgehoben". Einmal durch den sichtbar „freundlichen" Umgang der Sportler untereinander, zum anderen durch das Erleben von Genuss, Ästhetik, Leistung; ein „schönes" Spiel sieht man auch von anderen Mannschaften gern.

Für das „Publikum" öffnen sich also viele Identifikationsmöglichkeiten auf allen möglichen Ebenen, vom Individuum, der Gruppe bis hin zur Nation und zu Internationalismus. Solche äußern sich auch in Fan-Gruppen-Bildungen; in denen Gruppendefizitgefühle ganz besonders kompensiert werden können - natürlich mit der schon oft erwähnten Ambivalenz. Ausschreitungen reproduzieren alte Gruppenmuster; egal, ob Sieg oder Niederlage, ob Feier oder Trauer, ihre Darstellung nach außen ist auch ein regressiver Versuch, die innere Einheit zu stärken. Und es ist hier auch immer die Frage, was dominiert: eine Begeisterung für den Sport mit all den erwähnten Ausprägungen, Ebenen usw. (ein Thema auch der Organisation) oder die Gruppe am Leben zu erhalten und womöglich zu stärken.

Das Publikum ist aber auch Masse in der oben beschriebenen Dialektik; im gefühlsmäßigen Mitschwingen mit dem Event werden alle gleichgeschaltet, und auch wenn der Bundespräsident in der „Ehrenloge" sitzt, er ist wie die anderen auch ein „Vereinsanhänger". Auf das Massenhafte wird ebenfalls sehr viel wert gelegt und einige Sportarten leiden unter ihrem „Mauerblümchendasein", und das nicht nur aus pekuniären Gründen. Mediale Übertragungen sorgen nun für ein Millionen-Publikum. Dies reicht aber noch nicht aus. Deshalb werden Großleinwände aufgebaut und ganze Stadtplätze bespielt, obwohl es jeder einzelne zu Hause bequemer und wärmer hätte. Eine Prognose scheint daher risikolos: Der Sport eignet sich nicht nur auch weiterhin für Events, er wird, sofern die Inernationalität unserer Globalgesellschaft Thema bleibt und wir nicht in alte nationale Muster zurückfallen, eine bedeutende und wichtige Rolle spielen. Im Internationalismus wird ja auch erst klar, was „Universalismus", der bis jetzt mehr eine „Idee" der Menschheit war, „*real*" bedeuten könnte. Events könnten als jenes Experimentierfeld gelten, auf dem erprobt wird, was dazugehören könnte. Spiel und Sport haben m. E. gute Chancen.

Unter spezifischen Kulturereignissen verstehe ich sowohl ein Rock-open-air-Konzert wie auch die diversen Festspiele und Ausstellungen. Abgesehen davon, was über das Thema Masse schon ausführlich genug abgehandelt wurde und auch für alle weiteren Punkte zutrifft, weist sich die Eventtauglichkeit für mich auf zwei Ebenen aus. Die erste handelt von Kunst und Kultur in prinzipieller Weise. Ich darf hier zurückverweisen, was ich schon über die zwei Zeitreihen und die „Selbsttranszendenz" der Individuen geschrieben habe. Kunst und Kultur sind ein Ort dafür. Wie stellt sich dieser dar, findet seinen Ausdruck und lässt unterschiedliche Menschen etwas Gemeinsames erleben? Kulturevents unserer Übergangsgesellschaft überprüfen u.a., was „massentauglich" ist und was nicht; was elitär bestimmten Gruppen vorbehalten ist, was weltweit über alle Grenzen hinweg zusammenführt. Schließlich geht es auch um die für eine „humane" Zukunft ganz entscheidende Frage, wie Massen organisiert werden und welche Rolle dabei die Kultur und die Kunst haben. Wiederum muss auf die Ambivalenz aufmerksam gemacht werden. Schon Platon hatte Probleme mit Kunst und Mythos als „Verführer". Ihr Einsatz bei den Massenevents des Dritten-Reiches darf nicht vergessen werden. Die faschistische Ästhetik hat auf allen Ebenen auf diesem Klavier gespielt (von der ländlichen Idylle bis zum Erbauen von Monumentalbauten und musikbegleiteten Aufmärschen). Dieser „Missbrauch" darf aber nicht das Kind mit dem Bade ausschütten. Gerade aus der „Wirksamkeit" sollte geschlossen werden, dass diese auch für bessere Zwecke in Anspruch genommen werden könnten. Insofern wäre auch hier zu prognostizieren: Solange es die Forderung nach einem „interkulturellen Dialog" gibt, wird auch durch Events überprüft werden, was sich eigentlich dafür eignet, welche Elemente der Kunst z. B. in neuer Gestalt so etwas wie einen Internationalismus der Kultur hervorbringen können (was Rhythmus, Anschauungsformen, Melodien, Texte etc. auch abgelöst von spezifischen Kulturtraditionen eigentlich noch sein können).

Die nächste Ebene hat m. E. etwas zu tun mit Genuss und Abschluss, repräsentiert insbesondere in Museen und Ausstellungen.

Auch wenn sie nicht unmittelbar als solche gelten, es handelt sich um Massenevents. Museumsbesucher übertreffen, so hört man, an Anzahl bei weitem die Besucher von Sportveranstaltungen. Museen und Ausstellungen brauchen sogar einen rein quantitativen Besucherschutz, weil sonst ihre Objekte leiden würden. Es gibt einen weltweiten Museumstourismus, der oft genug von den eingeweihten Kunstliebhabern als oberflächliches Kommen und Gehen kritisiert wird. Es fällt auch schwer, bei den organisierten Stadtrundfahrten etwas anderes zu denken. Wieso aber dieser immer noch wachsende Zustrom? Nur aus Prestigegründen? Oder um zu Hause etwas erzählen zu können? Vermutlich kann wohl schon das eine oder andere genossen werden, vielleicht auch gerade weil man von Ursprung, Umgebung und Zweck nichts genaueres weiß. Unsere „Weltgesellschaft", so behaupte ich, schließt derzeit alle regionalen, lokalen Kulturgeschichten ab. Dies ist ein höchst interessantes Ereignis. Da lohnt es sich dabei zu sein. Vielleicht auch dahinter zu kommen, warum etwas als „Weltkulturerbe" ausgezeichnet wird. Resultat dieses Events einer Übergangsgesellschaft könnte einerseits ein Bewusstsein dafür sein, welch fortzuführendes Angebot unsere speziellen Kulturgeschichten uns zur Verfügung stellen könnten, andererseits aber auch, was und warum etwas der Vergangenheit angehören soll.

Religionen und Ideologien haben immer schon ihr besonderes Verhältnis zu universellen Ansprüchen bestimmen müssen. Auf der Organisationsseite sind sie daher nie ohne Massenveranstaltungen ausgekommen. Eigentlich sind sie die Erfinder von Events. Parteitage, 1. Mai-Aufmärsche, evangelische Kirchentage, katholische Jugendtage, medial vermarktete Sekten-Prediger in den USA, Pilgerschaften nach Mekka - von außen betrachtet haben alle „Eventcharakter", auch wenn dieser schamhaft verschwiegen wird. Die „Wahrheit" ohne Massen ist wirkungsloses intellektuelles Glasperlenspiel. Sie ist für sich genommen „schwach", individuelle Einsicht und Überzeugung ist nicht ohne Weiteres vermittelbar. Sie braucht gewissermaßen einen „sozialen Körper", der sich selbst religiös und ideologisch *erlebt*. Massenveranstaltungen leben nun nicht davon, dass z. B.

der Papst eine Messe hält, die er schon 100 Mal gehalten hat und deren Inhalt bestens bekannt ist, sie leben zum Großteil „aus sich selbst heraus": als Masse, die trotzdem „brüderlich" zusammenkommt, als Treffen der diversen Untergruppierungen, der Geschlechter usw. Nun kann das alles unter einer bestimmten Idee, einer Tradition bestimmter politischer Aufgaben stehen, aber auch diese sind ja meistens bekannt; sie brauchen ihre „Fleisch-Werdung" durch „massenhafte" Selbstvergewisserung. Insofern macht es auch gar nichts aus, wenn die Ideen vage, gar nicht so klar sind, oft sogar ein „Glaubensgeheimnis". Im Gegenteil, es hat sich vor allem bei Sekten, Fundamentalisten, Ideologen gezeigt: je bestimmter und klarer die Ideen, umso tyrannischer deren Führer und ihre Gehilfen.

Auch hier die Ambivalenz: Im einen Fall dienen die Events, Massen über Regressionswünsche und -verhalten zum Instrument zu machen, im anderen mit dem Mittel dessen, was Masse ist und sein kann, Ideen zu „verleiblichen". Religions- und Ideologiegeschichten zeigen m. E. mehr Beispiele für die erstgenannten Erscheinungen; dies hängt im Falle der Religion meist an einem autoritären Gottesbegriff und bezüglich der Ideologien an einem ebenso autoritären Verstandes- und Systembegriff, der keine „Opposition" zulässt. Ich möchte aber auch für die andere Seite ein Beispiel zitieren, das versucht, ein anderes Klima deutlich zu machen (im übrigen formulierte das Neue Testament in der Schilderung der Pfingstgemeinde Ähnliches: Aus ihnen selbst „kam der heilige Geist über sie"). In dem Buch „Das Feuer großer Gruppen" - Konzepte, Designs, Praxisbeispiele für Großveranstaltungen - findet sich ein Artikel von Hanna Zapp mit dem Titel: „Rituale und Systeme für Großgruppen in der kirchlichen Tradition" (S. 100ff). Sie geht zunächst von einer Zeitdiagnose aus:

„Hohe Mobilität und Flexibilität sind angesagt. Wir leben in einer ungeduldigen Gesellschaft und sind selber rastlos. Zur Religion aber gehören Geduld und ein Gefühl von Zeitlosigkeit in der Zeit. Werte wie *Langfristigkeit, Verlässlichkeit und nachhaltige Entwicklung* haben allerhöchstens als ideelle Werte einer bewussten Gegenkultur Konjunktur. Dennoch: So sehr wir in einer ungeduldigen Gesellschaft

leben, suchen wir doch nach Werten in uns und um uns, die bleiben."
(S. 100/101).

„Das Rad der Geschichte ist nicht durch ein Einheitsdekret zurück-
zudrehen. Vielheit ist als ein grundlegend positives Phänomen zu
begreifen. Auf der anderen Seite steht der Wunsch nach Heimat und
Geborgenheit. Ziele sind Heimat und Geborgenheit und Autonomie
und Wahlfreiheit zugleich" (S. 101).

Im Weiteren untersucht sie religiöse Veranstaltungen auf ihre Taug-
lichkeit, dieses Ziel zu erreichen, unter anderem auch den Evangelischen Kirchentag:

„Der Deutsche Evangelische Kirchentag ist eine fünftägige Großver-
anstaltung im Zweijahresrhythmus an wechselnden Orten. Für viele
der Teilnehmerinnen und Teilnehmer, der Mitwirkenden ist er zu
einem liebenswerten und charmanten Ritual geworden" (S. 108/109).
„Immerhin täglich mehr als 100 000 Menschen erleben Konfession
im ursprünglichen Sinn von Bekenntnis und Zugehörigkeit" (S. 109).

Und ganz in den von uns beschriebenen Intentionen religiöser Großveranstaltungen führt die Autorin aus:

„Menschen brauchen - jedenfalls von Zeit zu Zeit - einen Ort, an dem
unverdiente und fraglose Liebe in Gemeinschaft erlebt wird. Menschen brauchen eine Perspektive, die über den Alltag hinausweist und
die engen Räume des eigenen Ichs übersteigt und auch die mühsam
errichteten Grenzen der eigenen Autonomie verflüssigt ins Gemeinsame, eine symbolische ‚Gemeinschaft der Heiligen' oder sogar kos-
mische Gemeinschaft. Immer mehr Menschen leiden darunter, dass
sie - bei aller Wertschätzung des persönlichen Frei- und Spielraums
- keine Zusammengehörigkeit mehr erleben und kein ‚Dach' über
ihrer Seele haben. Es gibt eine Sehnsucht danach, bei sich und bei
anderen zu Hause zu sein. Totalitäts- und Glückserwartungen überfordern uns. Das Leben ist endlich - nicht in dem Sinne, dass wir sterben müssen. Die Endlichkeit liegt im Leben selber. Im begrenzten
Glück und im eingeschränkten Gelingen. Die Begegnung mit Gott
begrenzt den Griff nach den Sternen zuweilen heilsam.
Ich möchte nicht nur an mich glauben, sondern mich fallenlassen, als
Teil des Universums in ein großes Ganzes. Dazu brauchen wir einen
Ort, der uns in eine andere Welt hineinversetzt und unser Leben um

71

eine Dimension erweitert. Tempel oder Kirche oder Open-air-Gottesdienst: immer geht es um einen zwar realen Ort, der aber zugleich ein symbolischer Ort ist, der über alle realen Orte hinaus auf eine transzendente ‚himmlische' Heimat verweist. In der ‚Gemeinschaft der Heiligen' feiern Menschen ganz bei sich und auf sich selbst bezogen und doch nicht einsam ein Fest zur Vergegenwärtigung des Heiligen in der Profanität. Zu einer bestimmten Zeit - und doch ist es eine symbolische Zeit, die über alle Zeitknappheit hinaus auf die Zeitlosigkeit verweist: die Ewigkeit." (S. 103)

Zu den Nostalgieveranstaltungen und ihren „Großevents" zähle ich Brauchtumsveranstaltungen, Open-air-Konzerte mit sogenannter Heimatmusik, den „Musikantenstadel", durchaus aber auch Veranstaltungen der „Hochkultur", in denen es um Traditionsbeschwörung geht. Es geht hier nicht um ästhetische Geschmacksurteile. Die falsche Sentimentalität und der heuchlerische Zynismus der Entertainer und Akteure mögen peinlich berühren. Unsere Betrachtungsweise wählt aber eine andere Perspektive, nämlich jene einer Übergangsgesellschaft. Vorerst sollte nämlich zu denken geben, dass die Heimat- und Volksmusiker mehr goldene Schallplatten sammeln als all ihre Kollegen in den anderen Musiksparten, dass die Veranstaltungen internationalen Charakter haben und die Teilnehmer zweifellos gefühlsmäßig berührt sind. Texte, Melodien, Szenerien und Abläufe sind recht einfach und wiederholen sich. Auch in hochkulturellen Ereignissen wird unter dem Titel „Werksgerechtigkeit" manchmal verborgen, dass Interpretationsideen abhanden gekommen sind. So erscheinen die Themen und Inhalte auswechselbar, die Ereignisse aber nicht. Mag man auch als Außenstehender den Musikantenstadel z. B. eher als eine Trauergemeinde verlorener Identität betrachten oder eine Philharmonische Matinee als gesellschaftlichen Treffpunkt zur gegenseitigen Bestätigung und Selbstversicherung, so muss doch auch die andere Seite bedacht werden. Vielleicht sind Events hier auch ein Experimentier- und Exerzierfeld eines Überganges; sozusagen ein „Rite de passage"; ein Abschiednehmen und zugleich ein Bewahrenwollen; vielleicht auch eine Überprüfung, was dafür tauglich ist.

Es ist schon klar, dass Geschäft und Medien hier eine wichtige Rolle spielen; dass Tourismusorte auf Umwegrentabilitäten hoffen; dass auch hier gilt, was wir schon ausgeführt haben im Zusammenhang mit Freizeit, leerem Feiertag und Animation. Will man diese Events aber nicht nur als Mittel zu einem ihnen äußerlichen Zweck ansehen und die Inhalte betrachten, sollte man auch diesen gerechter werden. Was auf den ersten Blick der subjektiven Empfindung völlig fremd erscheinen mag, wird dann verstehbar. Interessant erscheinen mir hier z. B. die meisten (Open-air-)Volksmusikveranstaltungen. Sie nennen sich zwar so, haben aber kaum etwas mit dem Genre zu tun. Dennoch pilgert viel „Volk" hin. Was passiert hier? Es gibt ja daneben noch „echte" Volksmusik, die Pflege dieses „Kulturgutes". Meist ist sie „kleinräumlich" organisiert, so wie sie es auch früher immer war; d. h., dass sie eher „gruppenbezogen" existierte. Diese Regionalität und Lokalität ist schon seit längerer Zeit in Auflösung begriffen und vor allem Jugendliche sehen in ihr wenig Zukunft. Bei den Großveranstaltungen der Volksmusik findet man sie aber haufenweise. Und sie finden dort eine Musik, bei der sich die Akteure meist auch regional beziehbare Namen geben (die Zillertaler, das Nock-Berge-Quintett, die Kastelruter Spatzen usw.), dadurch gleichsam Heimatverbundenheit simulieren, die aber längst nicht mehr regional verankert ist. Diese „Bindungslosigkeit" äußert sich auch in der Art der Musik; es scheint tatsächlich ein Versuch zu sein, für ein „neues Volk" eine größere „Heimat" zu liefern.

Über die Großevents von Großorganisationen (Großgruppenkonferenzen, Stadionevents etc.) habe ich das, was mir am wichtigsten war, bereits erwähnt. Hier geht es in erster Linie um eine emotionelle Identifikation mit einer Organisation, die von vornherein aus den genannten Gründen emotionell kaum positiv besetzbar ist. Das liegt nicht nur an Anonymität und Struktur, sondern auch am funktional eingeschränkten Tätigkeitssinn. Da bekanntlich die „Sinnkategorie" für das Überleben einer Organisation einige Bedeutung hat, sind - neben dem emotionell wichtigen Massenerlebnis - diese Events „Sinngebungsveranstaltungen". So kann einmal die Besonderheit des erzeugten Produkts, auf das man stolz sein kann, im Vordergrund stehen („Taufveranstaltungen"), Beispiele besonders gelungener Leistungen gefeiert, neue Zielsetzungen „geboren", besondere Kundenbeziehungen „gestiftet" werden usw. Alle diese Details sollen womöglich einen Gesamtsinn der Organisation ergeben und für „Gesamtes" kann man die „massenhafte" kollektive Anwesenheit, Sichtbarkeit gut gebrauchen. Dass diese offensichtlich ein wichtiges Faktum sein können, beweisen Großveranstaltungen von „Teilmengen". So gibt es in Konzernen Großveranstaltungen leitender Führungskräfte, die ihr Sinnerleben bekommen haben (meist wird dann gesprochen „vom Geist von ....", übrigens in Analogie zum ersten Erleben des „heiligen Geistes"), nicht aber wissen, wie sie es weitergeben sollen. Der Hinweis, dass sie als „Multiplikatoren" tätig zu werden hätten, nützt wenig.

Nationale Events können Staats- und Nationalfeiertage, Feiern von Gründungsereignissen, Vertragsabschlüsse, Friedensabkommen, aber auch Staatstrauertage usw. sein. In Zeiten zunehmender Internationalisierung verlieren sie an Bedeutung und es gilt in gewisser Weise das, was wir zu den Nostalgieveranstaltungen überlegt haben. Hat es nationale Identität immer schon schwer gehabt - es ist nicht leichter geworden. Woher nimmt man heute die geeigneten Inhalte, mit denen sich die Bürger der Nation identifizieren können? Aus der Geschichte? In der bewegten Geschichte Europas für viele Nationen nicht unbedingt ein Ruhmesblatt. Aus der Gegenwart? Der Nationalstaat befindet sich in einer Krise; außerdem gehört es nicht unbedingt zum Charakter der Demokratie, nationale Identifikation zu fördern; das Widersprüchliche, Unterschiedliche steht auch emotionell im Vordergrund. Und gerade dieses zu feiern (nämlich eine leidlich funktionierende Demokratie) ist noch nicht so recht eingeübt; es hieße nämlich das Widersprüchlich-Nicht-Identische ins Identische, Gemeinsame miteinzubeziehen, und das stört auch den Wunsch, in einer Einheit Geborgenheit zu finden.

Wenn ich als Beispiel den Österreichischen Nationalfeiertag heranziehe, muss ich meine Schwierigkeit eingestehen, diesem Event identifikatorischen Sinn zuzusprechen. Gut, es tritt die gesamte Regierung und das Parlament zusammen, sie werden gemeinsam sichtbar und es erfolgt ein Bekenntnis zum Staat Österreich. Diese Einheitsdemonstration hat etwas Beeindruckendes für sich, zugleich aber auch etwas recht Punktuelles, Abstraktes. Die Ehrung des Unbekannten Soldaten am „Heldenplatz" ist zwar konkreter, ebenso der Aufmarsch des Bundesheeres, es schließt dies aber an eine durch und durch gebrochene Tradition an. Insofern weicht man beim Thema Bundesheer gerne auf seinen Katastropheneinsatz aus. Sicher, der Nationalfeiertag erinnert an eine „Neugründung"; als der letzte „Besatzer" unser Land verlassen hat und damit eigentlich erst der Krieg in seinen Folgen beendet werden konnte. Genau aber diese Neugründung will Helden, Kriege, Heere hinter sich gelassen haben. So bleibt schließlich ein harmlos-neutrales Thema, das sich jedenfalls für ein national-verbindendes Event eignet: „Fit mach mit"; der Nationalfeiertag wird zu einem Tag des Sportes, der Fitness. Hunderttausende Österreicher laufen. Das schadet nicht und über die Identifikationskraft Sport haben wir schon gesprochen. Man könnte aber auch die Frage stellen: Sie laufen ... wovor davon?

Anders verhält es sich bei internationalen Großveranstaltungen. Sie näher zu beschreiben würde bedeuten, einen eigenen Beitrag zu verfassen. Ganz einfach kann nur gesagt werden, dass diese Events von der Globalisierung förmlich gefordert werden; sozusagen ein Gebot der Stunde. Die Schwierigkeit, sie als Massenevents im gewöhnlichen Sinn anzusehen und zu organisieren, liegt in der Widersprüchlichkeit unserer Welt und den unterschiedlichen Machtverhältnissen. Daher waren Großveranstaltungen, wenn nicht von der UNO organisiert, zunächst eher Versuche, die gleichgesinnte Selbstversicherung und „Geborgenheit" zu suchen. Davos, Weltwirtschaftstreffen, bis hin zu nationalen „Unternehmertreffen" gingen ebenso in diese Richtung, wie die Treffen ihrer Kritiker und Gegner. Wo sie zusammenkamen, gab es Proteste, bis hin zu tätlichen Auseinandersetzungen, „Geborgenheit" wurde nur mehr durch „höchsten" Polizeischutz gesichert oder durch völlig abgelegene Ortswahl. Inzwischen ist hier Bewegung eingetreten; Vertreter der NGO's wurden eingeladen; man beginnt die Widersprüche ernst- und aufzunehmen, auch wenn die Folgen noch nicht so deutlich sichtbar sind. Für die oppositionellen Kräfte der NGOs waren diese Events jedenfalls von großer Bedeutung, schon allein, weil man sich unabhängig vom Herkunftsland an den verschiedensten Orten immer wieder treffen konnte. Trotz aller organisatorischer Schwierigkeiten wird es notwendig sein, dass internationale Events häufiger werden. Sie können den Boden für eine internationale Identitätsbildung sein, die jedenfalls ihre Regressionsvergangenheit hinter sich lassen muss. Denn hier müssen zunächst Widersprüche verhandelt werden.

Eine nicht immer liebenswerte Eventkultur hat sich um einen neuzeitlichen Topos herum gebildet, um Produkt und Marke. So findet alljährlich am schönen Wörthersee in Kärnten das GTI-Treffen statt, das einige Tage die gesamte Gegend mit Lärm und Abgasen beglückt (siehe dazu den Beitrag von K. Ottomeyer, S. 165ff. – die Hrsg.). Etwas friedlicher ist das Old-Timer-Treffen auf der Glocknerstraße. Produkte und Marken haben hier Brückenfunktion für Zugehörigkeiten. Events machen diese sichtbar. Eine neue, an diesen Marken orientierte „Massenorganisation" entsteht. Es lässt sich an ihnen auch Kaufkraft, Ideologie etc. demonstrieren. Wo also „sonstige" Zugehörigkeitsmöglichkeiten immer dünner werden, das Bedürfnis aber bleibt, bietet unsere konsumorientierte Gesellschaft eine Antwort. Events, die um Produkte und Marken herum veranstaltet werden, sind eben auch Versuche, in unsere „Massen"gesellschaft Strukturen hineinzubringen; Produkte werden zu Außenhalten nicht nur für abstrakte Zugehörigkeitswünsche, sondern für sehr konkrete; es sollen auch ähnliche Werte, Lebenseinstellungen, in ihnen symbolisiert werden. Dafür reicht das Produkt für sich genommen nicht aus. Damit es Symbol werden kann, bedarf es des Events. Es "heiligt" das Produkt zum Symbol, macht die Marke zum (Ab-)Zeichen für eine bestimmte Gemeinschaft.

Nachtrag: zwei weitere Dimensionen
unserer „Gruppenfixiertheit"

Nach meiner früheren Vorankündigung fehlen noch zwei Ursachenkomplexe für unsere „Gruppenfixiertheit", die zum Abschluss noch kurz nachzutragen sind. Konzentriert haben wir uns bisher auf eine „prinzipielle" und eine historisch-menschheitsgeschichtliche Dimension. Die zwei noch fehlenden nenne ich die „individual-geschichtliche" und die der „funktionalen Kränkung". Beide richten sich gegen eine emotionell positive Besetzung von Organisationen, Großgruppenkonstellationen etc.

Unsere Entwicklungsgeschichte von der Geburt bis etwa zum 18. Lebensjahr ist durch Gruppen geprägt; zuerst im Allgemeinen (trotz derzeitiger Auflösungserscheinungen) durch die „Primärgruppe" Familie, den Kindergarten, die Schulklasse (die als solche von den Lehrern auch als Gruppe, als „Schülergemeinschaft" gesteuert wird, obwohl sie natürlich Element einer Organisation ist), Sportvereine, Peergroups etc. Mit der Tatsache von Organisationen (Eintritt ins Arbeits- und Berufsleben, da beginnt der „Ernst des Lebens") werden wir erst konfrontiert, wenn unsere emotionelle Entwicklung bereits weitgehend vorgeprägt, bzw. abgeschlossen ist. Es ist dies auch *ein* Grund für diverse Übertragungen. Wir versuchen uns die Organisationen gruppengerecht oder familial „herzurichten". Gefördert wird dieses Bestreben durch die erlebte vermeintliche „Kälte" der Organisation, des Misstrauens und das Angstklima, das in hierarchischen Machtstrukturen schon strukturell angelegt ist. Weil man nun aber andererseits auch einsehen muss, dass die Organisation „Brötchengeber" ist, also die „große Ernährerin", ist man schnell bereit, sie zur „großen Mutter" zu machen. Ich glaube, dass es kein Zufall ist, dass viele dieser Einrichtungen in unserer Sprache weiblichen Geschlechtes sind. Die Angst auf der einen Seite, die Mutterprojektion auf der anderen, sind ideale Voraussetzungen für regressives Verhalten. Dieses verstärkt sich dort, wo auf Grund von Existenzsorgen (Arbeitsplatzunsicherheit, Mobbing, Burn out) die Phantasie der großen Ernährerin brüchig wird.

Es gibt nun zwei Möglichkeiten, diese Regression zu agieren: Innerhalb und außerhalb der Organisation. Innerhalb geht dies deshalb nicht so leicht, weil nicht alle Betroffenen in gleicher Weise bereit sind mitzumachen; das brauchen aber kollektive Regressionen, um sich emotionell zu entfalten. Auch der Versuch der „Spaltung", zu der sie neigen, gelingt nur dann, wenn jene die nicht mittun als „Feinde" klassifiziert werden können. Ein Problem sind dabei aber jene "rational" Neutralen, die ihren Job machen, emotionell aber längst in „innere Emigration" geflüchtet sind und sich damit vor jeder Ansteckung schützen, aber auch die „Schwankenden", die zwischen Regression und „Progression" hin und her pendeln. Hinzu kommen „historische Ungleichzeitigkeiten".

Die verschiedenen Unterbereiche der Organisation befinden sich in einer ebenso unterschiedlichen Gefühlslage, die auch widersprüchlich sein kann. Innerhalb der Organisation eine kollektive Regression agieren zu wollen, ist also schwierig. (Anzeichen gibt es natürlich: Sie äußern sich in abnehmender Selbständigkeit, „vorauseilendem Gehorsam", dann im Hoffen auf eine „charismatische Führerpersönlichkeit", in einem erhöhten Aggressionspegel, in Mobbing, aber auch in „magischen" Beschwörungen von Vertrauen und kollektiver „Glaubwürdigkeit"). „Spontanstreiks", meist eine Reaktion auf kollektive Gefährdung, haben noch am ehesten die „Chance", kollektive Regression zu produzieren und zu nutzen.

„Großgruppenevents" außerhalb können nun diese Regressionswünsche auffangen; in ihrer harmloseren Form kann man in ihnen relativ „gefahrlos" regredieren, sie sind damit vor allem in gesellschaftlich schwieriger werdenden Zeiten ein gewisser Ausgleichs- und Stabilisierungsfaktor. Um wieder auf die Ambivalenz zurückzukommen: wir wissen zur Genüge, dass sie auf der anderen Seite für diverse Manipulationen ausgenützt werden können. Politischer Populismus wäre sonst nicht möglich und nicht so erfolgreich. Er ließe sich überhaupt als Indikator verwenden: Je häufiger er auftritt und je plumper er sich gibt, umso größer das „Versagen" unserer „Normalorganisationen". Das Regressionsbedürfnis einer Gesellschaft wächst mit der produzierten und nicht mehr an Ort und Stelle aufgefangenen Angst. Diktaturen, für die kollektive Regressionen die beste Überlebenschance darstellen, haben diese immer auch schon zu fördern versucht, indem sie Kinder ab einem gewissen Alter dem unmittelbaren Einfluss der Primärgruppen entzogen haben; Bindungswünsche auf die „Großgruppe" Staat, Nation etc. „umgeleitet" haben. Dies führt nicht bloß zu einer anderen „Ausrichtung" der Gefühle, sondern auch zu einer Erschwernis des „Reifungsprozesses" (individuelle „Ablösungen" werden erspart), einer tiefen inneren Verunsicherung der Individualität und damit später zu erhöhter Regressionsbereitschaft.

Das Verhältnis von Individualentwicklung und Großgruppendynamik ist derzeit Forschungsfeld psychoanalytisch orientierter Herkunft. Mit einem Verweis auf ein hier m. E. bestens informierendes Buch und einem Zitat daraus zur Charakterisierung kollektiver Regression, kann ich diese 3. Ursachendimension abschließen: Für Vamik D. Volkan: „Blindes Vertrauen" - Großgruppen und ihre Führer in Krisenzeiten (2005) - sind folgende Erscheinungen Symptome der Regression:

1. Die Gruppenmitglieder verlieren ihre Individualität.
2. Die Gruppe schart sich blind um die Führergestalt.
3. Die Gruppe wird in ‚gute' Segmente (die der Führergestalt gehorsam folgen) und ‚schlechte' Segmente (die bei den übrigen Gruppenmitgliedern den Eindruck erwecken, dass sie sich der Führergestalt widersetzen) unterteilt.
4. Die Gruppe entwickelt eine strikte ‚Wir'-‚Sie'-Unterscheidung zwischen ihren eigenen Mitgliedern und ‚feindlichen' (meist benachbarten) Gruppen.
5. Die der Gruppe gemeinsamen Moralvorstellungen oder ihre gemeinsamen Überzeugungen werden zunehmend verabsolutierend verstanden und zur Verurteilung derjenigen genutzt, die diesen als gruppenspezifisch angesehenen Charakteristika nicht entsprechen.

6. Die Gruppe benutzt in starkem Maße Introjektions- und Projektionsmechanismen und kann in Verbindung damit starke Stimmungsschwankungen erleben, von gemeinsamen depressiven Gefühlen bis hin zu kollektiven paranoiden Erwartungen. ...

15. Die Gruppe erlebt geografische oder gesetzliche Grenzen als ‚zweite Haut'" (S.68/ 69).

Ich habe hier eine Auswahl getroffen, die es m. E. durchaus möglich macht, Events in diese Richtungen hin zu beobachten.

Unter „funktioneller Kränkung" verstehe ich die Reduktion der Person auf ihre Aufgabe innerhalb der Organisation - gleichsam die Identität von Stellenbeschreibung und Individuum. An sich „funktioniert" eine Organisation nur dann, wenn sie diese Identität verlangen kann, ja voraussetzen muss. Ihr Überleben hängt davon ab, dass Personen ausgetauscht werden können, Funktionen aber nicht. „Die Füße derer, die dich hinaustragen, stehen schon vor der Tür". Mit dieser Reduktion werden aber nicht nur rational Tätigkeitsbereiche definiert, also Grenzsetzungen vollzogen, sie richtet sich auch gegen die ganze Person, vor allem gegen ihre Bedürfnisse, Gefühle, Sehnsüchte, also gegen alles, was bisher in Gruppenzusammenhängen eine gewisse Berücksichtigung fand. (Dass heute Organisationen immer mehr dazu übergehen, Teams, Projektgruppen etc. auf Grund der hohen Komplexität und deren Bewältigung als Entscheidungs-Steuerung und Arbeits-„Instrument" zu verwenden, hat daher auch seinen Preis: Gruppen sind zumindest *auch* bedürfnisorientiert, und daher brechen in ihnen deutlicher als anderswo Bedürfnisse, Emotionen etc. wieder auf. Man nennt dies dann die sogenannten „soft-facts").

Die Reaktionen auf diese „funktionalen Kränkungen" sind natürlich verschieden. Sie können in der Organisation stattfinden und es hat dieser noch nie geschadet, dafür auch (informelle) Orte bereitzustellen. Die Organisation bietet genug Anlässe, sich an ihr zu „rächen"; Manager gebrauchen dann gern die Wendung: „Es menschelt". Auch die im vorhergehenden Abschnitt beschriebenen Regressionen stellen eine Reaktionsform dar. Events setzen die gängigen Funktionalisierungen außer Kraft. Sie scheinen sich vorbehaltlos an die Bedürfniswelt zu richten. Sie lösen das Individuum aus der Berufs- und Alltagsgefangenschaft. Sie sind insofern „identitätserweiternd", als sie die oft habituell gewordene Identität von Personen und Funktionen aufheben (manche stellen sich ja sofort mit ihrem Beruf vor). Diese „Auflösung" kommt zugleich auch einer erwünschten Aufklärung der Individualität entgegen; seine „Aufhebung" in der Masse korrespondiert nicht bloß mit jener der Reduktion, sondern auch mit dem „Erleben", der „ideellen Unendlichkeit" von Bedürfnissen, Wünschen, Sehnsüchten. Letzteres erzeugt sowohl Individualitätsdiffusion (Regressionsanfälligkeit), wie auch mögliche Befreiung von Selbstfixiertheit; das Gefühl, mehr und wer anderer zu sein.

Wie diesem Text zu entnehmen, sehe ich die Eventkultur widersprüchlich; ich habe mich deshalb bemüht, ihre Ambivalenz zu beschreiben. Die Gefahren ebenso wie ihre Möglichkeiten und Funktionen in einer Übergangsgesellschaft. Die Gefahren zu minimieren, könnte Aufgabe einer nächsten „Aufklärung" sein. Ob dies möglich ist, darf allerdings bezweifelt werden; schöpft sie doch aus ihnen auch die Kraft für ihre positiven Möglichkeiten. Wenn man sich aber schon dem Thema Aufklärung zuwendet, darf abschließend noch zusammengefasst werden, was aus unseren Großgruppenerfahrungen plausibel erscheint. Im Grunde geht es dabei um die organisierte Einführung selbstreflexiver Distanzmöglichkeiten, die folgende Balancen herzustellen imstande sind:

Die Balance zwischen den Polen.
Die Balance von Struktur und Prozess.
Die Balance zwischen positiver Zukunfts- und ‚negativer'
Problemorientierung.
Die Balance zwischen Person und Kollektiv.
Die Balance zwischen Spannung und Ruhe.
Die Balance von kognitiven und emotionalen Elementen.
Die Balance zwischen der Illusion von Gemeinsamkeit und der
Realität der Vereinzelung.
(Königswieser 2000, S. 21-24).

Literatur

Freud, Sigmund: Massenpsychologie und Ich-Analyse. GW XIII, 1921

Freud, Sigmund: Das Unbehagen in der Kultur. GW XIV, 1930

Heintel, P.: Reflexionen zum Thema Massen und faschistoide Phänomene und zur Organisaiton von Großgruppen. In: Königswieser, R. / M. Keil (Hg.): Das Feuer großer Gruppen. Stuttgart 2000, S. 45-61

Heintel, Peter: Emotion und Organisation. Die Bedeutung ihres Verhältnisses für das Begreifen von Krieg und Frieden. In: dialog. Beiträge zur Friedensforschung 8 (1/87). Hg.: Österr. Institut für Friedensforschung und Friedenserziehung, Burg Schlaining, S. 29-48

Königswieser, Roswita: Das Feuer von Großgruppen In: Königswieser, R. / M. Keil (Hg.): Das Feuer großer Gruppen. Stuttgart 2000, S. 30-44

Königswieser, Roswita / Boos, Frank: Unterwegs auf einem schmalen Grat: Großgruppen in Veränderungsprozessen. In: Königswieser, R. /M. Keil (Hg.): Das Feuer großer Gruppen. Stuttgart 2000, S. 17-29

Schmidt, Donat: Vorurteile und ihre Bedeutung für die Entwicklung ethischer Urteilsfähigkeit. In: Zeitschrift für Didaktik der Philosophie und Ethik, Heft 2/2006, S. 90-97

Shaked, Josef: Die psychoanalytische Großgruppe. In: Königswieser, R. / M. Keil (Hg.): Das Feuer großer Gruppen. Stuttgart 2000, S. 77-84

Zapp, Hanna: Rituale und Systeme für Großgruppen in der kirchlichen Tradition. In: Königswieser, R. /M. Keil (Hg.): Das Feuer großer Gruppen. Stuttgart 2000, S. 100-113

Gudrun Brockhaus

Aber die Fackelzüge!
Der Nationalsozialismus als Vorläufer der Eventkultur

1. „Einfach ein einmaliges Erlebnis"
- Parallelen von Event-Gesellschaft und NS-Bewegung

„Einfach ein einmaliges Erlebnis" - so formuliert, noch immer ergriffen, 1996 ein Fotograf seine Erinnerung an die Feiern zum „Tag der Deutschen Kunst" (in: Wistrich 1996, S. 104) in München im Juli 1939.

Dieser nostalgischen Erinnerung an die NS-Feiern im Münchner Vorkriegssommer als „toll" (ebd.) könnten viele weitere Reminiszenzen an NS-Events hinzugefügt werden - wenngleich sie oft in der Abwehr eines Vorwurfs, einer Kritik versteckt waren. Die Spuren dieser Faszination zeigen die beliebtesten „aber" -Formeln: „Aber die Autobahnen..." „Aber die Fackelzüge..." „Aber die schönen Filme...".

Eventkultur-Erlebnishunger, Intensitätsgier, Faszination der Gewalt, Alltagsflucht und Realitätsverachtung, Inszenierung von Scheinwelten, unbedingte Ästhetisierung, Bevorzugung der medialen Perfektion vor der Unvollkommenheit des Realen, Ungeduld und Spiralen des Übertreffens - all dies charakterisiert eben nicht nur die moderne Event-Gesellschaft, sondern beschreibt auch wesentliche Merkmale des Faschismus; Merkmale, in denen z.B. Mussolini gerade die Erfolgsbedingungen des Faschismus verortet: „Die Demokratie hat dem Volksleben den ‚Stil' genommen: das heißt eine Linie des

Verhaltens, die Farbe, die Macht, das Malerische, das Unerwartete, das Mystische; im Ganzen all jenes, was im Gemüte der Massen zählt. Wir spielen die Leier auf allen Saiten: von der Gewalt bis zur Religion, von der Kunst bis zur Politik." (Mussolini 1922, zit. nach Reichardt 2002, S. 114)

Das fortdauernde Faszinations-Potential des Faschismus hängt mit diesem Versprechen auf Erlebnisintensität zusammen - mit ihm begründen Susan Sontag (1983) und Saul Friedländer (1986) das immer erneute Wieder-Aufleben ästhetischer Muster des Nationalsozialismus in Filmen, Pornos, Literatur.

Mit den Begriffen Eventkultur verbinden wir die Suche nach intensiven Erfahrungen, nach dem Konsum des Besonderen, nach Feier und Spaß, nach einem Erleben, das uns heraushebt aus dem gleichförmigen Alltag, uns die Möglichkeit zur Demonstration unserer Individualität gibt. In der „Erlebnisgesellschaft" - ein der Eventkultur verwandter Begriff, mit dem Gerhard Schulze in seinem gleichnamigen Buch (1992) neue gesellschaftliche Entwicklungen kennzeichnete - treten die objektiven Gegebenheiten in ihrer Bedeutung hinter das subjektive Erleben des Einzelnen zurück. Darin sieht Schulze die entscheidenden Veränderungen der letzten Jahrzehnte. Soziale Merkmale wie Stellung im Arbeitsprozess, Religion, regionale Zugehörigkeiten, soziale Milieus haben ihre prägende Kraft eingebüßt. Massenkonsum, Individualisierung, umfassende Medialisierung, Ende der Arbeitsgesellschaft sind Stichworte, mit denen die Ursachen für diese Erosionsprozesse beschrieben werden. „Die Gesellschaft wandelt sich zu einer Erlebnisgesellschaft, das Marketing zu einem Erlebnismarketing und das Einkaufszentrum zu einer Erlebnisinsel. Erleben wird vielfach mit Leben gleichgesetzt." (Opaschowski 1994, S. 6). Der Gebrauchswert der Waren tritt hinter ihren Erlebniswert zurück, und es etabliert sich ein dynamischer Erlebnismarkt, in dem die Moden rasch wechseln und die Erlebnisqualitäten in immer schnellerem Wechsel entwertet werden und ersetzt werden müssen.

Zwar gesteht auch Schulze zu, dass mit der Charakterisierung als Erlebnisgesellschaft „nicht eine absolute, sondern eine komparative

Charakterisierung der Gesellschaft zum Ausdruck kommen" soll. „Die Bundesrepublik ist keine Erlebnisgesellschaft sui generis, sie ist es nur mehr als andere bzw. mehr als in früheren Epochen (Schulze 1992, S. 15). Aber den eigentlichen qualitativen Sprung in die Erlebnisgesellschaft setzt er doch erst in den 70er Jahren an.

Diese zeitliche Zuordnung übersieht die Parallelen, die sich in der nationalsozialistischen Bewegung und Herrschaft finden lassen: der Aufstieg der NS-Bewegung und die bis 1945 anhaltende Bindung an das Regime erklären sich nur mit der Bedeutsamkeit von Erlebnisqualitäten. "Die Attraktivität des Nazismus lag keineswegs nur in seiner explizit propagierten Doktrin, sondern mindestens ebenso auch in der Kraft seiner Emotionen, in dem von ihm geweckten Bildern und Phantasmen.." (Friedländer 1986, S. 10) Man kann sogar sagen, dass Erlebnisintensität selbst zu einem Teil der politischen Doktrin wurde, starke Gefühle und Glaubenspathos politische Inhalte ersetzten (vgl. dazu genauer Stern 1978, Brockhaus 1997).

Das Übersehen der Ähnlichkeiten zwischen der postmodernen und der faschistischen Erlebnisgesellschaft ist sicher der Unerwünschtheit dieser Verwandtschaft zu verdanken. Hinzu kommen aktuelle Motive in der deutschen Erinnerungskultur: Nachdem lange der Holocaust beschwiegen bzw. im Anti-Totalitarismus verschwunden war, dominiert er inzwischen zumindest die offizielle Gedenkrhetorik. Dahinter ist die Faszinationsseite des Nationalsozialismus verschwunden bzw. unterliegt einem Tabu. (Vielleicht war die Macht dieses Tabus der eigentliche Grund für den schnellen Rücktritt des damaligen Bundestagspräsidenten Jenninger 1987, der in einer Feierstunde zum 9. November über das Faszinosum und die Hitler-Begeisterung der dreißiger Jahre gesprochen hatte, vgl. Brockhaus 1997). 1992 berichtet Ogan (in Ogan/Weiß 1992) von der überwiegend ablehnenden Reaktion der Presse auf die Ausstellung „Faszination und Gewalt" in Nürnberg, die sich gegen die Präsentation der Schauseite des Regimes wandte. Diese Ablehnung verdankt sich keineswegs nur dem Respekt vor den Opfern, die sich vielleicht in der Beschäftigung mit der Anziehungskraft des Nationalsozialismus übersehen und übergangen fühlen könnten. Vielmehr besteht offenbar die Angst, sich in der genaueren Betrachtung der Erlebensseite zu verlieren, Terror und Massenvernichtung beiseite zu schieben und sich von der Faszinationsseite anstecken zu lassen und unversehens selber auf die Täter-Seite zu geraten.

2. Ästhetisierung - mehr als schöner Schein

Schon in dem Begriff nationalsozialistische „Weltanschauung" wird der Subjektivismus und die Bedeutung von Erlebnisqualitäten deutlich. Die NS-Bewegung und insbesondere Hitler waren von der Vorstellung durchdrungen, Wille und Glaube seien die entscheidenden Mittel zum politischen und militärischen Erfolg. Bismarck wird scharf kritisiert für sein pragmatisches und am Kompromiss orientiertes Verständnis von Politik als der Kunst des Möglichen. Dagegen hält man: „Die Politik ist die Kunst, das Notwendige möglich zu machen." (vgl. Verhey 2000, S. 360)

So wird auch die Niederlage im 1. Weltkrieg psychologisch gedeutet: Deutschland habe verloren, weil es den Sieg nicht eisern genug gewollt habe, weil die „glühende Gewissheit im Herzen, die allein den Stoß tödlich macht" (Salomon 1930, S. 140), gefehlt habe. Im Felde unbesiegt, sei Deutschland zusammengebrochen unter dem Defaitismus der Politiker in der Heimat (‚Dolchstoß').

Der Sieg des Nationalsozialismus wird nach ihrer Überzeugung über die Kraft des Glaubens, des Willens erreicht: „Denn der Glaube, nicht geschickte Politik noch praktische Berechnung, noch wissenschaftliche Schlüsse bauen im Innern das Reich..." (zit. nach Poliakov/Wulf 1983, S. 46). Die realitätsverändernde, siegbringende Kraft des Willens beschwört Hitler auch in seiner Rede zu Beginn des zweiten Weltkriegs, die gleichzeitig die Sakralisierung der Sprache und die Übernahme liturgischer Motive zeigt: „Wenn wir diese Gemeinschaft bilden, eng verschworen, zu allem entschlossen, niemals gewillt zu kapitulieren, dann wird unser Wille jeder Not Herr werden. (...) Wenn unser Wille so stark ist, dass keine Not ihn zu zwin-

86

gen vermag, dann wird unser Wille und unser deutscher Staat auch die Not zerbrechen und besiegen." (zit. nach Domarus 1965, S. 1371)

Nicht ohne Bewunderung spricht Fest in seiner Hitler-Biographie von dieser Radikalität des „durch die Realität ungedeckten Ziels: ein aus rassischem Selbstbehauptungswillen erkämpftes Weltreich", von der „äußersten Unerschrockenheit vor der Wirklichkeit" (Fest 1987, S. 517)[1]. Das Faszinationspotential dieses Desinteresses für die Beschränkungen der Realität, für die Notwendigkeit von Verhandeln, Kompromiss, für die Existenz von Schwäche und Niederlagen war besonders groß im Deutschland nach der Weltkriegsniederlage.

Das dunkle Pathos eines ästhetisierenden, aufklärungsfeindlichen Nationalismus, die Abwertung der Realpolitik und der bürgerlichen Öffentlichkeit hat zudem eine Tradition in der deutschen Geistesgeschichte. Der Erfolg Hitlers hat auch mit dieser deutschen Tradition eines antipolitischen Affektes zu tun. In Hitler Reden „tauchten fast alle bekannten rhetorischen Figuren des antipolitischen Affekts auf: der Hass gegen die Partien, gegen den Kompromisscharakter des ‚Systems', gegen seinen Mangel an ‚Größe'"(Fest 1987, S. 525).

Thomas Mann (1956) hatte im 1. Weltkrieg in seinem Pamphlet „Betrachtungen eines Unpolitischen" die traditionell apolitische Haltung der deutschen Eliten auf den Punkt gebracht, sie zur Wurzel der deutschen Überlegenheit deklariert und als das einzig wesentliche ästhetische Prinzipien benannt. Die Vehemenz, mit der der Faschismus die Deutschen erfasste, erklärt sich für Fest aus dieser Tradition ästhetischer Politikvorstellungen (S. 526).

Aber erst die Weltkriegsniederlage und die darauf folgenden politischen, sozialen, normativen Dauerkrisen machen diese Position für einen relevanten Bevölkerungsteil als politisches Programm attraktiv. Viele der real perspektivlosen Jugendlichen, viele Mittelständler, und viele Kriegsteilnehmer konnten oder wollten für den krisengeschüttelten Alltag der Weimarer Republik keine Perspektive entwickeln. Die NS-Bewegung bot die Möglichkeit, die politische und soziale Realität umfassend ablehnen zu können. Stattdessen wird das Kriegserleben und seine Ästhetik zum politischen Ideal stilisiert:

Überlebenskampf, Führerprinzip, Kameradschaft, Hochspannung der Todesnähe, Entwirklichung des alltäglichen Lebens, Abgabe der Verantwortung für die Organisation des materiellen Überlebens, Freund-Feind-Denken etc. In seinen „Gedanken im Kriege" bejubelte Thomas Mann (1977, S. 25) den 1. Weltkrieg als Vereinigung des kriegerischen und künstlerischen Prinzips: „Verachtung dessen, was im bürgerlichen Leben Sicherheit heißt [...], die Gewöhnung an ein gefährdetes, gespanntes, achtsames Leben; Schonungslosigkeit gegen sich selbst, moralischer Radikalismus, Hingebung bis aufs Äußerste, Blutzeugenschaft, voller Einsatz aller Grundkräfte des Leibes und der Seele. [...] Sinn für das Schmucke, das Glänzende: Dies alles ist in der Tat zugleich militärisch und künstlerisch."

Die Heimatlosigkeit im bürgerlichen Alltag wird idealisiert und radikalisiert: Aus ihr schien nur der Sprung in eine völlig andere Welt zu helfen. Man will ein Leben im Exzeptionellen ohne die Mühsal des Alltags führen, den eigenen Erfahrungen von Ohnmacht entkommen. (Hitler, der im Moment seines eigenen Tiefpunktes sagt: „Ich aber beschloss, Politiker zu werden" [1938, S. 225].) Das bedeutet, dass die Politik unbedingt ein Feld sein muss, das inszeniert und gestaltet werden kann: die Geschichte muss zum Theaterstück werden, die Politik ein „Gesamtkunstwerk" (Wagner). Die Politik, so Susan Sontag über den Faschismus, eignet sich „die Rhetorik der Kunst" an. (Sontag 1983, S. 113) Nur so kann sie diese zentrale Funktion für den psychischen Haushalt erfüllen.

Die Ästhetisierungsneigung der Nationalsozialisten zeigte sich in der Gestaltung, Formung, Ritualisierung, Dekorierung, medialen Verschönerung, die alle Lebensbereiche umfasste („Schönheit der Arbeit" statt Klassenkampf , Reichel 1991, S. 235ff). Sehr oft werden diese Phänomene in der Debatte über Emotionalisierung und Ästhetisierung der Politik im Nationalsozialismus als reine Oberflächenphänomene beschrieben, die der Verschleierung von Terror und Vernichtung gedient hätten. Man spricht von Dekoration, Verschleierung oder Verdeckung der Gewalt, von Ablenkung, Fassade (vgl. Alkemeyer 1996). Peter Reichel (1991) formuliert diesen manipulationstheoretischen Ansatz schon im Titel seiner Arbeit „Der schöne Schein des Dritten Reiches".

Das geht jedoch an der Tiefendimension und Bedeutsamkeit vorbei, die diese Suche nach intensivem Erleben für die Nazis hatte. Walter Benjamin hat bekanntlich schon zu Beginn der 30er Jahre die Ästhetisierung der Politik als Spezifikum des NS-Faschismus beschrieben. Der Nationalsozialismus, so seine Diagnose, lasse die sozialen Spaltungen und ökonomischen und politischen Antagonismen verschwinden, indem er die ästhetisierenden Inszenierungen zum eigentlichen Zustand der Gesellschaft erklärte: „Er sieht sein Heil darin, die Massen zu ihrem Ausdruck (beileibe nicht zu ihrem Recht) kommen zu lassen", so Benjamin (1979, S. 42).

Das Besondere daran ist nicht die Indienstnahme der Kunst für propagandistische Zwecke - die findet sich überall, auch in Demokratien, sondern dass die Ästhetik zur zentralen Legitimierungsinstanz wird. Selbst der Kern der NS-Ideologie, die rassistische Produktion des Neuen Menschen, wird mit ästhetizistischem Argumenten legitimiert. Goebbels sagt 1933: „Auch die Politik ist eine Kunst, vielleicht die höchste und umfassendste, die es gibt, und wir, die wir die moderne deutsche Politik gestalten, fühlen uns dabei als künstlerische Menschen ... die Aufgabe der Kunst und des Künstlers (ist es), zu formen, Gestalt zu geben, Krankes zu beseitigen und Gesundem freie Bahn zu schaffen." (zit. nach Sontag 1983, S. 113). Die Phantasie souveräner und willkürlicher Gestaltungsmacht ist untrennbar verbunden mit Gewalt und Ausmerzung.

Im folgenden möchte ich zeigen, dass diese Phantasien für den Aufstieg des NS entscheidend waren.

3. Die „Kampfzeit" - Mobilisierung durch Erlebnisintensität

In der Erinnerung an die eigene Folgebereitschaft gegenüber dem NS überwogen nach 1945 rationale Argumente, insbesondere der Verweis auf die Weltwirtschaftskrise und die Arbeitslosigkeit, die Hitler zu beseitigen versprochen habe. Das Wirtschaftswunder in den dreißiger Jahren bis Kriegsbeginn könne man den Nazis als Erfolg nicht absprechen - die Autobahnen[2]! In den letzten Jahren ist durch die Arbeiten von Aly (z.B. 2006a, 2006b) dieses Argument des homo oeconomicus wieder erstarkt: die Loyalität zum Regime sei durch materielle Vorteile erkauft worden und habe keine tieferen Ursachen in emotionalen oder ideologischen Bindungen, etwa einer tiefen Verankerung des Antisemitismus in der Bevölkerung, von der z.B. Friedländer (1998, 2006) mit seiner Formulierung vom Erlösungsantisemitimus ausgeht.

Verfolgt man jedoch die Geschichte des Aufstiegs der NS-Bewegung, so zeigt sich die begrenzte Bedeutung ökonomischer Versprechungen für die Mobilisierung der Anhängerschaft - gerade in der Entwertung materialistischer Positionen bestanden erhebliche Distinktionsgewinne der NSDAP gegenüber den Kommunisten und Sozialdemokraten, die als ängstliche Kleinbürger abgefertigt wurden, die zu Höherem und Idealem unfähig sind. Ernst Bloch hat schon 1934 den Erfolg Hitlers und der NS-Bewegung mit der Marginalisierung der Ökonomie und ihre Ersetzung durch Leidenschaft in Zusammenhang gebracht. „Der abgematteten Ideologie des Vaterlandes gab er ein fast rätselhaftes Feuer.... rückt hier die Wirtschaft an die Peripherie..." (Bloch 1985, S. 162)

Die NS-Bewegung erlaubt und fördert eine narzisstische Selbstüberhöhung, die mit der Abwertung von realistischer Lebensklugheit einhergeht und genau daraus ihre überlegene Attraktivität bezieht: Man fühlt sich den Niederungen des Alltags enthoben, von dem Feuer eines Enthusiasmus und einer intensiven Leidenschaftlichkeit angesteckt, die man vorher in sich nicht kannte: „Siebzehnjährige brennen Hitler entgegen. Bierstudenten von ehemals, öde, im Glück der

Bügelfalte schwelgend, sind nicht mehr zu erkennen, es hämmert ihr Herz." (Bloch 1985, S. 162)

Dabei geht es um die Leidenschaft, um die Mobilisierung selber, nicht um die politischen Gehalte: „Nicht die Theorie der Nationalsozialisten, wohl aber ihre Energie ist ernst, der fanatisch-religiöse Einschlag, ... die seltsam aufgewühlte Glaubenskraft." (Bloch 1985, S. 65/6) Die Mobilisierung wird selber zum Inhalt, eigentlich zum Selbstzweck.

Dieses geringe oder Des-Interesse für die ideologischen Gehalte gilt selbst für Intellektuelle, wie etwa aus Goebbels quasi-autobiographischem Bericht in seinem Roman „Michael" (1929) über seine „Bekehrung" zum Nationalsozialismus deutlich wird: Die Inhalte der als „Offenbarung" beschriebenen Rede des „Propheten" Hitler fasst er in seiner seitenlangen Beschreibung dieses Erlebnisses in drei - noch dazu mit Fragezeichen versehenen - Schlagworten: „Ehre? Arbeit? Fahne? Was höre ich? Gibt es das noch in diesem Volk...?" (Goebbels 1929, S. 101f)

Politik fast ausschließlich über Erlebnisqualitäten zu vermitteln, ist ein Charakterikum des Faschismus. Die NS-Politik soll sich mit dem „Herzen verstehen" lassen, Enthusiasmus die politische Programmdiskussion ersetzen - die durchgängige Emotionalisierung und ästhetische Inszenierung von Politik war in den dreißiger Jahren ein Novum, dem die anderen Parteien und insbesondere die rationalistischen Kommunisten wenig entgegenzusetzen hatten, wie Ernst Bloch in seinem berühmten Votum anmerkte: „Nazis sprechen betrügend, aber zu Menschen, die Kommunisten völlig wahr, aber nur von Sachen." (Bloch 1985, S. 153)

Politik als Inszenierung, die alle Sinne gefangennimmt, wurde in den 20er und zu Beginn der dreißiger Jahre von immer mehr Menschen positiv aufgenommen, wie der Historiker Martin Broszat beschreibt: „Hitler-Reden (wurden) als eine Art Volksvergnügen ‚genossen', dem die Begeisterungswilligen schon vorher wie einer sportlichen Sensation entgegenfieberten." (Broszat 1969, S. 41)

Die politischen Kundgebungen wurden als aufregende Spektakel konsumiert und nach ihrem Unterhaltungswert beurteilt. Nicht nur für die Teilnehmer der Massenveranstaltungen, sondern auch für die NS-Führer selber war der Unterhaltungswert ein zentrales Güte-Kriterium - wichtiger als die politische Übereinstimmung, wie Goebbels sagt: „Man mag uns Nationalsozialisten vorwerfen, was man will; eins wird man nicht behaupten können: dass wir langweilig wären...." („Der Angriff" vom 11.3.33, in Goebbels 1939, S. 378) Dass es bei den Nazis nicht langweilig ist, hebt Hitler als den entscheidenden Unterschied zu den anderen nationalistischen rechten Gruppierungen hervor, denen er verächtlich „die friedliche Stimmung eines gähnenden Kartenspielklubs" (Hitler 1938, S. 539) attestiert.

Politische Veranstaltungen der anderen Parteien waren „ohne Pathos und Farbigkeit und vor allem ohne feierliche Überhöhung". Demgegenüber entwickelten die Nationalsozialisten einen völlig neuen Kundgebungsstil. Sie gestalteten „ein feierliches, die Stimmung erhöhendes Zeremoniell" (Vondung 1971, S. 34), bei dem in Reih und Glied unter Marschmusik die SA in Uniform mit Fahnen und Standarten einmarschierte, Lieder wurden gesungen, Hitler mit immer demselben (Badenweiler) Marsch angekündigt, die Spannung steigerte sich bis zu dem absichtsvoll verspäteten Eintreffen Hitlers, es folgten der Einmarsch der ‚Rednerwache', Sieg-Heil-Rufe, ab Mitte der zwanziger Jahre der ‚Deutsche Gruß' mit erhobenem rechten Arm. D.h. es war ein Nebeneinander von spannungssteigernden und liturgisch-wiederholenden Elementen.

Die Präsentation der Bewegung, die Inszenierungen der Massenkundgebungen, ihren programmatischen Ablauf, die Fahnen, Standarten, die verwendeten Farben etc. sind von Hitler selber in den ersten Jahren der ‚Bewegung' bis ins Detail geplant worden. Goebbels hat die präzise Planung der Politinszenierungen genau beschrieben und nimmt dabei sehr häufig eine sprachliche Gleichsetzung von Theater und Politik vor, wie einige Beispiele aus seinem Buch „Vom Kaiserhof zur Reichskanzlei" (1934) zeigen: „große politische Tribüne [...]. Wir haben sie dazu gemacht" (S. 156), „tolles Theater" (eine von den Nazis im Reichstag organisierte Schlägerei, S. 100), es gilt, ein „Meisterstück der Propaganda zu gestalten" (S. 48).

Die Effekte werden berechnet, „frappierende Wirkungen" (S. 49), „grandios" und „imponierend" (S. 207), Hauptsache: „das ganze Land muss aufhorchen" (S. 49). Die Inszenierungen sind gleichzeitig militärische Aktionen, „Feldzüge" (S. 75), die einschlagen in Menschenheere (S. 75) und „Bombenstimmung" (S. 79) erzeugen.

Jeder Bericht über eine Politveranstaltung benennt Größe des Publikums, die Atmosphäre und Stimmung, vergibt Noten für die Tagesform der Akteure („gut in Form", in „besserer Form" (z.B. S. 49, S. 61, S. 79, S. 235), und v.a. ihre Fähigkeit, das Publikum „hochzureißen": „Wunderleistung oratorischer Rhetorik" (S. 273).

4. Verdoppelung der politischen Botschaften im sinnlichen Erleben

„Überzeugt wurde nicht mit intellektuellen, sondern mit sensuellen, optischen und akustischen Mitteln. Die ‚Richtigkeit der neuen Lehre' wurde nicht durch das Argument bestätigt, sondern durch den ‚sichtbaren Erfolg', die hörbare ‚Zustimmung von Tausenden' und die fühlbare Geschlossenheit und Einheitlichkeit der dicht gescharten Menge." (Vondung 1971, S. 36)

Die körperlich sinnliche Präsenz, die bei den Kundgebungen, den Aufmärschen, Fahneneinmärschen, Marschkolonnen zu erleben war, wurde zu einem entscheidenden Argument für den Nationalsozialismus. Glaube, Wille, Kraft, Authentizität, Fanatismus, Hass werden nicht nur als politische Inhalte präsentiert, sondern gleichzeitig mit allen Sinnen erlebbar gemacht. Ich sehe das rote Blut der verletzten SA-Kämpfer, die in die erste Reihe platziert wurden, ich sehe die Geschlossenheit und Macht der Bewegung beim Einmarsch der Uniformierten, ich spüre mich als Teil der Gemeinschaft beim Mit-Singen, Parolen-Rufen, im Mitschwingen im Rhythmus der Trommeln, bin Teil der Hitze und Leidenschaft.

Mit allen Sinnen erlebe ich die politischen Parolen: Die politischen Botschaften werden durch ihre gleichzeitige Wahrnehmung auf mehreren Sinneskanälen vervielfältigt. Die unmittelbare Präsenz der

Botschaften im Erleben bestärkt mein Gefühl von Authentizität: sie sind wahr, weil ich sie spüre.

Die Erinnerungsliteratur berichtet, dass die meisten Anhänger durch die Teilnahme an Massenveranstaltungen für die Nazis gewonnen wurden - kein einziges Beispiel ist mir bekannt, in dem jemand durch das Lesen des Parteiprogramms, der NS-Zeitungen oder von Propagandaschriften für die NS-Bewegung gewonnen wurde.

Hitlers Aufstieg in der NSDAP verdankt sich seinen vielgerühmten und oft als suggestiv-hypnotisch bezeichneten Fähigkeiten als Redner. Fragt man sich nach der für heutige Maßstäbe so rätselhaften Attraktion Hitlers, so scheint sie vor allem in seiner Möglichkeit des Außer-sich-Geratens zu liegen: „Die psychische Situation, die von Hitler immer wieder hervorgerufen wurde, war ein über den Alltag gehobener, erregter Ausnahmezustand. Hitlers Hauptaufgabe schien im Aufrechterhalten und Steigern dieses Gefühls des Außerordentlichen, Nochniedagewesenen, Einzigartigen zu liegen." (Kraus 1978, S. 38) Die Herstellung dieses Gefühls hängt mit der Verstärkung der Botschaft durch ihr gleichzeitiges Erleben zusammen: „Mann und Wort verschmolzen zu einer Einheit. Es gab Reden, in denen Hitler (...) schluchzend, schreiend, fast unverständliche Worte ausstieß" - und damit deutlich machte, dass es um einen existenziellen, elementaren, „tiefen" Bereich geht, in den Sprache und Denken nicht mehr hinreichen. „Hitler bekundete nicht nur den Enthusiasmus der Bewegung, den Hass gegen das ‚System' und die Juden, sondern er war enthusiastisch und hasserfüllt ... Hitler (...) demonstrierte Kraft, geistig, indem er Entschlossenheit, Durchhaltewillen, fanatischen Glauben und Unerbittlichkeit forderte, und dem korrespondierend körperlich, indem er sich stimmlich ‚bis zum letzten' einsetzte." (Grieswelle 1972, S. 125) Besonders das Erleben von Reden steht für die Verdoppelung der politischen Botschaft im sinnlichen Erleben.

Goebbels schildert in der schon genannten Beschreibung seiner Bekehrung, seiner Erweckung durch das Miterleben einer Hitlerrede diese sinnliche Überwältigung, deren Beschreibung er an die Stelle der Inhalte der Rede setzt. Als Redner wird Hitler sogar explizit ent-

wertet: „Das ist kein Redner. Das ist ein Prophet! Schweiß läuft ihm
in Strömen von der Stirne. In diesem grauen, bleichen Gesicht wettern zwei glühende Augensterne. Die Fäuste ballen sich ihm. ... Ich
weiß nicht mehr, was ich tue. Ich bin wie von Sinnen. Ich schreie
Hurra! Keiner wundert sich darüber. Der da oben schaut mich einen
Augenblick an. Diese blauen Augensterne treffen mich wie Flammenstrahlen. Das ist Befehl! Von diesem Augenblick an bin ich wie neu-
geboren. Es fällt wie Schlacken von mir ab." (Goebbels 1929, S. 101)
Goebbels beschreibt hier, wie er Ich-Identität und Selbstkontrolle von
sich wirft. Er selbst sei ebenso wie Hitler einer übermenschlichen
Macht unterworfen. Er beschreibt die Hitze und die Gewalttätigkeit
(der Schweiß läuft, die Augen wettern, die Fäuste ballen sich, die
Augen glühen, die Flammenstrahlen verbrennen) - gleichzeitig wird
dieser rauschhafte ekstatische Ich-Verlust durch die archaisierende
Legendensprache zu etwas Sakralem überhöht.

Natürlich ist Goebbels Exaltiertheit ein Extrem. Aber selbst ein
wenig hysterischer Mensch wie Albert Speer berichtet von der „suggestiven" Wirkung einer Hitlerrede, die ihn zum Parteieintritt mo-
tiviert: „Ich wählte nicht die NSDAP, sondern trat zu Hitler, dessen
Erscheinung mich in der ersten Begegnung suggestiv berührt und
seither nicht mehr freigegeben hatte." (Speer 1969, S. 33).

Reizvoll scheint insbesondere das Miterleben und damit die Legi-
timierung eines Kontrollverlustes in bezug auf aggressive Impulse.
Die Fiktion einer politischen Veranstaltung und des politischen Ar-
gumentierens erleichtert und erlaubt dieses lustvolle Mitagieren.
Hitler begann zögernd, suchend, im Gestus des politischen Argumen-
tierens, um dann - meist übergangslos - zu schreien. „Der Geist schien
in ihn zu fahren. Wie eine Explosion brachen seine Leidenschaften
los; er überraschte mit der Unmittelbarkeit seines Hasses und der
Gewalt seiner Wutausbrüche." (Grieswelle 1972, S. 125, vgl. Kershaw
1998)

Aktiv haben die Menschen sich zum Teil dieser Gewalt gemacht und
sie zur Steigerung der Erlebnisintensität gesucht. Und gerade die
Partizipation an der Gewalt war entscheidend für das Vergnügen, wie

Broszat über die begeisterte Rezeption der Hitlerreden schreibt: „Hier war etwas los, hier wurde schonungslos ‚abgerechnet'." (Broszat 1969, S. 41) In seiner Untersuchung über die Motive der frühen Anhänger der NS-Bewegung betont auch Abel die Anziehungskraft der Aggressivität, die die NSDAP und die SA repräsentierten: „Ihre militärische, angriffslustige Art gefiel vielen... Viele andere waren beeindruckt von dem aggressiven Stil, mit der die nationalsozialistische Bewegung ihr Ziel verfolgte, von dem furchtlosen Umgang mit ihren Gegnern, der Politik, keine Kompromisse mit anderen Parteien zu schließen." (Abel 1938, S. 17f., Übers. G.B.)

Im Nachhinein wird die aktive Suche nach dieser Erregung geleugnet und die Hingabe an das Gefühl der Suggestionsmacht Hitlers zugeschrieben, deren Opfer man zu sein vorgibt.

5. Motive der NS-Aktivisten - permanente Aktion, erlaubte Gewalt

Bei den meisten war die Wirkung begrenzt, überdauerte oft nicht die Kundgebung. Was motivierte diejenigen, die über zunächst nicht sehr erfolgreiche Jahre hinweg die NS-Bewegung aktiv aufbauten, die so genannten „alten Kämpfer", d.h. die NSDAPler mit den niedrigen Parteimitgliedsnummern, die SA-ler, die v.a. durch ihre Gewaltaktionen hervortraten?

Untersuchungen über die Motive, der Hitlerbewegung beizutreten[3] und sie häufig zum einzigen Lebensinhalt werden zu lassen, zeigen, dass auch bei den früh Überzeugten nicht das spezifisch-nationalsozialistische Parteiprogramm den Ausschlag gab. Die NS-Weltanschauung - so das Resümee in Abels Untersuchung der Selbstauskünfte der so genannten „alten Kämpfer" - wurde eher zur Rechtfertigung benutzt. Hinter den ideologischen Begründungen, die viele der alten Kämpfer vortrugen, stehen nach Abel andere - meist psychologische Motive, die mit der eigenen Lebensgeschichte, mit dem Parteiprogramm jedoch wenig zu tun haben. Wichtig waren v.a. der Halt in der Gemeinschaft (die "Kommunion der Kameraderie",

Reichardt 2002, S. 714) und die Sinngebung durch die permanente Aktion. Die inhaltlichen Überzeugungen lassen sich auf zwei Motive reduzieren: nationale Erneuerung und Vernichtung der Volksfeinde, „das Bild von der heroischen Zukunft eines erneuerten deutschen Volkes, dazu müsse die alte Ordnung völlig zerstört werden und alle Schädlinge, die das Volk ausgepresst hatten, völlig vernichtet werden". (Kershaw 1991, S. 73)

Wie Sven Reichardt in seiner materialreichen Untersuchung über die SA zeigt, sind die Diskussionen um die „Volksfeinde" von Beliebigkeit und Willkürlichkeit geprägt - sind die Feinde die Kommunisten, sind es die Juden? Es geht nicht um die ideologischen Gehalte, sondern um die Rechtfertigung von Hass: „... der Kontrast zwischen dem entschiedenen Urteil und Hass auf den Gegner auf der einen Seite und der Argumentationsarmut auf der anderen Seite (zeigt) auf frappante Art und Weise, dass diese ,Gründe' letztlich nur nachträgliche Rationalisierungen eines primären Hasses darstellten." (Reichardt 2002, S. 714)

Dabei geht es für die SA-ler entscheidend darum, dass die nationalsozialistische Weltanschauung ermöglicht, das exzessive Ausleben von Gewalt zu rechtfertigen. „Gerade in ihrer Aufstiegsphase charakterisierte die SA-Bewegungen ihr gewaltbestimmter Stil, sie symbolisierten durch ihre Kampfbünde Vitalität, Intransigenz, Jugendkult, Militarismus, Kameradschaft, Disziplin, Virilität und schließlich auch praktische physische Gewalt. Gewalttätige Aktionen waren der eigentliche Sinn und das Ziel der faschistischen Kampfbünde" (Reichardt 2002, S. 719) und die politischen Programme ermöglichten, die Gewalt als notwendige nationale Aufgabe zu betrachten.

Reichardt zeigt an den SA-Aktivisten neben der dominanten Gewaltorientierung die Bedeutung eines weiteren Motivs: das Verlangen nach einer umfassenden, alle Lebensbereiche, Sinne und Beziehungen einschließenden Erfahrung. Über die SA-ler sagt er: „Die Politik, so behaupteten sie, habe eine totale Erfahrung zu sein, durch die alle Formen der Existenz erneuert werden müssten." (Reichardt 2002, S. 714) Politik sollte nicht mehr ein abgegrenzter Bereich sein, in dem über unterschiedliche gesellschaftliche Interessen verhandelt wurde, sondern mit dem Leben=Erleben identisch werden.

Am deutlichsten zeigen sich diese beiden Motive (der Gewaltfaszination und der Suche nach intensivem Erleben) in den Tagebuchaufzeichnungen von Goebbels, insbesondere in den als Buch veröffentlichten Tagebuch-Aufzeichnungen 1932/1933 „Vom Kaiserhof zur Reichskanzlei" (1934).[4]

Inhalt ist eine Eloge auf Härte und Weite des Weges zur Macht, wie der Titel nahelegt. (Kaiserhof hieß das Hotel, in dem Hitler in Berlin logierte). Die Aufzeichnungen beschreiben die 13 Monate bis zum 30.1.1933, und die ersten Monate der Konsolidierung der Macht bis zum 1. Mai 1933 (Massenaufmarsch, Gewerkschaftsverbot).

Der Tenor des Buches ist der eines „Erlebnisaufsatzes" oder vielleicht eher eines Filmskriptes. „Konflikte und Triumphe werden in Wochenschaumanier auf den bloßen Erregungswert reduziert", kommentieren Neubaur/Wilkens (1997, S. 266) den Gestus dieses Buches.

Goebbels beschreibt, wie sehr ihn das „Spiel um die Macht"[5] (S. 17) fesselt und alle anderen Lebensfelder entwertet: Die Wahlkämpfe, Auftritte, Reden, Intrigen, Schlägereien, Wortgefechte, Diffamierungskampagnen, Begräbnisinszenierungen etc. ermöglichen Erfahrungen von einer Intensität und Dramatik, die alle anderen Lebensbereiche als leer und langweilig erscheinen lassen. „Man ist der langen Ruhe schon müde. Ohne wildes und mitreißendes Tempo kann man sich ein Leben, das überhaupt lebenswert ist, gar nicht mehr vorstellen." (S. 16) Nicht nur indirekt, auch ganz offen thematisiert Goebbels seine Angst, vom bürgerlichen Alltag eingeholt zu werden: „Das Fest der Liebe rückt näher. Ich bin schon ganz krank davon." (S. 228) Er spricht dann von der furchtbarsten Einsamkeit, dumpfen Trostlosigkeit, der inneren Leere, die ihn befällt, wenn das politische Theater aus und er auf sich selbst zurückgeworfen ist.

Im Unterschied zu der Dramatik dieser Polit-Inszenierungen bedeutet Alltag Kompromiss, Abhängigkeit, Angst, Geduld, Verantwortung, Ambivalenz - all dies ist gleichzusetzen mit existenzieller, lebensbedrohender Schwäche.

„Das Ermüdende und Zermürbende liegt in der ewigen Wiederholung." (S. 109) Fast in jeder Eintragung macht Goebbels seine panische Angst vor Duldsamkeit, Verhandeln, Kompromissen, Toleranz, Mäßigung deutlich. Sie geht weit über eine politische Positionsformulierung hinaus. Koalition „ist zum Kotzen" (S. 87), „Handfesseln" (S. 136), Duldsamkeit ist Schwäche. „Tolerierung macht tot." (S. 137)

Deshalb müssen unaufhörlich immer neue Events inszeniert werden. „Die Partei muss immer in Atem gehalten werden. Lässt man eine so große Kampforganisation zur Ruhe kommen, dann werden die stärksten Männer schwach." (S. 202) Immer wieder beschreibt er - in erstaunlicher Offenheit -, dass nur die permanente Extrembelastung ihn vor tiefster Depression und Verzweiflung bewahrt. „Würde man eine Pause machen, dann wäre es aus." (S. 129) Nach der Wahl-Niederlage: „wieder mitten im Tempo" S. (24). „Wir arbeiten fieberhaft [...] rasendes Tempo [...] es hagelt nur so [...] Telephon [...] heiß. Ein toller Trubel" (S. 66/7), „fiebrige Spannung" (S. 77).

Zentral für die NS-Bewegung der „Kampfzeit" ist diese Suche nach totaler, alle Sinne umfassender, rastloser Erregung und Spannung - bis hin zur Idealisierung eines manischen Realitätsverlustes: „Die Stimmung gleicht einer Raserei" (S. 21). Das Problem ist die Abhängigkeit von einer Steigerungsdynamik: immer neue „einmalige Erlebnisse" (s.o.), immer grandiosere, überwältigendere Inszenierungen müssen sein, um das rauschhafte Erleben herstellen zu können[6].

Rettung aus diesem Dilemma bietet der Kampf: Kampf ist „Befreiung vom Alpdruck, wie eine Erlösung" (S. 132), „die ganze Partei [ist] wie vom Taumel ergriffen", „wilde Kampfbegeisterung" (S. 130). „Wir sind wieder im Angriff. Ein Nationalsozialist fühlt sich nur wohl, wenn er kämpfen kann." (S. 126) „Die einzige Freude, die einen immer wieder aufrichtet, ist der Kampf selbst." (S. 181)

6. Nationalsozialistische Erlebnisgesellschaft

Was wird aus dieser Sucht nach intensivem, alle Sinne und das Bedürfnis nach Ausleben von Gewalt umfassenden Erleben nach 1933,
als der Kampf plötzlich gewonnen ist und Spannung und Erregung
sich nicht mehr aus kämpferischen Events beziehen lassen?

Sehr rasch, binnen weniger Monate sind die innenpolitischen Gegner besiegt, die Institutionen ‚gleichgeschaltet'. Staatstragende Funktionen stehen an, viele gesellschaftliche Aufgaben drängen nach Lösungen.

Dieser Zwang zum Positiven, Aufbauenden widersprach fundamen-
tal den Bedürfnissen, die die Anziehungskraft der NS-Bewegung
ausgemacht hatte. Deshalb musste die Fiktion der jüdischen Welt-
macht, gegen die sich die Arier mit allen Mitteln in einem Überlebenskampf zur Wehr setzen müssen, für das NS-Regime an die erste
Stelle treten, damit die Fortführung des Kampfes legitimiert war.

Zum anderen suchten die Nationalsozialisten an der Macht eine
Fortsetzung ihrer Erregungspolitik mit der Ausdehnung und Inten-
sivierung der Eventkultur. Sie nutzten - zunächst mit enorm großem
Erfolg - die neuen Möglichkeiten der Macht zu einer umfassenden
als Überwältigung geplanten Inszenierungspraxis: vom Fackelzug des
30. Januar über die Inszenierung des „Tags von Potsdam" (Hinden-
burg und Hitler vereint, millionenfach als Postkarte verkauft), die
Bücherverbrennung, die Gewaltkulisse bei der Abstimmung über das
Ermächtigungsgesetz, der Boykott der Läden jüdischer Besitzer am
1.4.33, die Millionen mobilisierende Großkundgebung zum 1. Mai
1933 (der am nächsten Tag das Gewerkschaftsverbot folgte), die
Reichsparteitage, Sonnenwendfeiern, Thingspiele, Gelöbnisfeiern
(vgl. Gamm 1962). Insbesondere „die Feiern sollten an Erlebnisintensität ersetzen, was früher die kämpferische Spannung geboten
hatte. Eine überwältigende Gestaltung solcher Gemeinschaftserleb-
nisse stand daher im Zentrum der propagandistischen Bemühungen."
(Behrenbeck 2000, S. 162) Aber über die Feiern hinaus wurde versucht, alle Lebensbereiche zu ästhetisieren, zu überhöhen, mit Wei-

he, Pathos und erhabenem Schauder zu überziehen - selbst Eintopfessen sollte zu einem Akt der Hingabe an die nationale Pflicht werden.

In den ersten Jahren herrschte bei vielen - und nicht nur wegen der wirtschaftlichen Konsolidierung - eine Aufbruchsstimmung, die mitriss: „Der Nationalsozialismus hatte - vor allem anfangs - die Züge eines gewaltigen Festspiels nach Jahrzehnten der Not und Ratlosigkeit." (Kraus 1978, S. 38)

Insbesondere die Feiern zum 9. November mit ihrem Todes-Kitsch und Blut-Pathos (Küssen der blutigen Fahne) und die Nürnberger Reichsparteitage mit den Massenaufmärschen, Lichterdomen und nächtlichen Fackelzügen waren erfolgreich in ihrer Überwältigungsdramaturgie - selbst bei nicht überzeugten Nationalsozialisten, wie die folgenden Zitate zeigen: So wird in der Beschreibung der New York Times über den Nürnberger Parteitag von 1937 Erstaunen, wenn nicht Bewunderung über den begeisterten Jubel deutlich: „... einer acht Tage währenden, sich ständig steigernden Erregung, für deren Beschreibung es keine Worte gibt." (zit. nach Thamer 1988, S. 367) Noch stärker wird das gefühlsmäßige Mitgehen auch außenstehender Beobachter bei dem französischen Botschafter Poncet deutlich (ebenfalls über Nürnberg 1937): „Atmosphäre der allgemeinen Begeisterung... dieser eigenartige Rausch... die romantische Erregung, mystische Ekstase, eine Art heiligen Wahns, dem sie verfallen sind. Während acht Tagen ist Nürnberg eine Stadt, ... die unter einem Zauber steht, ja fast eine Stadt der Entrückten." (Poncet zit. nach Thamer 1988, S. 354)

Der britische Botschafter Henderson sagt über die von Albert Speer erfundenen „Lichtdome" (ein Kreis von Flakscheinwerfern, die senkrecht in den Himmel strahlten): "Man hatte den Eindruck - feierlich und schön zugleich -, dass man sich im Innern einer Kathedrale aus Eis befände... unbeschreiblich malerisch." (zit. bei Thamer 1988, S. 362) Der erhabene Schauder, das Erleben der Macht der Masse, die Sensation des Neuen ergriffen und überzeugten ohne Argumente. Dabei implizierte das Einverständnis mit der Überwältigung auch die

Zustimmung zur Gewaltsamkeit des Regimes: „Selbst die ersten Anzeichen des Terrors vermochten den Jubel nicht zu dämpfen, sie trugen ihn vielmehr mit. Denn das öffentliche Bewusstsein deutete sie als Ausdruck einer durchgreifenden Energie, die es allzu lange vermisst hatte..." (Fest 1987, S. 514)

1934-35 beschreibt Sabine Behrenbeck (2000, S. 162) in ihrer Analyse der NS-Feierkulte als „Ausweitungsphase", als „Steigerung monumentaler und überwältigender Feiermittel". Es entsteht ein dichter - dem kirchlichen Feierjahr nachempfundener - Festtagskalender. Ab 1935/36 setzte eine zunehmende Reglementierung ein. Eigens geschaffene Parteiämter schufen Regulierungen und Anweisungen für den Ablauf der Feiern, die sie von Unvollkommenheiten und spontanen Eingebungen örtlicher Parteiführer reinigen sollten. Die Feiern wurden vereinheitlicht und in ihrem Ablauf genau vorgeschrieben.

Diese Gleichschaltung und Reglementierung entsprachen dem Kontrollbedürfnis von Partei und Staat und sollten jede Abweichung ausmerzen. Gleichzeitig ließ sich die Reglementierung nicht mit den Wünschen nach immer neuen „einmaligen Erlebnissen" überein bringen: Wiederholung und Zwang töteten die Effekte.

Selbst bei den dramaturgisch mit immer höherem Aufwand gestalteten Großveranstaltungen stellte sich im Lauf der Zeit immer häufiger Überdruss ein. Es wurde zunehmend schwierig, die Menschen zu freiwilliger Beteiligung zu motivieren.

Schon von Anfang an hatten Anspruch und Wirklichkeit der Events nicht übereingestimmt. Die zitierten Hymnen hatten den Blick hinter die Kulissen vermieden. Dort wäre sichtbar geworden, dass die Idealisierung der Nazis als Propagandagenies nicht zutraf. Die Realität war geprägt durch das Gerangel der konkurrierenden Gruppierungen, organisatorische Pannen, fehlende Klos, stundenlanges Stehen in Hitze und Regen, unzureichende Versorgung etc. Die propagandistisch groß vermarktete nächtliche Erntedankfeier auf dem Bückeberg endete in einem Chaos, weil Tausende von Menschen in völliger Dunkelheit nicht zu ihren Abfahrbahnhöfen finden konnten.

„Der pompös inszenierte Theaterdonner löst von Jahr zu Jahr ein immer leiseres Echo aus. Und dies, obwohl der Aufwand immer größer wurde." (Zelnhofer 1992, S. 91)

Die Events weckten Erwartungen an die Zukunft, die irgendwann einzulösen waren. In den ersten Jahren des Regimes konnten außenpolitische Triumphe und wirtschaftliche Erfolge in die Waagschale gelegt werden, wenngleich die Hoffnungen vieler sozialer Gruppierungen enttäuscht wurden. „Die Suggestion und Inszenierung von Gemeinschaftlichkeit musste als Abschlagszahlung für die weiterhin ferne Volksgemeinschaftsutopie herhalten. Massenrituale und Massenorganisationen mussten in immer neuen Kampagnen die jetzt auf das ganze Volk ausgedehnte Dynamik auf Touren halten. Beide Methoden konnten aber nur für immer kurzfristigere Intervalle gemeinschaftliche Rauschzustände und Hochstimmungen produzieren. Dann drang der graue Alltag mit seinen Mühen und seiner Trübsal wieder durch." (Peukert 1992a, S. 222)

Mit der Zeit ließ sich nicht mehr verbergen, wie wenige der anfänglichen Versprechungen eingelöst worden waren, und insbesondere ab Kriegsbeginn wurden Enttäuschungen immer wahrscheinlicher. Deshalb stieg auf Seiten des Regimes die Hoffnung auf die Wirkungen ästhetisierender Inszenierungen und die Event-Produktion wurde drastisch ausgeweitet. Immer mehr Bereiche des Feierlichen wurden okkupiert. „Überlieferte Feierbräuche, Freizeitbeschäftigungen und Volksbelustigungen - vom Maibaum-Setzen bis zum Tanzabend, vom Laienspiel bis zum Sportsfest - wurden in eine politische Sinndeutung eingespannt und von Staat und Partei zentral reglementiert. Nach Kriegsbeginn versuchten Staat und Partei, auch noch die familiären, vorher kirchlich geprägten Feiern (Taufe, Kommunion bzw. Konfirmation, Hochzeit und Beerdigungen) zu vereinnahmen." (Behrenbeck 2000, S. 169)

Während die Siege der ersten Kriegsjahre Anlass zu erneuten Feier-Ritualen gaben (z.B. die durch Musik angekündigten Siegesmeldungen im Radio) und die Euphorie noch einmal Vieles überdecken konnte, brachten die militärischen Rückzüge, steigende Verlustziffern,

Bombenkrieg und Entbehrungen die auf sich steigernde Triumphe angelegte NS-Eventkultur in eine sehr schwierige Situation. Denn für die nationalsozialistische Weltanschauung mit ihrem Sozialdarwinismus waren Niederlagen ein Beweis der eigenen Schwäche und des verdienten Untergangs. Goebbels hatte dieses Dilemma schon in dem von Siegen wie Niederlagen geprägten Jahr 1932 beschrieben.

Dem Unterlegenen, dem Schwachen gebührt kein Mitleid: „Es musste stürzen, weil es nicht mehr lebensfähig war." (S. 17) Niederlagen lösen nicht nur „Depressivstimmung", sondern auch extreme Beschämung und Angst vor der Öffentlichkeit aus: „Man schämte sich fast, durch die Straßen zu fahren."(S. 65) Dieselbe Formulierung nach dem Strasser-Debakel: „Man schämt sich fast [...]. Am liebsten möchte man in den Boden versinken." (S. 221) Ein „Nationalsozialist" darf nicht verlieren - wer ist er dann nach seiner eigenen Ideologie: der lebensunwerte Schwächling. „Wir dürfen jetzt auf keinem Kriegsschauplatz mehr eine Schlappe erleiden." (S. 23) Niederlagen sind vernichtend, lebensbedrohend: „Alles verzeiht das Volk, nur nicht eine demütige Kapitulation." (S.78) Dies alles natürlich geschrieben nach dem Sieg - im Rückblick gibt Goebbels zu, wie absolut unerträglich die Niederlagen waren.

So werden die Niederlagen mittels ästhetizistischer Heldenkult-Inszenierungen in „eigentliche" Siege umformuliert. Das Massensterben wird als Heldenepos inszeniert - als sei es ein Theaterstück, das Gefühle von Erhabenheit, Ehrfurcht und Schauder auslösen soll: „Das große und ergreifende Heldenepos, das die bei Stalingrad eingeschlossenen Truppen der deutschen Nation darbringen, wird ... die moralische Antriebskraft zu einer wahrhaft heroischen Haltung des ganzen deutschen Volkes ... werden." (Tagesparole vom 30.1.43, zit. nach Behrenbeck 1996, S. 557) Hitlers Verbot von Rückzug oder Kapitulation, mit der er den Tod vieler Tausender provozierte, ist aus dem selben ästhetizistischen Abscheu vor sichtbarer Schwäche entstanden. Seine Empörung über die Kapitulation von Paulus in Stalingrad ist überliefert:: „Das ist lächerlich wie nur etwas. So viele Menschen müssen sterben, und dann geht ein solcher Mann her und besudelt in letzter Minute noch den Heroismus von so vielen anderen. (Er konnte sich von aller Trübsal) erlösen und in die Ewigkeit, in die nationale Unsterblichkeit eingehen, und er geht lieber nach Moskau." (Hitler zit. nach Fetscher 1998, S. 39)

Die lebensrettende Kapitulation sieht eben nicht gut aus.

7. Aber die Fackelzüge! –
Dominanz des Events in der Erinnerung

Allerdings mahnen uns die Historiker, die Selbstdarstellungen der NS-Propagandisten nicht mit der historischen Realität zu verwechseln. Ihre Einschätzung der Prägekraft der Inszenierungen des Dritten Reiches ist eher von Skepsis geprägt, sie mahnen an, nicht alle über einen Kamm zu scheren und die großen Unterschiede zwischen verschiedenen sozialen Gruppierungen zu sehen. Martin Broszats versucht dennoch eine Gesamteinschätzung: „Insgesamt aber, in bezug auf die große Masse der deutschen Gesellschaft, war die hypnotische Kraft der Propaganda und auch des Führers durchaus begrenzt. Die Bindekraft des Nationalsozialismus war wesentlich nicht rational, sondern emotional, sie ging in die Breite, nicht in die Tiefe. Die Aufstachelung von Sensationen, Erbaulichkeitsgefühlen und Ressentiments war ihrem Wesen nach flüchtig." (Broszat 1985, S. 36) Der Enthusiasmus war da, Begeisterungswellen schwappten hoch, aber sie verebbten auch schnell wieder und die Alltagsprobleme traten wieder an die Oberfläche und schoben sich in den Vordergrund. Schließlich setzte sich bei den NS-Propagandisten die „ernüchterte Erkenntnis" durch, „dass dauernde, auch im Alltag anhaltende Loyalität nicht durch Sonnwendfeiern allein erzeugt werden konnte. Als Kompensation für die mangelnde Substanz der Volksgemeinschaftsidee blieb nur die Produktion passiver Loyalität, die sich durch auf Zerstreuung orientierte Angebote der Massenmedien besser sichern ließ." (Peukert 1992a, S. 223)

Liest man Berichte über den Alltag und die Stimmung im ‚Dritten Reich', so tritt die zunehmende Skepsis in der Bevölkerung deutlich hervor (vgl. z.B. Schäfer 1985). Schäfer verdeutlicht, wie sehr die Alltagssorgen, Arbeitssituation und Kriegsfolgen die Stimmung bestimmten.

Je weiter jedoch das ‚Dritte Reich' in zeitliche Distanz rückte, desto mehr trat in der Erinnerung der NS-Zeitgenossen der Alltag zurück. An seine Stelle rückten nicht etwa die Erinnerung an die Verbrechensgeschichte und die eigene Mittäterschaft, sondern nostalgisches Schwelgen in der Erinnerung an die „Events" des Nationalsozialismus. Natürlich wurde das ‚Dritte Reich' nicht offen verteidigt, aber nach einem kursorischen Kurz-Pflicht-Programm der Bezugnahme auf die selbstverständlich zu verurteilenden Verbrechen folgt das „Aber" und der Verweis auf die Ereignisse und Erlebnisse, die dem Nationalsozialismus Glanz verliehen hatten: die Autobahnen, die Filme, die Fackelzüge...

Anmerkungen

1 „... dachte Hitler an die Verwirklichung eines konstruierten, aus der Vorstellung entwickelten und durch die Realität ungedeckten Ziels: ein aus rassischem Selbstbehauptungswillen erkämpftes Weltreich... Die Staaten stemmten sich dagegen? - er würde sie niederwerfen; die Völker siedelten seinen Plänen zuwider? - er würde sie umquartieren; die Rassen entsprachen seinem Bilde nicht? Er würde sie selektieren, höherzüchten, vernichten, bis die Wirklichkeit seiner Vorstellung gerecht würde. Durchweg hat er das Unausdenkbare gedacht, in seinen Äußerungen schlug stets ein Element äußerster Unerschrockenheit vor der Wirklichkeit durch, das nicht frei von wahnhaften Zügen war..." (Fest 1987, 517)

2 Bei näherer Betrachtung zeigt sich, dass auch das Autobahn-Argument - Hitler habe mit dem Autobahnbau die Arbeitslosigkeit beseitigt - nur an der Oberfläche eine rationale Geste zeigt und die fortwirkende Faszination der Autobahnen wenig mit Nützlichkeitserwägungen zu tun hat. In Wirklichkeit waren die Autobahnen arbeitsmarktpolitisch nicht von entscheidender Bedeutung, übrigens auch militärstrategisch nicht. Die private Nutzung blieb marginal (nicht zufällig ist auf den unzähligen Fotos fast nie ein Auto zu sehen). Was sie jedoch waren: ein groß herausgebrachtes ‚Erlebnis', in dem die Volksgemeinschaft sich selber feierte: Eine eigene Zeitschrift, Autobahn-Fotografie, -Malerei, Theaterstücke, Filme, Gedichte, opulente Bildbände wie „Das Erlebnis der Reichsautobahn", zahllose - wiederum durch die Medien intensiv rezipierte - Eröffnungsfeiern von Autobahnabschnitten, Postkarten, die Hitler mit Spaten unter den Volksgenossen zeigten, Busreisen zu Aussichtspunkten etc. - all dies zeigte die Autobahnen als die „Pyramiden des Dritten Reiches", deren Erbauung als ein Weltwunder an technischer, planerischer, ästhetischer deutscher Kraft galten (vgl. Schütz/Gruber 1996, Brockhaus 1997, Kap. 2).

3 Der amerikanische Soziologe Theodore Abel lobte 1934 ein Preisausschreiben aus für die „beste" Beantwortung der Frage: „Warum wurde ich Nationalsozialist?". Die über 600 Antworten sind ein einmaliges Dokument autobiographischer Berichte der „Alten Kämpfer", vgl. Abel 1938

4 die folgenden Zitate stammen alle aus diesem Buch. Für eine genauere Inhaltsanalyse vgl. Brockhaus 2002

5 Sebastian Haffner (2000) beschreibt seine Kindheit im Ersten Weltkrieg als süchtige Hingabe an das Spiel mit dem Krieg. In diesem spielerischen und unernsten Umgang mit Krieg, Gefahr und Tod sieht er die Verführbarkeit seiner Generation - der Hauptträger der NS-Bewegung - für die ästhetizistischen Botschaften des Nationalsozialismus.

6 Thomas Mann hat diese Suchtdynamik in Bezug auf Hitler beschrieben: „Aber auch die Unersättlichkeit des Kompensations- und Selbstverherrlichungstriebes ist da, die Ruhelosigkeit, das Nie-sich-Genügtun, das Vergessen der Erfolge, ihr rasches Sich-Abnutzen für das Selbstbewusstsein, die Leere und Langeweile, das Nichtigkeitsgefühl, sobald nichts anzustellen und die Welt nicht in Atem zu halten ist, der schlaflose Zwang zum Immer-wieder-sich-neu-beweisen-Müssen..." (Mann 1977, S. 224)

Literatur

Abel, Theodore: Why Hitler Came into Power. An Answer Based on the Original Life Stories of Six Hundred of His Followers. New York: Prentice Hall 1938

Alkemeyer, Thomas: Körper, Kult und Politik. Von der ‚Muskelreligion' Pierre de Coubertins zur Inszenierung von Macht in den Olympischen Spielen von 1936. Frankfurt/M./New York: Campus 1996

Aly, Götz: Hitlers Volksstaat. Raub, Massenkrieg und nationaler Sozialismus. Frankfurt/M.: Fischer 2006a

Aly, Götz: Volkes Stimme. Skepsis und Führervertrauen im Nationalsozialismus. Frankfurt/M.: Fischer 2006b

Behrenbeck, Sabine: Der Kult um die toten Helden. Nationalsozialistische Mythen, Riten und Symbole 1923 bis 1945. Vierow bei Greifswald: SH-Verlag 1996

Behrenbeck, Sabine: Durch Opfer zur Erlösung. Feierpraxis im nationalsozialistischen Deutschland. In: Behrenbeck, Sabine/ Nützenadel, Alexander (Hg.): Inszenierungen des Nationalstaats. Politische Feiern in Italien und Deutschland seit 1860/71. Köln: SH-Verlag 2000, S. 149-170

Bloch, Ernst: Erbschaft dieser Zeit. Frankfurt/M.: Suhrkamp 1985 (Orig. 1935)

Brockhaus, Gudrun: Schauder und Idylle. Faschismus als Erlebnisangebot. München: Kunstmann 1997

Brockhaus, Gudrun: „Kampf - wie eine Erlösung" (Goebbels) - Motive der nationalsozialistischen Erlebniswelt. In: Anne-Marie Schlösser/ Alf Gerlach (Hg.): Gewalt und Zivilisation. Erklärungsversuche und Deutungen. Gießen: Psychosozial 2002, S. 399-414

Broszat, Martin: Grundzüge der gesellschaftlichen Verfassung des Dritten Reiches. In: Ulrich Herrmann (Hg.): Die Formung des Volksgenossen. Der „Erziehungsstaat" des Dritten Reiches. Weinheim und Basel: Beltz 1985, S. 25-39

Broszat, Martin: Soziale Motivation und Führer-Bindung des Nationalsozialismus. In: ders.: Nach Hitler. Der schwierige Umgang mit unserer Geschichte. München: dtv 1988

Domarus, Max (Hg.): Hitler. Reden und Proklamationen. München: Süddeutscher Verlag 1965

Fest, Joachim: Hitler. Eine Biographie. Frankfurt/M., Berlin: Ullstein 1987

Fetscher, Iring: Joseph Goebbels im Berliner Sportpalast 1943. „Wollt ihr den totalen Krieg?" Hamburg: Europäische Verlagsanstalt 1998

Friedländer, Saul: Kitsch und Tod. Der Widerschein des Nazismus, München: dtv 1986

Friedländer, Saul: Das Dritte Reich und die Juden. Die Jahre der Verfolgung 1933-1939. München: Beck 1998

Friedländer, Saul: Die Jahre der Vernichtung. Das Dritte Reich und die Juden 1939-1945. München: Beck 2006

Gamm, Hans Jochen: Der braune Kult. Das Dritte Reich und seine Ersatzreligion. Ein Beitrag zur Politischen Bildung. Hamburg: Ruetten & Loening 1962

Goebbels, Joseph: Michael. Ein deutsches Schicksal in Tagebuchblättern. München: Eher 1929

Goebbels, Joseph: Vom Kaiserhof zur Reichskanzlei. Eine historische Darstellung in Tagebuchblättern, München: Eher 1934

Goebbels, Joseph: Wetterleuchten. Aufsätze aus der Kampfzeit. (2. Band „Der Angriff") Hg: Georg-Wilhelm Müller. München: Eher 1939

Grieswelle, Detlev: Propaganda der Friedlosigkeit. Eine Studie zu Hitlers Rhetorik 1920-1933. Stuttgart: Enke 1972

Haffner, Sebastian: Geschichte eines Deutschen. Die Erinnerungen 1914-1933. Stuttgart, München: Deutsche Verlagsanstalt 2000

Adolf Hitler: Mein Kampf, München: Eher 1938

Kershaw, Ian: Hitlers Macht. Das Profil der NS-Herrschaft. München: dtv 1991

Kershaw, Ian: Hitler. 1889-1936. Stuttgart: DVA 1998

Kraus, Wolfgang: Der holde Schein. Nationalsozialismus als kulturelle Illusion. In: ders.: Kultur und Macht. Die Verwandlung der Wünsche. München: dtv 1978

Mann, Thomas: Gedanken im Kriege, in: ders.: Essays, Bd. 2, Frankfurt/M.: Fischer 1977 [Orig. 1914]

Mann, Thomas: Ein Bruder. In ders.: Essays, Bd 2, Frankfurt/M.: Fischer, S. 222-227 (Orig. 1939)

Mann, Thomas: Betrachtungen eines Unpolitischen. Frankfurt/M.: Fischer 1956 (Orig. 1919)

Neubaur, Caroline, Wilkens, Lorenz: Religion der Propaganda im Nationalsozialismus, in: *Psyche* 51 (1997), H. 3, S. 253-277

Ogan, Bernd: Faszination und Gewalt - Ein Überblick. In: In: Bern Ogan/ Wolfgang W. Weiß (Hg): Faszination und Gewalt. Zur politischen Ästhetik des Nationalsozialismus. Nürnberg: Tümmels 1992, S. 11-38

Opaschowski, Horst: Schöne, neue Freizeitwelt? Wege zur Neuorientierung. Hamburg: BAT-Freizeit-Forschungsinstitut 1994

Peukert, Detlev: Volksgenossen und Gemeinschaftsfremde. Anpassung, Ausmerze und Aufbegehren unter dem Nationalsozialismus. Köln: Bund 1992a

Peukert, Detlev: Volksgenossen und Gemeinschaftsfremde. Die nationalsozialistische „Volksgemeinschaft" zwischen völkischer Propaganda und

109

industriegesellschaftlicher Normalität. In: Bernd Ogan/Wolfgang Wolfgang W. Weiß (Hg): Faszination und Gewalt. Zur politischen Ästhetik des Nationalsozialismus. Nürnberg: Tümmels 1992b, S. 151-158

Poliakov, Léon/Wulf, Joseph: Das Dritte Reich und seine Denker. Frankfurt/M.-Berlin-Wien: Ullstein 1983

Reichardt, Sven: Faschistische Kampfbünde. Gewalt und Gemeinschaft im italienischen Squadrismus und in der deutschen SA. Köln: Böhlau 2002

Reichel, Peter: Der schöne Schein des Dritten Reichs. Faszination und Gewalt des Faschismus. München, Wien: Hanser 1991

Salomon, Ernst von: Der verlorene Haufe. In: Ernst Jünger (Hg.): Krieg und Krieger. Berlin: Junker und Dünnhaupt 1930, S. 101-126

Schäfer, Hans-Dieter: Berlin im Zweiten Weltkrieg. Der Untergang der Hauptstadt in Augenzeugenberichten. München, Zürich: Piper 1985

Schütz, Erhard/ Gruber, Eckhard: Mythos Reichsautobahn. Bau und Inszenierung der ‚Straßen des Führers' 1933-1941. Berlin: Links 1996

Schulze, Gerhard: Die Erlebnisgesellschaft. Kultursoziologie der Gegenwart, Frankfurt/M./ New York: Campus 1992

Sontag, Susan: Faszinierender Faschismus. In: Im Zeichen des Saturn. Essays. Frankfurt/M.: Fischer 1983, S. 96-125

Thamer, Hans-Ulrich: Faszination und Manipulation. Die Nürnberger Reichsparteitage der NSDAP. In: Uwe Schultz (Hrsg.): Das Fest. Eine Kulturgeschichte von der Antike bis zur Gegenwart. München: Beck 1988, S. 352-368

Verhey, Jeffrey: Der Geist von 1914 und die Erfindung der Volksgemeinschaft. Hamburg: Hamburger edition 2000

Vondung; Klaus: Magie und Macht. Ideologischer Kult und politische Religion des Nationalsozialismus. Göttingen: Vandenhoeck und Ruprecht, Göttingen 1971

Wistrich, Robert S.: Ein Wochenende in München. Kunst, Propaganda und Terror im Dritten Reich. Frankfurt/M. und Leipzig: Insel 1996

Zelnhofer, Siegfried: Die Reichsparteitage der NSDAP. In: Bern Ogan/ Wolfgang W. Weiß (Hg): Faszination und Gewalt. Zur politischen Ästhetik des Nationalsozialismus. Nürnberg: Tümmels 1992, S. 79-104

Harald Pühl

Wir sind alle Helden:
Der Triumph und das Glück

1. Der Klinsmann-Mythos

Wie kommt ein absolut Fußballuninteressierter wie ich dazu sich mit dem Phänomen Klinsmann zu beschäftigen? Es war die Fußball WM 2006, die mich in den Bann zog. Jürgen Klinsmann, bis dato ein mir völlig Unbekannter, tauchte unversehens in allen Medien auf, als er, statt an einem Trainertreffenteilzunehmen, in seiner Wahlheimat USA weilte. Die anschließende massive Kritik an seinem angeblich verwerflichen Verhalten stieß bei mir auf Befremden und die Sache begann mich zu interessieren. Klinsmann blieb standhaft, verteidigte sich nicht, erklärte seine - nachvollziehbare - Entscheidung, machte eine gute Figur. Die Medien hatten eine Sau durchs Dorf gejagt und damit unversehens - oder wider Erwarten? - zum Helden gemacht.

Aber das ist nicht alles. Die MW löste einen in Deutschland bis dahin einmaligen Sog aus, der die ganze Nation erfasste, eben ein „Sommermärchen"[1]. Vielleicht vergleichbar dem „Wunder von Bern", das den Deutschen nach dem verlorenen Krieg ein neues Selbstbewusstsein vermittelte, erlebten sich Ost und West hier erstmals seit der Wiedervereinigung wirklich vereinigt. Für diese Zeit schien die bisher unsichtbare Mauer wie eingerissen. Wie für Events charakteristisch hält die Wirkung - vergleichbar einer Droge - nur für den Moment der Veranstaltung an. Wenn der Rausch vorbei ist, schiebt sich der Alltag ernüchternd wieder ins Bewusstsein.

Jürgen Klinsmann wurde zum Kristallisationspunkt dieses Events. Dabei wissen wir, dass Person und Rolle nicht zu trennen sind. Zum Heldenmythos Klinsmann freilich muss noch etwas hinzukommen: die Projektionen, die den Held zum Helden werden lassen. Nur wenn der Held sich aus schwierigen, ja aussichtslosen Situationen aus eigener Kraft befreien kann, gewinnt er die Bewunderung seiner Anhänger. Wolfgang Schmidbauer (1981, S. 39) schreibt dazu: „Der Held ist einerseits unbeugsam und unabhängig, andererseits muss ihn sein endlich errungener Sieg immer knapp an der vollständigen Niederlage vorbeiführen. Der narzisstische Gewinn liegt nicht darin, einen ursprünglich paradiesischen Zustand dauernd beizubehalten, sondern im Gegenteil aus Erniedrigung und Schwäche wieder aufzutauchen und dann, erschöpft aber stolz, den Sieg davonzutragen." So ergibt sich langsam eine vollständigere Charakteristik des Heldenmythos: Unabhängigkeit, Herr scheinbar aussichtsloser Situationen, Meister im Gefahrenmanagement.

So wundert es nicht, dass selbst Managementberater auf der Suche nach dem idealen Führer und Lenker Jürgen Klinsmann zum Vorbild für Führungsqualität erklärt haben. Der Ex-Europachef von McKinsey[2], Herbert Henzler, heute Vize-Chairman von Credit Suisse und langjähriger Freund von Klinsmann-Kritiker Beckenbauer, hebt zudem den „guten Teamspirit" Klinsmanns hervor: „Bei den Jungs ist Klinsmann eindeutig der Chef im Ring."[3] Seine Anfeuerungen in der Spielerkabine dagegen erinnern eher an den Motivator Jürgen Hölter (s.u.): „Geil! Affengeil!! Morgen brennt hier der Baum! Denen müssen wir auf die Fresse geben!!"[4]

Selbst der bekannte Unternehmensberater Roland Berger erklärt in einem Interview[5], dass „seine Methoden sich auf das Management jedes Unternehmens mit exzellenten, aber ineffizient eingesetzten und unterforderten Mitarbeitern anwenden lassen. Es ist eine erfolgsorientierte, kommunikationsstarke Art der Führung, die keine Angst vor morgen kennt...". Vielleicht liegt ja genau hierin ein gesellschaftliches Problem und der Schlüssel zum Eventboom überhaupt. „Keine Angst vor morgen" wird hier als positive Haltung glorifiziert. Aber angesichts der globalen Risiken ökonomischer wie politischer Art ist es schon fast zynisch, die Augen zu verschließen und keine Angst vor dem Morgen zu haben. Nun sagt das immerhin einer der bekanntesten deutschen Unternehmensberater mit großem Einfluss auf die Haltung unserer Top-Manager. Ein Blick in den Wirtschaftsteil unserer Zeitungen zeigt sehr eindrücklich, mit welcher Geschwindigkeit sich das Karussell der Posten im Topmanagement dreht. Da kann man die Angst, den Halt nicht zu verlieren, unschwer erahnen. Gerade hinter dem Angsttabu lauert die Angst vor dem Abstieg, dem Ausgeschlossenwerden und vielleicht sogar der Angst vor Einsamkeit, die so bedrohlich zu sein scheint, dass sie nicht an die Oberfläche dringen darf.

Unterstützung in der Verdrängungsarbeit leisten - wie wir am Beispiel Roland Berger exemplarisch gesehen haben - die Beratungsgurus. Auch Klinsmann ließ sich in Fragen seines Führungsstils von zwei internationalen Topmanagern beraten: dem Engländer Mick Hoban und dem Amerikaner Warren Mersereau. Es sind vor allem ihre analytischen Fähigkeiten und Managementgrundsätze gewesen, die das Handeln des deutschen Bundestrainers nachhaltig prägten. Er ließ sich von ihnen nicht nur beraten, sondern betreibt mit diesem Duo, das früher in leitenden Positionen bei Adidas und Nike tätig war, seit fünf Jahren selbst die erfolgreiche Beratungsfirma „SoccerSolutions".

Das gemeinsame Unternehmen ist fast eine virtuelle Firma, es gibt keinen Stammsitz oder ein Büro, die drei arbeiten an ihren jeweiligen Wohnorten in South Carolina, Oregon oder Kalifornien. Einmal im Jahr trifft man sich zu einem persönlichen Meeting. Inzwischen betätigt sich auch Klinsmann in dieser Firma wieder aktiv als Berater.

Offen bleibt welche Bedürfnisse der Held für seine Anhängerschaft erfüllt. Denn nur in der narzisstischen Spiegelung wird der Held zum Helden erkoren. Ohnmacht ist die Kehrseite der Allmacht. Sie äußert sich massenhaft in unterschiedlichen Formen: Auf dem Vormarsch sind alle möglichen Ausprägungen von Depressionen[6] mit

Gefühlen von innerer Leere, Sinnlosigkeit, Antriebsarmut und der-
gleichen. Dabei nehmen die Möglichkeiten der Bedürfnisbefriedigung fast täglich zu, ohne dass sie das innere Loch längerfristig stopfen könnten.

Die sogenannte Globalisierung hat diesen Allmachtsmythos auf die
Spitze getrieben. Wir können alles kaufen, sind überall auf der Welt
zu Hause ohne irgendwo richtig zu Hause zu sein. Der Verlust an
Umweltkontrolle - wie Holzkamp-Osterkamp (1976) sagen würde -
und die sinnliche Erfahrung der Handlungsohnmacht gehören zum
täglichen Erleben oder anders formuliert: Wer viel kontrollieren
kann, muss auch viel Angst haben, die Kontrolle zu verlieren. Ein
Abwehrmechanismus könnte auch der politische Wahn einer totalen
Kontrolle und Beherrschung der Welt und der Natur sein.[7]

Gerade in einer Gesellschaft, die durch kapitalistische Waren- und
Geldproduktion historisch erstmals Endlosigkeit[8] auf den Kulturfahr-
plan setzte, konnten sich entfesselter Narzissmus und Größenphan-
tasien in diesem Maße entfalten. Das Phänomen der Endlosigkeit
zeigt sich drastisch am Geldumlauf. So wurden im Jahre 2005 an jedem Börsentag auf den Finanzmärkten Transaktionen im Wert von
fast 2 Billionen US-Dollar getätigt. Von dieser gigantischen Summe
mit 12 Nullen dienen nur noch 3 % der Finanzierung von Handel und
Investitionen, 20 % der Absicherung von realwirtschaftlichen Ge-
schäften gegen das Wechselkursrisiko. Die übrigen knapp 80 % sind
Spekulationsgeschäfte, d.h. Wetten auf künftige Preise von Währun-
gen, Wertpapieren und Zinsen.

Der qualitätslose Charakter kapitalistischer Warenproduktion ist
gekennzeichnet durch Gleichförmigkeit und Endlosigkeit, wie sich
am Beispiel des Geldumlaufs zeigt. Das kann auf Dauer nicht ohne
Folgen für unsere Psyche bleiben. Die Endlosigkeit der Bedürfnis-
befriedigungsmöglichkeiten setzt sich auf der individuellen Ebene
schließlich in vielfältigen Formen von Süchten durch, mit denen eigentlich jeder in unserer Kultur in irgendeiner Weise persönlich konfrontiert ist. Sucht verstehe ich als Ausdruck eines endlosen, nicht zu
befriedigenden Hungers. Er verlangt, hier der kapitalistischen Wirt-

schaftsweise ähnlich, nach ständigem Mehr. Dazu können wir auch den Erlebnishunger und die Suche nach dem Kick in der Eventkultur zählen.

2. Über Glück und Unglück

Die Jagd nach dem Event scheint einem Schuss des Junkies vergleichbar, auch wenn die Nebenwirkungen andere sind, aber auch hier muss die Dosis, soll sie wirken, beständig erhöht werden. In einem Interview[9] wird der kaltgestellte Torwart der WM 2006, Oliver Kahn, gefragt, wie sich das auf seine Lebensphilosophie ausgewirkt habe. „Für einen mit meinem Denken und meiner Persönlichkeit ist das ein echter Wendepunkt. Ich war immer nur aufs Gewinnen gepolt. Ich glaubte daran, wenn ich einen Titel hole und noch einen Titel, dann macht mich das irgendwann zufrieden und glücklich. Aber so ist es leider nicht."

Oliver Kahn ist da wohl in eine Falle getreten, die den meisten von uns nicht fremd sein wird. Aristoteles soll es gewesen sein, der empfohlen hat, die Glücksfrage in die nach der Vermeidung des Unglücks umzuwandeln. Unglück zu vermeiden ist häufig einfacher als die Suche nach Glück, zumindest lässt sich Unglück klarer definieren. Vielleicht war es für unseren Tormann ein Glück, nicht im WM-Tor gestanden zu haben. Wer weiß, wie viele Bälle durch seine Hände geglitten wären. Aber das hat ihm verständlicherweise nicht genügt, die Kränkung war stärker und die Sehnsucht nach Omnipotenz größer. Jedenfalls wird hier offen erkannt, dass im Streben nach Glück die geheime Sehnsucht nach Sinnerfüllung im Leben verborgen ist. Je vielfältiger die Möglichkeiten der Bedürfnisbefriedigung werden, umso weniger dieser schönen Dinge kann man sich leisten und umso mehr Wünsche bleiben unerfüllt.

Ernest Bornemann („Lexikon der Liebe", „Das Patriarchat") wurde nach einem - wie stets - provokanten Vortrag über Sexualität in kleinem Kreis von einem Kollegen gefragt, wie es denn ihm mit dem Glück gehe. Bornemann erzählte von dem immer noch guten Sex mit seiner Frau (er war zu diesem Zeitpunkt etwa Mitte 60), seine Freude über seine Katze, wenn sie zum Fenster hereinschaue, aber Glück sei immer nur als Kontrastprogramm vorstellbar. Der Kontrast müsse nicht unbedingt Unglück sein, aber Alltag eben. Die Frage nach Glück und Glücklichsein setzt bereits einen gewissen materiellen Luxus voraus. Menschen, die um ihr tägliches Überlebenleben kämpfen - oder bangen - müssen, werden sich diese Frage nicht stellen. „Unser Glück muss doch allzu egoistisch sein, wenn andere auf der Strecke bleiben", resümiert der Freizeitforscher Opaschowski (2000, S. 102).

Ende der Siebziger Jahre lernte ich eine Psychologin kennen, die gerade aus der DDR geflüchtet war und nun im goldenen Westen vom Warenangebot regelrecht erschlagen war. „In der DDR gab es zwei Sorten Seife, da konnte ich mich entscheiden. Hier muss ich ständig vergleichen, kann mich nicht entscheiden und habe immer das Gefühl, die falsche Wahl getroffen zu haben." Ob sie deshalb schon unglücklich war, entzieht sich meiner Kenntnis, jedenfalls hat sie das Überangebot nicht glücklich gemacht... Oder um Aristoteles nochmal zu bemühen: Die Abwendung von Unglück bezieht sich auf äußere Gegebenheiten, während die Frage nach dem Glück auf das Innenleben zielt.

Eine Verbindung zwischen dem inneren Glück und der Droge Event zeigt sich für mich in folgender Geschichte: Wie immer nach unserem Sport wird bei Bier und Chips über alles Mögliche geredet. Erich fragt, was ich denn von Second Life halte. Keine Ahnung, nie gehört. Doch fast alle Sportsfreunde wussten davon. Erich spendierte mir seinen noch fast aktuellen Spiegel mit dem Titelthema: „Der digitale Maskenball". Ich wollte es nicht glauben, doch dann stieß ich immer wieder auf das Thema, auch in der normalen Tageszeitung. Gerade hat BMW eine virtuelle Zweigstelle eröffnet, ebenso die großen Sportfirmen Adidas und Puma. Aber vermutlich geht es einigen Lesern wie mir vor kurzem, deshalb hier kurz das Unglaubliche. Schon vor fast fünf Jahren hat ein amerikanischer Physiker die Idee zu einem virtuellen Planeten im endlosen digitalen All gehabt. Dieser Planet besteht aus einem Hauptland und mehreren Inseln, die erforscht und erworben werden können. Die selbsterschaffenen Wesen sind die Avatare. Diese modelliert sich jeder Mitspieler selbst nach seinen Wünschen. Angeblich bevorzugen Männer Frauenwesen und umgekehrt. Aber damit nicht genug: In dieser virtuellen Welt ist auch der Kapitalismus zu Hause. Die erworbenen Grundstücke beispielsweise müssen bezahlt werden. Die eigene Währung nennt sich Lindendollar und für einen Euro erhält der Spieler 330 Lindendollar. Nicht nur Grundstücke und Läden kosten Geld, auch Sex muss mit Lindendollar abgegolten werden. Das Geld kann zurückgetauscht werden, die ersten echten Millionäre können sich über ihren Reibach freuen. Wem die Kreativität ausgeht, der kann sich auf Erden helfen lassen. So wirbt eine Marketingfirma folgendermaßen: „Als eine der ersten Agenturen in Deutschland hat Zühlke, Scholz & Partner in der Internet-Welt *Second Life* ein *virtuelles Büro* eröffnet. ZS&P begleitet Ihre Marke, Produkte und Dienstleistungen bei einem Auftritt innerhalb der neuen Kommunikationsplattform mit mehr als 5 Mio. Teilnehmern. Erleben Sie mit uns eine völlig neue Dimension des Online-Marketings!"[10]

Das Prinzip des Schneeballsystems funktioniert bisher reibungslos, zumindest so lange der Boom der Neueinsteiger anhält. Bis heute sind es über 5 Millionen, und wenn Sie das lesen vermutlich ein Vielfaches von dem.[11] Entsprechend sind die Umsätze und Gewinne des Anbieters. Falls es doch mal kriseln sollte, hat ein Deutscher schon mal vorsorglich eine Arbeitsagentur gegründet.

Aber das Spiel mit dem Geld scheint mir nur die eine Seite der Medaille zu sein, der mindestens ebenso starke Reiz geht vermutlich von der Faszination der Verkleidung aus. Ohne seine wahre Identität preisgeben zu müssen, kann sich der Avatar seine Wunschidentität kreieren. Schon die Bezeichnung Avatar als Synonym für Mensch deutet auf die Geschlechtvielfalt hin. Der Anbieter selbst wirbt so: „Eine unglaublich detaillierte, digitale Figur („Avatar") ermöglicht es Ihnen, durch zahlreiche Einstellungen Ihre Persönlichkeit in Second Life auf vielfältige Weise auszudrücken. Die realitätsnahe Simulation der Umgebungsphysik in Second Life, die auf einem Backbone aus Hunderten miteinander verbundenen Computern ausgeführt wird und mit der Bevölkerung wächst, lässt Sie in eine lebensechte, interaktive Welt eintauchen... Ändern Sie das Aussehen Ihrer Figur nach Belieben: Ein fantastischer Superheld, ein mythisches Ungeheuer oder einfach ein Spiegelbild Ihrer selbst sind nur ein paar der vielen Möglichkeiten."[12]

Second Life gilt als Vorbote der unerschöpflichen Internetressourcen. Hier kann der Computerfreak aus der realen Welt aussteigen und vor seinem Bildschirm in eine 3-D-Welt einsteigen. Kann sie selbst mitgestalten, sich durch seine selbst geschaffene Figur in einer neuen Welt erleben, kann selbst der Gott seiner eigenen Schöpfung sein.

Das Leben in zwei Welten ist mir auch von pubertierenden Jugendlichen - insbesondere Jungen - bekannt. Schießspiele wie „World of Warcraft" begeistern Millionen von Kids. Nach der Schule gibt es nur eins: Computer an und die erreichten Levels steigern. Das ganze läuft gegen monatliche Zahlungen übers Internet, und zwar nicht im Alleingang, sondern im sogenannten Chatroom mit einer Gruppe. Diese ist zum Teil bekannt und setzt sich aus Freunden und Klassenkameraden zusammen, ist aber auch über den ganzen Erdball verstreut. Konkret bedeutet dies, dass morgens um 4 Uhr der Wecker gestellt wird, da sich die Gruppe dann auf einer „Instance" trifft, was für die einen Nacht ist, ist für die anderen aufgrund der Zeitverschiebung der Nachmittag. Wer nicht rechtzeitig zu seiner Gruppe erscheint fliegt raus. Dann werden auch schon mal 2 Wecker aufgestellt. Sollte sich die Schule so konsequente Maßnahmen einfallen lassen, wäre der Teufel los - und die Klassen leer (zumindest was den Jungsanteil betrifft).

Wir lesen über Amokläufer, die ihr Leben vor dem Bildschirm in einer virtuellen Traumwelt verbringen. Wenn die virtuelle Identität nicht mehr trägt und das Außenseiterdasein in der realen Welt zu unüberwindlichen Spannungen führt, kann es zum Knall kommen. Das sind extrem seltene Ausnahmen, auch wenn Eltern diese Bilder ihren computerabhängigen Kindern immer wieder vorhalten. Die

Mehrzahl der Jugendlichen scheint die zwei Welten integrieren zu können. Sie erleben, dass die reale Welt mit ihren Arbeitsanforderungen und ihren Verwirklichungschancen sie frustriert und suchen den Ausgleich in der Internetwelt.

Hier kann sich jeder als Held fühlen und sich durch Können, Ehrgeiz und Durchhaltevermögen eine eigene Welt erschaffen. Werte, die Schule und Eltern zwar auch predigen, aber die sich in der Praxis für eine große Mehrheit der Jugendlichen als Worthülse erweisen. Führt die zunehmende Individualisierung mit ihren immer wieder scheiternden Erlebniskoalitionen letztlich wirklich zum Rückzug? Wir werden es abwarten müssen oder verweisen tröstlich auf Gerhard Schulze (1995, S. 23): „Es gibt sie noch, allen Individualisierungstendenzen zum Trotz, die großen sozialen Gruppen; allerdings bilden sie sich jetzt nach neuen Prinzipien." - Ich sehe sie noch nicht, aber gut Ding will Weile haben.

Jede Zeit hat ihre eigene Kultur, auch ihre Widerstandskultur. Ich selbst habe als Schüler Mitte der 60er Jahre erlebt wie ein Mitschüler von der Schule verwiesen wurde, weil er sich einen aktuellen Titel der Rolling Stones auf seinen Parka gesprüht hatte. „I can't get no satisfaction, but I try" traf das Lebensgefühl und die Suche nach Befreiung von einengenden Normen. Rockmusik war zu der Zeit selbstredend Kommerz und Event, aber auch Protest und transzendierte die engen bürgerlich-gesellschaftlichen Normen von Ordnung und Sauberkeit. „Lebensphilosophie der Entfesselung" nennt es der Erlebnisforscher Schulze (1995) treffend. Auch für mich war es ein Weg, mich aus der engen Beziehung zu meiner alleinerziehenden Mutter ein Stück weit zu befreien. In der Zeit habe ich Beatbands gemanagt und Beatveranstaltungen organisiert. So konnte ich legitim nachts lange weg bleiben und am Wochenende auf unseren Touren übers Land waren vielfältige Erfahrungen möglich. Die Musik traf den Lebensnerv, berührte Herz und Bauch und man gehörte zu einer heimatgebenden Gegenkultur.

Ich vermute, dass sich ein roter Faden durch die Gruppenbewegung seit dieser Zeit ziehen lässt. Die „Urwaldmusik" bereitete den Boden für die spätere Studentenbewegung, die sich zunehmend in elitäre politische Zirkel auflöste. Rigide Abgrenzungskämpfe und Spaltungen sicherten den Zusammenhalt nach innen und vermittelten ein stolzes Wir-Gefühl. Entweder man gehörte dazu oder war ein Verräter, wenn man den Zirkel verließ. Die Gruppendynamik, wie sie sich im Zuge der amerikanischen Encountergruppen in Westdeutschland in den 70er Jahren etablieren konnte, war das Gegenprogramm zu den verkopften Politgruppen und von daher für viele attraktiv.

„Touch me, feel me" war ein beliebter Spruch in der boomenden Gestaltszene. Ohne Anspruch auf Verallgemeinerung: Ich habe viele erlebt die anschließend in den Ashram nach Poona pilgerten und dort quasireligiöse Zugehörigkeit und Befreiung suchten.[13] So wie der inzwischen fernsehbekannte Philosoph Peter Sloterdijk, der heute zu folgender Erkenntnis gelangt: „In der modernen Gesellschaft sind die Prozesse nach oben offen, weil es keine Grenze der Selbstverwirklichung gibt. Im Gegensatz zur antiken Hypothese, dass der Mensch satt werden kann - das ist ja das anthropologische Prinzip der alten Welt -, sind die Menschen in der Moderne nimmersatte Zielverfolger."[14]

3. Über Hühner und Adler

Ein Eventstar der besonderen Art war Jürgen Hölter. Aufgewachsen in einer Arbeiterfamilie gründete er nach seiner Lehre als Speditionskaufmann 1989 eine Unternehmensberatungsfirma und begann 1991 mit seinen legendären Motivationsseminaren. Selbst große Unternehmen scheuten sich nicht ihn anzuheuern, um in Großveranstaltungen ihren oft schlecht bezahlten Mitarbeitern sein „Tsjakkaa" beizubringen und ihnen Sätze wie „Ich bin erfolgreich" in den Mund zu legen. In seinen besten Zeiten füllte er die Dortmunder Westfalenhalle mit 14.000 Fans und kassierte Tagesgagen von unglaublichen 25.000 Mark.

Christian Schüle (2001)beschreibt ein Event von Hölter aus dem Hamburger Congress-Centrum:

„Und dann sagt er ihnen, sie seien in den Hühnerstall hineingeboren. Zu Hühnern habe man sie erzogen. Und er sagt ihnen, sie seien Adler, und sie schweigen und lauschen. Und der Hühnerstall, das sagt er ihnen nicht, ist die Gesellschaft, und Hühner sind schwach. Und die allermeisten Menschen seien Hühner, und du, sagt er ihnen, du schaffst alles, wenn du nur willst, DU, sagt er, DU kannst Adler werden! Und 1.100 Adler jubeln. (...) Nun weinen die Töne einer anrührenden Musik im Hintergrund, und er wandelt im Lichtkegel über die Bühne, und 1100 Menschen sind plötzlich still, schauen gebannt, andächtig, und dann, bevor er die Arme in die Luft hält und den Kopf nach hinten legt, bevor er gehen wird und sie mit ihrem Leben wieder allein lässt, sagt er es: "Gib NIE, NIE, NIE...", er bleibt stehen, vorne, am Rand der Bühne, wo noch immer der Graben zur ersten Reihe ist, seine Hand beschwört das Wort, "... gib NIEMALS auf!" 1100 Adler jubeln. Er verneigt sich, winkt, saugt die explodierende Begeisterung in sich auf, und es will scheinen, als sei dies das Finale einer großen Oper, als seien es Sekunden nach der letzten Arie des Heldentenors, der davongetragen wird vom rauschenden Bravo seiner zahllos zahlenden Verehrer."

Hölters Höhenflug platzte wie ein Seifenblase, als er 2002 wegen eines Konkursvergehens und anderer Delikte verhaftet und zu 3 Jahren Haft verurteilt wurde. Aus einem Adler wurde nun wieder ein Huhn. Waren nicht auch die 1100 Adler im Saal nicht eher Hühner in Käfighaltung als frei fliegende Adler?

Der Gruppenanalytiker Foulkes geht davon aus, dass in Gruppen in besonders intensiven Phasen keine Individuen mehr interagieren, sondern psychische Zustände. Die Gruppe verschmilzt, wie Freud sagte („Massenpsychologie und Ich-Analyse"), indem sich ihre Mitglieder mit dem idealisierten Führer identifizieren. Sie tun das jedoch in der Regel nicht dauerhaft, und die Betrachtung des Events lehrt, dass die Dauer solcher Identifizierungen abnimmt und daher ein Bedarf nach hektischen Steigerungen und Abwechslungen entsteht.

Ähnliches finden wir in dem Standardwerk von Elias Canetti *Masse und Macht*. Als „Entladung" bezeichnet er den Zustand, wenn die Menschen in der Menge für diesen Augenblick alle sozialen Verschiedenheiten abwerfen und sich als gleiche fühlen. Diese „Erleichterung" wird als glücklicher Zustand empfunden, „da keiner *mehr*, keiner besser als der andere ist." (1980, S. 13) Die Kehrseite ist allerdings, dass dieser glückliche Augenblick sich als Illusion erweist, wenn der Einzelne wieder aus der Menge heraustreten muss, wenn die Unterschiede wieder Gestalt annehmen. Dieses von Canetti beschriebene Gefühl des Einsseins mit der Masse, das empfundene Glück könnte das sein, was zum Beispiel Eventautoren wie Opaschowski (S. 53) als „soziale Geborgenheit" und „gemeinsame Freude" umschreiben... Letztlich scheint es immer wieder um die Frage zu gehen, wie der Mensch als soziales Gruppenwesen mit der „tiefen Angst vor Trennung und Einsamkeit" umgeht, wie es Max Pagés formuliert. Die Freiheiten unserer Gesellschaft scheinen nach Erich Fromm zweierlei gebracht zu haben: "ein wachsendes Gefühl der Stärke und als Folge von all dem - Angst" (1941, 44f.). „Im Bedürfnis der Einsamkeit zu entgehen" sieht Fromm ein menschliches Grundbedürfnis, nämlich das „Bedürfnis nach Verbundenheit mit der ganzen Welt". Und wie könnte das heutzutage besser realisiert werden als in der virtuellen Welt des Internets.

Um zum Helden in der Neuzeit zu werden bedarf es - wie wir gesehen haben - der Öffentlichkeit. Ein solcher Fall, der ebenfalls vor einigen Jahren Schlagzeilen machte und es auch auf dem politischen Parkett zu besonderen Ehren brachte, war Lars Windhorst. Dieses anfänglich gefeierte deutsche Wunderkind und Unternehmergenie - als deutscher Bill Gates tituliert - bastelte bereits mit 14 Jahren in der elterlichen Garage seine ersten Computer. Schon 2 Jahre später brach er die Schule ab und gründete seine erste Firma, und weitere drei Jahre später macht die Windhorst-Gruppe bereits einen Umsatz von 75 Millionen Euro.

Windhorst jettete zwischen seinen Büros in Hongkong (40 000 Mark Monatsmiete) und Deutschland hin und her, importierte Computer-Zubehör und Rohstoffe nach China. Innerhalb kürzester Zeit baute er so ein Imperium aus einem guten Dutzend Firmen auf. Mit seinen über 200 Angestellten machte er einen Umsatz von knapp 120

Millionen Euro pro Jahr. Seine Pläne stiegen ins Unermessliche: In Ho-Chi-Minh-Stadt, dem früheren Saigon, plante er den „Wind-horst-Tower", einen 55stöckigen Wolkenkratzer für 125 Millionen Dollar. Windhorst gelang es während dieser Zeit nicht nur, gekonnt das Medieninteresse auf sich zu lenken, sondern auch mit hochran-gigen Personen aus Wirtschaft und Politik zu verkehren. Aus der Windhorst-Holding wird Windhorst Electronics, und in der Gold-gräberzeit für Medienunternehmer versucht Windhorst mit der Windhorst AG in Berlin die Filmwelt zu erobern, mit Hollywood-Star Michael Douglas als Gallionsfigur.

Im Jahre 1995 taucht er auf dem Kanzlerfest Helmut Kohls in Bonn auf, und sogleich schließt der Kanzler den Jungunternehmer ins Herz: „Deutschland braucht mehr Wunderkinder wie ihn". Windhorst wird zum Kanzlertross auf eine Asienreise eingeladen. Er tritt als Schirm-herr eines Wohltätigkeitsdinners von Hannelore Kohl auf. Er wird als Begründer einer neuen Wirtschaftsgeneration gefeiert, in der Teenager zu akzeptierten Geschäftspartnern aufsteigen und der um Arbeitsplätze und Perspektiven ringenden Jugend als Vorbild nach dem Motto 'man muss nur wollen' dienen.

Mit dem Ende des new-economy brach das Windhorst-Unterneh-men in sich zusammen. Mit Millionen-Schulden meldete er Insolvenz an. Der Heldenmythos entpuppte sich als schöne Kulisse für alle möglichen Projektionen. Übrig blieben Spott und Schadenfreude („der Mann aus Kalau", das „Windei" oder der „Windbeutel")[15], was auch den damaligen Bundeskanzler Kohl traf.

Klinsmann ist klüger. Er widerstand allen Verlockungen, seinen Job fortzuführen. Ein Held ist schnell verbrannt, wenn er die Bewunde-rung zu lange festhalten will.

Anmerkungen

1 Dass es dabei um viel Geld ging versteht sich, so Karstadt-Vorstand Seifert in einem Interview (Welt am Sonntag 1.12.2002): „Diese WM wird das größte Event aller Zeiten im Sport-Merchandising werden. Wir schätzen das Marktpotenzial im deutschsprachigen Raum auf eine Milliarde Dollar, weltweit auf zwei Milliarden Dollar."

2 McKinsey hat auch Bayern München unter die Lupe genommen, um den FC Bayern zu einer Weltmarke zu machen, vgl. Spiegel online 6.6.2006

3 „Führungsstil der Moderne", Welt am Sonntag online 21.8.2006

4 aus dem Film „Ein Sommermärchen"

5 Interview mit Roland Berger im Tagesspiegel vom 9.7.2006

6 Inzwischen machen die Krankschreibungen aufgrund depressiver Symptome fast 50% aus! Das Bundesgesundheitsministerium schätzt, dass 4 Millionen Deutsche von einer Depression betroffen sind und dass gut 10 Millionen Menschen bis zum 65. Lebensjahr eine Depression erlitten haben.

7 Vgl. Pühl 2004: Angst in Gruppen und Institutionen. Berlin

8 Peter Heintel (2000) spricht in diesem Zusammenhang von sich entgrenzender Wirtschaft

9 Tagesspiegel vom 24.12.2006

12 http://www.zsp-berlin.de/secondlife/

11 Noch größer soll der Anbieter „MySpace.com" sein, wo über 165 Millionen Nutzer registriert sind.

12 http://secondlife.com/world/de/whatis/

13 Eine gute Übersicht über die sogenannten Psychogruppen dieser Zeit findet sich unter http://www.relinfo.ch/index/psychogruppen.html

14 zit. n. J. Leinemann, Höhenrausch, München 2006, S. 125

15 Die Weltwoche 20/03

Literatur

Canetti, Elias (1980): Masse und Macht (Fischer TB)

Foulkes, Sigmund (1974): Gruppenanalytische Psychotherapie (Kindler)

Fromm, Erich (1941): Die Furcht vor der Freiheit (Suhrkamp)

Heintel, Peter (2000): Supervision als Sinn- und Grenzreflexion - exemplifiziert am Beispiel einer sich entgrenzenden Wirtschaft, in: H. Pühl (Hg.), Supervision und Organisationsentwicklung (Leske & Budrich)

Holzkamp-Osterkamp, Ute (1976): Grundlagen der psychoanalytischen Motivationsforschung Bd. 2. Die Besonderheit menschlicher Bedürfnisse - Problematik und Erkenntnisgehalt der Psychoanalyse (Campus)

Opaschowski, Horst W. (2000): Kathedralen des 21. Jahrhunderts. Erlebniswelten im Zeitalter der Eventkultur (Edition der B.A.T. Freizeitforschungsinstitut GmbH)

Pagés, Max (1974): Das affektive Leben in Gruppen. Eine Theorie der menschlichen Beziehungen (Klett

Pühl, Harald (2004): Angst in Gruppen und Institutionen (Leutner, 3. akt. Aufl.)

Schmidbauer, Wolfgang (1981): Die Ohnmacht des Helden - Unser alltäglicher Narzissmus (Rowohlt)

Schüle, Christian (2001): „Die Diktatur der Optimisten" DIE ZEIT, Ausgabe 25/2001.

Schulze, Gerhard (1995): Die Erlebnisgesellschaft. Kultursoziologie der Gegenwart (Campus)

Rainer Lucas

Unternehmenskommunikation in der Erlebnisgesellschaft

1. Eventkultur - mehr als nur ein Konsumfest!

Die Imagepflege von Unternehmen, die produktbezogene Werbung und die Präsentation von Personen, Ideen und Visionen im öffentlichen Raum finden immer mehr im Rahmen von Inszenierungen mit Erlebnischarakter statt, die als Event bezeichnet werden. Die zunehmende Anzahl von Eventagenturen, Eventmanagern, die Diskussion über Eventprodukte in eigenen Fachpublikationen, der Aufbau eines Lehrstuhls für Eventmarketing in Chemnitz und der hohe Publikumszuspruch bei Veranstaltungen mit Eventcharakter und das begleitende kulturkritische Echo signalisieren: Events sind mehr als eine kurzlebige PR-Mode. Sie sind Ausdruck einer veränderten gesellschaftlichen Kommunikationskultur.

Nach Schulze (1992, 2000) ist davon auszugehen, dass das Handeln der Menschen in Deutschland zunehmend von Erlebnisorientierung und Emotionalisierung geprägt ist. Schulze sieht hierin einen Wandel herkömmlicher Rationalitätsmuster und baut auf dieser Annahme sein Verständnis der „Erlebnisgesellschaft" auf. Die Dynamik der Werbewirtschaft und die mit ihr verbundene Medien- und Unterhaltungsindustrie trägt hierzu maßgeblich bei. Diese Industrien haben die Codes gesellschaftlicher Verständigung grundlegend verändert. Es ist eine „Wirklichkeit eigener Art" entstanden (Schulze 1992 und

2000), die durch erlebnisrationales Handeln gestützt wird, und in eigenen Sinnkonstruktionen und Symbolen ihren Ausdruck findet.

Eine neue reflexive Ökonomie der Zeichen und Symbole ist entstanden (Lash/Urry 1994, S. 60 ff.), die von einer eigenen *Kulturindustrie* getragen wird. Zur Verbreiterung und Vertiefung der Ästhetisierungsprozesse entwickelt die Kulturindustrie eigene Stilmittel (wie Mythenbildung, symbolische Markenwelten, Vermischung der Ausdrucksformen, Szenenbildung) die zu den Wesensmerkmalen postmoderner Gesellschaften werden. Hierbei werden Individualisierungstendenzen in der Gesellschaft aufgenommen und weiter „modelliert". Szenen gruppieren sich um neue Symbole, ehemals festgefügte Konsummuster erodieren zu „Patch-Work-Lebensformen", in denen ALDI und Designer-Möbel, Selters und Champagner zu einem neuen Mix kombiniert werden. Kurzum, es entsteht eine konsumgeleitete Eventkultur, die sich nicht nur durch gemeinsame Werte, sondern durch ein gemeinsames Lebensgefühl der Beteiligten damit verbundenen Ausdrucksformen Geltung verschafft (vgl. Lucas/Matys 2003). Der Trend zur Erlebnisgesellschaft scheint ungebrochen und inzwischen durch eine eigene Marktdynamik vorangetrieben. Gegen die Grenzenlosigkeit einer solchen Entwicklung gibt es eine Reihe von Einwänden, die nachfolgend thematisiert werden sollen.

2. Von der Kultur zur nachhaltigen Kommunikationskultur

Der Begriff „Kultur" geht auf das lateinische Wort „cultura" (von colo, cultum) zurück, welches die Pflege des Bodens und die Veredelung der Lebewesen bezeichnet. Im Englischen bezeichnet der Begriff „culture" nach Oxford's Dictionary „the way people live". Hiervon zu unterscheiden ist der Begriff der Kultivierung, der auf die Veränderung kultureller Praktiken zielt.

Für das Marketing ist dieser allgemeine Kulturbegriff wenig hilfreich, da er keine Verbindung zur Kommunikationspraxis erlaubt. Hierfür ist eher das Kulturverständnis von Kluckhorn (1951) geeignet. „Kultur besteht aus Mustern von Denken, Fühlen und Handeln, hauptsächlich erworben und übertragen durch Symbole, die die charakteristischen Errungenschaften von bestimmten Gruppen von Menschen bilden, dazu ihre Verkörperung in Artefakten; der wesentliche Kern der Kultur besteht aus traditionellen (d.h. in der Geschichte begründeten und von ihr ausgewählten) Ideen und insbesondere ihren zugehörigen Werthaltungen." (ebd., S. 19). Auf eine kurze Formel gebracht, ist unter Kultur der Zusammenhang von Bedeutungen und Deutungen zu verstehen (Geerts 1973). Wie kann dieser ideengeschichtliche und wertorientierte Kulturbegriff nun mit den Zielen einer nachhaltigen Kommunikationskultur verbunden werden?

In seinem forstwirtschaftlichen Ursprung ist der Begriff der Nachhaltigkeit eng mit der Vorstellung des Substanzerhalts verbunden. Es sollen nur so viele Bäume geschlagen werden, wie wieder nachwachsen (vgl. Sieferle 1982). Übertragen auf die Kommunikationspraxis bedeutet dies, die Kommunikationsergebnisse an ihrer dauerhaften Wirkung zu messen. Aber - so könnte ein Einwand lauten - durch Marketingagenturen werden doch keine Bäume gefällt, wo ist da der ökologische Effekt? Meine These lautet: Auch die Aufmerksamkeit ist eine knappe Ressource, somit geht es auch um die begrenzten Aufnahmekapazitäten der Rezipienten, des Publikums. Einer der ersten, der diese neuen Knappheiten als Problem von Wachstum und Ausdifferenzierung der Werbewirtschaft thematisiert hat, war Gunnar Franck (1998). Auf der Basis seiner Arbeiten können vier Dimensionen von Aufmerksamkeit unterschieden werden (Fichter 2001, S. 7):

- Ebene des Individuums: Aufmerksamkeit als biopsychischer Vorgang
- Ebene der Technik: IuK-Technologien als Basis medialer Aufmerksamkeit
- Ebene der Kommunikation: Aufmerksamkeit als Mittel und Ziel sozialer Prozesse
- Ebene der Öffentlichkeit: Aufmerksamkeit in Kommunikationsarenen und Massenmedien

In diesen Prozessen stellt Geld keinen Knappheitsfaktor dar, wie die jährlich wachsenden Werbeetats zeigen. Insofern ist Schmidt (2000) zuzustimmen, wenn er ausführt: „Das Thema der Aufmerksamkeit besitzt offenbar eine weit über das Ökonomische (im engeren Sinne) hinausreichende Dimension, wenn man berücksichtigt, dass die kulturellen Essentials jeder Wirtschaft gerade im Globalisierungspoker zu Trümpfen werden. Es geht nicht länger um oberflächliche Gewinn- und Verlustüberträge, sondern darum, dass unübersehbar deutlich wird, in welchem Ausmaß Aufmerksamkeiten und das Management von Aufmerksamkeitsbindung in allen Dimensionen zum sozialen Steuerungsmechanismus der Mediengesellschaften geworden sind." (Download: www.heise.de). Aufmerksamkeit wird damit zu einer neuen „Ressource" der Wirtschaft. Sie ist - so meine These - ebenso knapp wie andere Ressourcen und unterliegt eigenen Gesetzlichkeiten zu ihrer Erneuerbarkeit.

Damit stellt sich im Sinne der Nachhaltigkeit auch die Frage nach dem Substanzerhalt, einer notwendigen „Ökologie der Aufmerksamkeit" (Thomas 1998). Diese Ökologie der Aufmerksamkeit wendet sich den Fähigkeiten der Menschen zu, aus den Kommunikationsangeboten auszuwählen. Franck (1998) verweist darauf, dass die Nichtbeachtung des Zusammenhangs von Aufmerksamkeitskapazität und Aufmerksamkeitsanforderungen den Erfolg von Werbemaßnahmen gefährden kann: „Hinter der überschwemmenden Informationsflut steckt die entfesselte Geschäftstätigkeit der Beschaffung von Aufmerksamkeit. Je mehr Menschen (und Firmen) gezielt auf sich aufmerksam machen, je höher der technische Aufwand steigt, den sie dabei treiben, und je höher die Technologie der Attraktion sich entwickelt, desto stärker wird die Erlebnissphäre mit Informationen eutrophiert. Je höher die Ladung der alltäglichen Lebenswelt mit Information, die eigens zum Blickfang hergerichtet und in den Kampf um die Aufmerksamkeit ausgeschickt wird, um so enger wird der Flaschenhals der organisch limitierten Kapazität bewusster Informationsverarbeitung." (ebd.). Im Sinne einer nachhaltigen Aufmerksamkeitskonzeption müsste in diesem Sinne vor allem thematisiert werden, was in der Folge von ersten Aufmerksamkeitserfolgen passiert. Gibt es einmalige Aha-Erlebnisse oder gelingt es, ein stetiges Interesse zu wecken und Bindung zu erzeugen? In diesem Kontext trägt ein Event erst dann zu einer nachhaltigen Kommunikationskultur bei, wenn es einen eigenständigen kommunikationspolitischen Beitrag für die dauerhaft werthaltige Positionierung eines Unternehmens bzw. für die wertunterlegte Codierung von Marken leistet (vgl. Nufer 2002; Schäfer 2002; Lucas 2007).

3. Facetten der Eventpraxis - ein Blick hinter die Kulissen

Eine empirische Studie der Universität Hohenheim unter Leitung von Prof. Eugen Buß kommt zu dem Ergebnis (Universität Hohenheim 2004, Pollmann 2007), dass Events als Kommunikationstool bei den führenden DAX-30-Unternehmen einen sehr hohen Stellenwert haben. Events sind mehrheitlich Chefsache. Im Durchschnitt fließt jeder fünfte Euro des Kommunikationsetats eines Unternehmens in den Budgettopf von Events. Und Events werden von fast allen Unternehmen mehrfach im Jahr veranstaltet.

Ein weiteres Ergebnis dieser Studie ist, dass Events als das Kommunikationsinstrument der Zukunft angesehen werden. Die befragten Eventexperten erwarten eine tendenzielle Aufwertung des Mediums und zum überwiegenden Teil eine Aufstockung der Event-Budgets. Die Zielgruppenorientierung wird noch mehr in den Mittelpunkt rücken. Vor allem Events mit emotionalem Charakter - die Inszenierung von Erlebniswelten - werden großen Bedeutungszuwachs erfahren (Lucas/Wilts 2004). Insgesamt nimmt der Stellenwert von publikumszentrierten Events zu.

Gleichzeitig ist festzustellen, das Deutschlands Unternehmen und Organisationen überwiegend eine „entbettete Eventkultur" praktizieren. Die Motive für Events entbehren demnach zumeist eines werthaltigen Bezuges. „Die Eventpraktiker betonen die Erlebniskomponenten eines Events. Es werden kurzfristige Ambitionen wie beispielsweise „spannende Momente ins Leben reinzubringen" genannt, da die Besucher die Veranstaltungen „sonst oft als fade empfinden" (Universität Hohenheim 2004). Diese Eventverantwortlichen sind sehr skeptisch bezüglich langfristiger Funktionen. Als primären Zweck von Events schildern sie die Medienresonanz. Entbetteten Eventkulturen ist eigen, dass die Veranstalter suggestiv agieren. Ein Dialog mit den Teilnehmern wird von knapp 40% von ihnen nicht angestrebt. Nur eine Minderheit der Aussagen lässt sich einer nachhaltigen Eventkultur zuordnen. Nur selten werden der Identitätskern der veranstaltenden Organisation, ihre Ziele und die gesellschaftlichen Werthaltungen und Ansprüche berücksichtigt.

Wie die Position in der nachfolgenden Abbildung deutlich macht, vereint eine nachhaltige Eventkultur die strategische Zielorientierung eines Events mit einem hohen Maß an Bindungseffekten zum Unternehmen und Verbundenheit unter den Teilnehmern. Durch

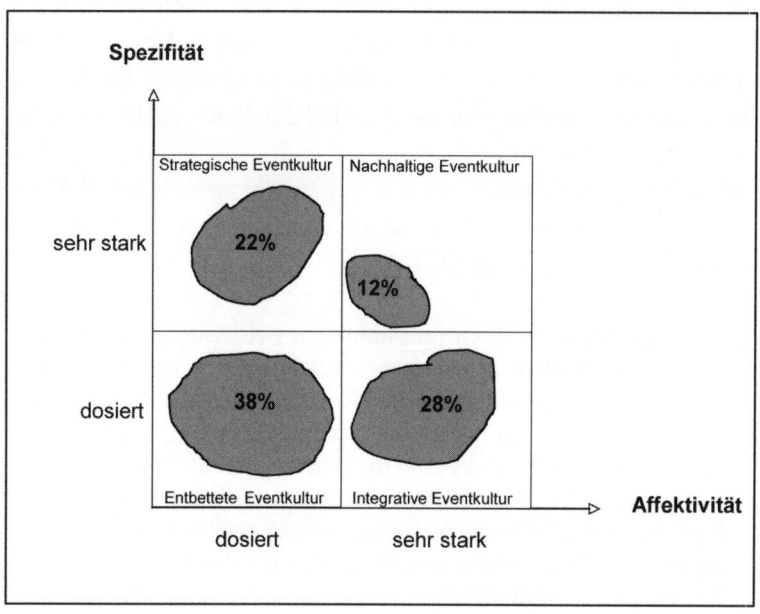

Portfolio der Eventtypen und ihre Bedeutung
(Quelle: Universität Hohenheim, 2004)

131

emotionale wie kognitive Kommunikation wird eine Verbindung zwischen strategischen Interessen und informellen sozialen Netzen ermöglicht. Das bedeutet im Verständnis der Autoren, dass die Besucher dem Veranstalter gegenüber große Loyalität und Zugehörigkeit empfinden und bereit sind, sich für dessen Ziele zu engagieren. Sie identifizieren sich mit der Unternehmenskultur, so dass eine gemeinsame kulturelle Basis entsteht. Die Verbundenheit beruht auf gemeinsamen Wertvorstellungen und gemeinsamen Interessen.

Der nachhaltige Event besitzt eine Scharnierfunktion zwischen der Besucher- und der Organisationsperspektive. Sie vereint Binnen- und Außenperspektive. Das heißt, sie berücksichtigt einerseits die Kernidentität der Organisation oder des Unternehmens und andererseits die Wertansprüche und den Wunsch nach sozialer Nähe der Teilnehmer. Zudem antizipierten Eventexperten im Gespräch, dass das Verständnis von Events als Spaßveranstaltung immer noch dominant ist. Sie haben zum Teil zwar auch langfristige Ziele im Visier, doch im Vordergrund stehen bei ihnen kurzfristige Resonanzen. Häufig vermuten sie diese als Basis für die zum Teil durchaus erhofften längerfristigen Effekte.

Buß (2003) kommt aufgrund seiner Untersuchungen zu dem Schluss, dass Fragen einer nachhaltigen Kommunikation im normalen Eventgeschäft kaum eine Rolle spielen.

„Das herkömmliche Eventverständnis hat sich vielfach verengt auf Parameter und Modelle, die von externen Beratern oder Eventagenturen entwickelt werden. Diesen Modellen ist gemeinsam, dass sie viele Aspekte, die am Nachhaltigkeitsbild einer Organisation ursächlich mitwirken, ausklammern. Hierzu gehören beispielsweise Fragen der kulturellen Identität einer Organisation, Fragen des öffentlichen Wertklimas, die Bedeutung sozialer und ökologischer Prinzipien in den Unternehmenszielen, etc. Entscheidender Nachteil herkömmlicher Eventmodelle ist vor allem, dass sie sich eher auf oberflächliche Erlebniswirkungen und Staun-Effekte richten als auf mşögliche Bindungschancen." (ebd., S. 2)

Eine Folge dieser oberflächlichen Eventpraxis ist nach Buß (ebd.), dass leitende Manager die Grundlage dessen, was die Chancen einer kompetent inszenierten Begegnungskommunikation ausmachen, nicht kennen. Sie wissen wenig über die wirtschaftliche und politische Bedeutung von an Nachhaltigkeitsmaßstäben orientierter Event-Kommunikation.

Der wirkungsbezogene Ansatz von Buß liefert wichtige Erkenntnisse zur besseren strategischen Ausrichtung der Eventkommunikation (vgl. Lucas 2007). Er ist in der Betrachtung der Zweck-Mittel-Relation hinsichtlich der Eventpraxis kritisch, aber im Grundsatz optimistisch: Mit kulturell integrierten Events und maßvollen Inszenierungen lassen sich auch bessere Wirkungen erzielen!

4. Kommunikationskultur der Unternehmen - Quo Vadis?

Nun ist das Verhältnis zwischen Erlebniskultur und Kommunikationsökologie keineswegs spannungsfrei. Insofern werden an die Gestaltung der Kommunikationsmittel (Vermittlungsebene) unterschiedliche Erwartungen formuliert. Um den Gefahren einer „entbetteten Erlebniskultur" zu begegnen, sollte es meiner Auffassung nach einen Kodex zur verantwortlichen Gestaltung der Kommunikationsmittel geben. Gegenstand dieses Commitments wäre zum einen die kulturell sensible und maßvolle Gestaltung von Kommunikationsprozessen gegenüber den Zielgruppen, zum anderen die Stärkung der Selbstorganisation und Kreativität des Publikums, die mit ihrem Response auch zur Gestaltung einer partizipativen Kommunikationskultur beitragen können (Wilts/Dienel/Piesker 2007).

Für die Unternehmenskommunikation würde dies konkret bedeuten, eine neue Verantwortungskultur zu etablieren die sich folgender Ziele annehmen sollte:

• Stärkung des symbolischen Kapitals des Unternehmens (Bourdieu 1992, S. 37, Föhlich 1992, S. 31 ff.). Mit symbolischem Kapital sind Bekanntheit und Anerkennung verbunden. Das Unternehmen entwickelt eigenständige Reputationsmaßstäbe, die nicht unbedingt den Alltagspraktiken der Massenmedien entsprechen müssen.

- Orientierung der Kommunikationskultur am Wertekern der nachhaltigen Entwicklung (Substanzerhalt, globale Gerechtigkeit) (Wuppertal Institut 2006). Hierbei sollte die Unternehmenskommunikation eine Scharnierfunktion wahrnehmen: 1. Für die unterschiedlichen Ansprüche an eine Repräsentation unterschiedlicher Interessen (Zivilgesellschaft, Wirtschaft, Politik); 2. für die Integration unterschiedlicher Kundeninteressen; 3. für die Integration von kurzfristigen und langfristigen Zielen. Auch vor dem Hintergrund der aktuellen klimapolitischen Debatte gewinnen diese Fragen an Bedeutung (vgl. Sterck/Lucas 2007).
- Beitrag der Kommunikationspraxis zu einer polyrationalen Identitätspolitik. Elemente hiervon sind Weltoffenheit, Förderung des Inter-kulturellen Austauschs, vertrauensbildend durch Nachvollziehbarkeit der Aussagen. Für den vielfältigen Eigensinn in der Gesellschaft werden Inszenierungsräume geschaffen und Bühnen gebaut. Insbesondere den Mitarbeitern und Mitarbeiterinnen werden Möglichkeiten eröffnet, ihrer Empathie zum verantwortlichen, zukunftsfähigen Handeln Ausdruck zu verleihen.

Diese Orientierungen entsprechen (noch) nicht der gegenwärtigen Kommunikationspraxis der Unternehmen. Es lassen sich für einzelne Aspekte zwar gute Beispiele finden, in der praktischen Ausrichtung der Kommunikation ist aber eher eine Entkopplung von den langfristigen Zielen und Grundwerten zu beobachten. Die Ökonomie der Aufmerksamkeit mit ihren wettbewerblichen Anforderungen beeinflusst auch die Kommunikationskultur. Aber: die Skeptiker nehmen zu. Zu viele Millionen wurden verschleudert, um am Ende im medialen Einerlei nur als Randnotiz aufzutauchen. Weniger kann auch mehr sein - mit dieser Formel kann ein neuer Brückenschlag zwischen Kommunikationsökologie und Kommunikationseffizienz geschlagen werden. Mit dieser Formel ergeben sich neue Chancen für einen neuen Kommunikationsstil: maßvoll im Einsatz der Mittel, sozial verantwortlich, ökonomisch effizient und kulturell verankert. Diese vier Orientierungspunkte sollten zu einem stimmigen Kommunikationsangebot gebündelt werden, so dass am Ende ein Stil gefunden wird, der zum Unternehmen oder zur Institution passt wie ein maßgeschneiderter Anzug.

Literatur

Bieker, Thomas et al. (Hrsg.) (2002): Die soziale Dimension unternehmerischer Nachhaltigkeit (IWÖ-Diskussionsbeitrag Nr. 102), St. Gallen

Behrent, Michael /Wieland, Josef (2003): Corporate Citizenship und strategische Unternehmenskommunikation in der Praxis. München und Mering.

Bourdieu, Piere (1992): Rede und Antwort. Frankfurt/M.

Buß, Eugen (1999): Das emotionale Profil der Deutschen. Bestandsaufnahme und Konsequenz für Unternehmer. Politiker und Öffentlichkeitsarbeiter. Frankfurt am Main.

Buß, Eugen / Fink-Heuberger, Ulrike (2000): Image Management. Wie Sie Ihr Image-Kapital erhöhen! Erfolgsregeln für das öffentliche Ansehen von Unternehmen, Parteien und Organisationen. Frankfurt am Main.

Buß, Eugen (2003): Eventkultur und Nachhaltigkeit. Unveröffentlichtes Arbeitspapier. Siegen.

Franck, Georg (1998): Ökonomie der Aufmerksamkeit, München: Hanser

Fichter, Klaus (2001): Ökonomie der Aufmerksamkeit. Zur Rolle von Aufmerksamkeit in der Medien- und Internetökonomie. Borderstep-Arbeitspapier 1/2001. Berlin.

Fröhlich, Gerhard (1992): Kapital, Habitus, Feld, Symbol. Grundbegriffe der Kulturtheorie bei Pierre Bourdieu. In: Mörth, Ingo/Fröhlich, Gerhard /Hrsg.): Das symbolische Kapital der Lebensstile. Frankfurt/New York. S. 31-54.

Geerts, Clifford (1973): The Interpretation of Cultures. New York.

Habermas, Jürgen (1981): Die Theorie des kommunikativen Handelns. Suhrkamp. Frankfurt 1981

Habisch, André (2003): Corporate Citizenship. Gesellschaftliches Engagement von Unternehmen in Deutschland; Berlin/Heidelberg.

Kluckhohn, Clyde (1951): The Study of Culture. In: The Policy Sciences, hrsg. v. V. D. Lerner und H. D. Larswell, Stanford 1951, zit. n. Hofstede, Geert (1980a) Culture's Consequences: International Differences in Work - Related Values, Beverley Hillls / London 1980

Lash, Scott / Urry, John (1994): Economies of Signs And Space. London et al.

Lucas, Rainer / Matys, Thomas (2003): Erlebnis Nachhaltigkeit? Wuppertal Paper 136. Wuppertal.

Lucas, Rainer (Hrsg.) (2007): Zukunftsfähiges Eventmarketing. KulturKommerz Band 14. ESV, Berlin.

Lucas, Rainer (2007): Eventmarketing als ein kultureller Faktor gesellschaftlicher Entwicklung. In: Lucas, R. (Hrsg.): Zukunftsfähiges Eventmarketing. KulturKommerz Band 14. ESV, Berlin.

Lucas, Rainer/ Wilts, Henning (2004): Events für Nachhaltigkeit. Ein neues Geschäftsfeld für die Eventwirtschaft? Wuppertal Paper Nr. 149, Wuppertal.

Nufer, Gerd (2002): Wirkungen von Event-Marketing. Theoretische Fundierung und empirische Analyse. Wiesbaden

Opaschowski , Horst W. (2000): Kathedralen des 21. Jahrhunderts. Erlebniswelten im Zeitalter der Eventkultur. Hrsg. v. BAT Freizeit-Forschungsinst. Hamburg.

Pine, B. Joseph / Gilmore, James H. (2000): Erlebniskauf. Konsum als Ereignis, Business als Bühne, Arbeit als Theater. München.

Pollmann, Anne (2007): Empirische Befunde zur Eventkultur in Deutschland. In: Lucas, Rainer (Hrsg.): Zukunftsfähiges Eventmarketing. KulturKommerz Band 14. ESV, Berlin.

Schäfer, Stephan (2002): Event-Marketing. Cornelsen Verlag, Berlin.

Schmidt, Siegfried (2000): Aufmerksamkeit - revisited. Telepolis Artikel-URL: http://www.telepolis.de/r4/artikel/4/4543/1.html. Zugriff am 9.05.2005.

Schulze, Gerhard (1992): Die Erlebnisgesellschaft. Kultursoziologie der Gegenwart. Frankfurt am Main

Schulze, Gerhard (2000): Kulissen des Glücks, Frankfurt/New York

Sieferle, Rolf Peter (1982): Der unterirdische Wald - Energiekrise und Industrielle Revolution, München.

Sterk, Wolfgang/ Lucas, Rainer (2007): Das Ruder herumreißen. Monitor-Interview in CIM 3/2007, Darmstadt.

Thomas, Günther (1998): Medien Ritual Religion. Zur religiösen Funktion des Fernsehens. Frankfurt/M.: Suhrkamp.

Universität Hohenheim, Lehrstuhl für empirische Sozialforschung (2004): Die Eventkultur in Deutschland. Hohenheim.

Wilts, Henning/ Dienel, Peter/ Piesker, Axel (2007): Chancen einer partizipativen Eventkultur. In: Lucas, Rainer (Hrsg.): Zukunftsfähiges Eventmarketing. KulturKommerz Band 14. ESV, Berlin.

Wuppertal Institut für Klima,Umwelt, Energie (Hrsg.) (2006): Fair Future. Begrenzte Ressourcen und globale Gerechtigkeit. München. C.H.Beck.

Wolfgang Schmidbauer

Events im psychosozialen Feld

Wer die Entwicklung der sozialen Berufe in den letzten dreißig Jahre verfolgt, wird an vielen Stellen Konflikten begegnen, die mit dem wachsenden Einfluss der Eventkultur zusammenhängen. Die pädagogische, beratende oder therapeutische Intervention soll nicht nur schneller, wirksamer (und billiger) werden, sondern auch eindrucksvoller. Diese Strömung findet allerdings in den nicht-technisierbaren Bereichen sperriges Material. Aus Pflege, Bildung und Therapie lassen sich nur unter Preisgabe wesentlicher Elemente Events machen. Das führt zu subjektiven und objektiven Defiziten: Die Helfer brennen schneller aus, die Versorgung gerät in Krisen und kann vielfach nur durch Arbeitskräfte aufrecht erhalten werden, die durch ihre Migrationsproblematik gegen diese narzisstischen Konflikte gefeit sind.

Solange in der Medizin sehr viele Krankheiten weder genau diagnostiziert noch schnell und spektakulär operiert werden konnten, saßen Pflegende und Ärzte wirklich in einem Boot. Sie hatten dieselben emotionalen Probleme zu verarbeiten und harmonierten in ihren Rollen ohne auffällige wechselseitige Kränkungen und Entwertungen. Seit der ersten Herzverpflanzung gibt es den medizinischen Event, der seinen Star schafft und den Chirurgen zum Playboy formt. Pflegende haben keine vergleichbaren Chancen; ein ähnliches, allerdings negatives Ausmaß an Aufmerksamkeit gewinnen sie allenfalls, wenn sie zum „Todesengel" werden. Das gemeinsame Boot, in dem angeblich alle Berufe im Krankenhaus sitzen, wird deshalb so oft betont, weil es an Realität einbüßt.

Die traditionellen Modelle des materiellen Erfolgs, der emotionalen Bestätigung und des Gewinns an Sicherheit und Angstfreiheit geraten in der Konsumgesellschaft ins Wanken. Die gleichen Manager, welche durch hektische Ausgliederungen, Umorganisationen, Entlassungen und undurchschaubare Sparmaßnahmen die emotionale Bindung an ein Unternehmen zerstören, inszenieren Ereignisse, welche Aufbruchstimmung und Gemeinsamkeit demonstrieren sollen. Der Event ist ein neues Modell einer sozialen Belohung, das die alten umso mehr ersetzen muss, als diese schwinden. Da Events „machbar" sind, bietet dieses Belohnungsmodell Wachstumspotenziale und kann daher den Mangel an Gratifikationen aus anderen Quellen kompensieren.

Der Event kann zwar nicht eigenen Erfolg wirklich ersetzen, aber durch Teilhabe an einem imaginären Erfolg idealisierter Gruppen (der eigenen Firma, Nationalmannschaft, Religionsgemeinschaft) das Erlebnis vermitteln, „(wenigstens) dabei gewesen" zu sein und „eine tolle Zeit" gehabt zu haben.

Die psychosozialen Berufe beklagen zwar Geborgenheitsverluste, gesteigerte Konkurrenz um Aufmerksamkeit und erhöhten Aufwand, um sich selbst zu legitimieren. Aber sie bemühen sich auch, durch eventorientierte Angebote an diesem Prozess teilzuhaben und ihn womöglich mitzugestalten.

Ein erstes Beispiel:

Einer 17jährigen, die von einem pädophilen Entführer gefangen gehalten wurde, gelingt die Flucht. Der Fall wird zum Event, überall wird über dieses Ereignis berichtet; schließlich tritt das Opfer bei dem Fernsehsender auf, der das beste Angebot gemacht hat. Das journalistische geführte Gespräch ist kaum zu Ende, da kündigt RTL an, der Sender habe Psychologen beschafft, welche über das informieren würden, was Natascha Kampusch *nicht* gesagt habe.

Der eine Experte zaubert Hinweise auf eine multiple Persönlichkeit aus der Tasche; der andere sagte düster, es gehe dem Entführungsopfer zwar jetzt gut, aber der Zusammenbruch werde sich nach einigen Wochen oder Monaten einstellen. Beide „Experten" haben die junge Frau nicht persönlich gesprochen, sie wissen nicht mehr von ihr als die Zuschauer, die das Interview verfolgt haben.

Auf den kritischen Zuschauer wirkt nichts hilfloser und beschämender als der Fachmann, der sein Fach verrät, um an einem Event teilzuhaben. Mit plumpen Fingern strickt er dem Event ein paar Maschen hinzu, von den Spezialisten der Medien genötigt. Es gelingt ihm weder, aus kritischer Distanz Licht ins Dunkel zu bringen, noch wenigstens, wenn es kein Wissen gibt, dem Dunkel seine Würde zu belassen.

Das Elend der Prophylaxe

Da Eis nur ein wenig leichter ist als Wasser, sehen wir neun Zehntel eines Eisberges nicht. Die Spitze des Eisbergs ist ein Bild für die erdrückende Übermacht des Unsichtbaren gegenüber dem Sichtbaren. Die Eventkultur steht für die manische Verleugnung dessen, was sich im Unsichtbaren abspielt. Sie ist sozusagen das Gegenteil eines realistischen Umgangs mit Gefahren. Sie steht für die Illusion, wir hätten auf den ersten Blick das Wesentliche einer Gefahr erfasst und könnten ihr nun ausweichen, beispielsweise durch „schärfere Gesetze" oder einen „Krieg gegen den Terror".

Die Spitze des Eisberges ist auch eine Metapher für unsere Psyche: Nur ein Bruchteil dessen, was sich in ihr abspielt, wird uns bewusst. Wir wissen wenig, ahnen so manches, müssen uns öfter, als es uns lieb ist, mit dem Wissen um unser Nichtwissen zufrieden geben.

Die dem Menschen durch die Technik geschenkten Möglichkeiten, durch kleine Bewegungen immense Wirkungen zu erzielen, haben wir in ihrem Gefährdungspotenzial noch kaum erkannt. Meine Hypothese ist (Schmidbauer 2003), dass diese technischen Qualitäten in die Strukturen unseres Selbstgefühls eingebettet werden und auf diesem Weg Gefahren entstehen, welche sich die Lobredner der Machtsteigerung durch unsere explosiven und regressionsfördernden Technologien nicht träumen lassen.

Wenn eine solche Explosion stattgefunden hat, heißt es oft, das Ereignis sei nicht voraussehbar gewesen. Die Täter handelten aus

Motiven, die dem gesunden Menschen völlig fremd sind. Solche Einwände erinnern mich an die pseudowissenschaftlichen Argumente, mit denen lange Zeit die Unschädlichkeit von Radioaktivität oder DDT in unserer Umwelt begründet wurde. Überall, wo es auch nur das kleinste Interesse gibt, einen Zusammenhang zu bagatellisieren und Warnungen in den Wind zu schlagen, sollte es sich jeder seriöse Forscher verbieten, Harmlosigkeitsbescheinigungen auszustellen.

Es gibt Kränkungen, die wir ertragen können, und andere, die unsere Psyche überfordern. Dann setzen Verarbeitungsmöglichkeiten ein, die mit dem „Leben aus der Substanz" verglichen werden können, das eine Notsituation auf prekäre Weise stabilisiert.

Wenn wir hungern, baut der Organismus erst Fettreserven ab. Das schadet ihm kaum, kann sogar den Körper entlasten. Wenn diese Reserven aufgebraucht sind, beginnt der Organismus sich selbst zu verzehren. Jetzt wird ein Schaden am Ganzen in Kauf genommen, um die Überlebenszeit zu verlängern. In unserem Selbstgefühl ist der explosive Narzissmus mit jener Selbstschädigung des Ausgehungerten vergleichbar: Wenn ein Jugendlicher die Hoffnung verliert, dass er jemals durch eigene Arbeit die Raten für sein erstes Auto bezahlen kann und deshalb „lieber" das Auto seines Nachbarn anzündet, hat er diesen explosiven Zustand seines Narzissmus erreicht.

In der Fähigkeit des Menschen, lange Zeit zu ertragen, was er eigentlich nicht ertragen kann, und dann plötzlich angesichts einer Kränkung zusammenzubrechen (oder, viel seltener, zu explodieren), wurzelt das Elend der Prophylaxe. Sie muss, wenn sie etwas bewirken will, unter der Wasserlinie des Eisbergs arbeiten, im noch nicht Sichtbaren. Wenn wir für die ausgebrannten und chronisch kranken Lehrer keine neuen einstellen, funktioniert die Schule äußerlich noch. Wenn wir die Projekte sterben lassen, in denen arbeitslose Jugendliche lernen können, einen Arbeitstag durchzustehen, werden Kosten gespart. Die Jugendlichen hängen herum, sie trinken mehr Bier, was der Brauindustrie nützt, sie machen nicht sofort Krawall. Dazu kommt es erst ein paar Jahre später.

Angesichts der brennenden Autos in den französischen Städten überboten sich die Politiker mit Bekenntnissen zur Integration. Auf stabile Finanzierung können auch diesmal wieder nur jene Mächte rechnen, deren Selbstüberschätzung die Quelle des Übels ist: Justiz und Polizei. Sonderkommissionen, Hubschrauber und Feuerwehren aller Art sind spektakulär und werbewirksam für den Politiker, den es nach öffentlicher Aufmerksamkeit hungert. Die Sozialpädagogen, die Bürgerinitiativen, die Streetworker, die Kontaktbeamten, die engagierten Lehrer bleiben unsichtbar. Ihre Arbeit ist nicht eindrucksvoll.

Es dauert lange, es kostet Geduld und viele Gespräche, den einen oder anderen Jugendlichen aus einem prä-explosiven Zustand zurückzuholen, ehe er seine Kränkungswut in Molotowcocktails füllt. Das brennende Auto und die Polizei, die den Brandstifter jagt, gibt medial mehr her als die Arbeit im Jugendzentrum, im Klassenzimmer, in der Beratungsstelle für Migranten. Entsprechend werden die Mittel verteilt: Die „weichen" Experten müssen jedes Jahr um sie bangen, die „harten" können Druck machen. Der Krawall gibt ihnen mächtigen Rückenwind, um neue Polizeistellen, Überwachungskameras, Computer und Hubschrauber mit Wärmekameras zu bekommen, mit deren Hilfe sich exakt feststellen lässt, wie viele Jugendliche sich nachts auf den Straßen herumtreiben.

Gerade in der Jugend- und Migrantenarbeit, aber auch angesichts der Langzeitarbeitslosen ist eine Art Eventfinanzierung fast die Regel geworden. Wenn es irgendwo brennt, sind für kurze Zeit die Mittel da. Später müssen die in den Initiativgruppen Tätigen von Jahr zu Jahr um ihre Stellen bangen, müssen - weil gerade angesichts einer Finanzkrise ein Einstellungsstop verhängt wurde - Mehrarbeit leisten. Wenn sie es nicht schaffen, den Betrieb aufrechtzuerhalten, wird er eben eingestellt; wenn sie es schaffen, hören sie irgendwann, dass sie es ja ohne die eingesparte Stelle auch geschafft haben und das Geld einfach nicht da ist, um den zugesagten Mitarbeiter zu bezahlen.

Daher sind sich einerseits fast alle Experten in diesem Bereich darüber einig, dass prophylaktische Projektarbeit das beste ist, was wir angesichts der auf uns zukommenden Probleme durch chancenlose und nicht integrierte Gruppen in der Gesellschaft tun können. Auf der anderen Seite gibt es aber einen erschreckenden Schwund an erfahrenen Fachleuten, welche - der ewigen Unsicherheiten und Entwertungen müde - lieber etwas anderes machen als diese unsichtbare, vorbeugende Arbeit. Ähnlich angereichertem Uran erbrütet der Event sich selbst, indem er jene Haltungen erodiert, die ihn einschränken können.

Psychische Krankheit als Event:
Kaspar Hauser und der Piano-Mann

Nach einem treffenden Satz des italienischen Dichters Alessandro Manzoni rechnet die enttäuschte Erwartung gnadenlos mit den Menschen ab, die sie ohne deren Zutun in den Himmel gehoben hat.[1] Wie das funktioniert, konnten wir an einem rätselhaften Fremden studieren, der triefend nass und ohne Papiere an der britischen Küste gefunden wurde. Als er sich nicht ausweisen konnte und gegenüber der Polizei stumm blieb, wurde er in eine Nervenklinik gebracht. Und weil er einerseits sein Schweigen beibehielt, anderseits aber zu einem gerade in den Medien beliebten Mythos passte, startete eine Kampagne, angeblich um seine Identität zu klären.

In dieser Kampagne verwandelte sich der stumme junge Mann unter einem regelrechten Ansturm von Mystifizierungen und Zuschreibungen in ein Genie, einen Prinzen, ein Wunderkind, umgeben von tragischen Geheimnissen. Angeblich hatte der Verstummte, seiner selbst Beraubte, statt seinen Namen zu nennen, einen Flügel auf ein Stück Papier gemalt. In der Kapelle der Klinik setzte er sich an das Piano und gab ein zweistündiges, „klassisches Konzert", wurde berichtet. Daraus zimmerte zunächst die britische, später die europäische Boulevardpresse das Hollywood-Klischee vom Mann mit dem verlorenen Ich, der nur noch durch seine Kunst sprechen kann. War es nicht wie in dem Kinofilm „Shine - Der Weg zum Licht": Den hochmusikalischen David Helfgott zwingt sein Vater so lange ans

Klavier, bis er daran zerbricht und verrückt wird. Geläutert und geheilt kann er dann endlich wieder spielen.

Schließlich brach der Pianomann sein Schweigen. Es stellte sich heraus, dass er aus einem deutschen Dorf kam, aus einer bäuerlichen Familie. Er war kein interessanter Geisteskranker, sondern ein sozusagen ganz normal verstörter, in seinem Selbstgefühl verunsicherter Mensch, der nicht Bauer werden wollte und sich die Karriere des Künstlers, nach der sich jeder zweite deutsche Abiturient sehnt, schließlich doch nicht zutraute. Wie viele Jugendliche hatte er mit einem Keyboard musiziert und versucht, in einer Band zu spielen. Weil er sich zu Hause nicht wohl fühlte und keine Perspektive fand, ging er auf Reisen, in der Hoffnung, anderswo Menschen zu finden, die ihn aus seiner Isolation befreien könnten.

Er schlug sich in Frankreich mit Gelegenheitsjobs durch. Keine seiner Erwartungen erfüllte sich. Er geriet in einen psychotischen Zustand, reiste nach England, wollte sich ertränken, gab der Polizei ein Rätsel auf und kam wie alle Leute, mit denen die Ordnungsmächte nichts anzufangen wissen, in eine Nervenklinik.

Es ist eine ganz normale Krankheitsgeschichte, die nur durch die Illusionen der Reporter zum Event wurde. Durch ein zweites, sozusagen gegenläufiges Wunder schrumpften angesichts dieser bedrückenden Aufklärungen auch wieder die musikalischen Fertigkeiten des Pianomanns in den Medien.

Solange du dein Ich behältst und dafür Aufmerksamkeit wünschst, bleibst du ein Niemand. In dem Augenblick, in dem du die anderen überzeugst, du hättest deine Identität verloren, finden dich alle wichtig. Das historische Modell für dieses (erst in einer Mediengesellschaft mögliche) Schicksal ist Kaspar Hauser. Dieser junge Mann wies einen mysteriösen Brief vor und behauptete von sich, von Kindheit an völlig isoliert in einem Kerker aufgewachsen zu sein. Viel spricht dafür, dass Kaspar Hauser kein verfolgter Prinz war, sondern ein seelisch Gestörter, der schließlich zum „Beweis" seiner Geschichte lebensgefährliche Verletzungen inszenierte.

Wie Kaspar Hauser eine Abstammung aus dem Hochadel, wurde dem Klavierspieler eine unglaubliche Begabung zugeschrieben - solange niemand wusste, wer er wirklich war. Der entzauberte Kaspar Hauser gilt als psychisch Kranker, der mit einer Schauergeschichte über die Grenze geschoben wurde, um nicht für ihn aufkommen zu müssen. Da die Sache lange vorbei ist und ein durch Kerkerfolter gequälter Prinz interessanter ist als ein Geisteskranker, ist der Mythos von Kaspar Hauser von vielen Autoren gepflegt worden.

Der farblose junge Mann aus Waldmünchen, den monatelang niemand vermisste, wurde zum musikalischen Genie, weil der Event es so wollte. Nach den ersten Berichten in der britischen Massenpresse, von der Klinik „unschuldig" inszeniert, um die Identität des stummen Klavierspielers zu klären, meldeten sich hunderte von Lesern mit Hinweisen auf vermisste Freunde, Nachbarn oder Kollegen.

Kaum war das Geheimnis zerronnen, wurde aus dem Klavierprinzen ein Simulant, der die Ärzte betrogen hatte. Von Schadensersatzforderungen und Strafanzeigen war die Rede. So wurde der Pianomann für einen Mythos bestraft, den er nicht geschaffen hatte. Als Mensch war er nichts, als Ereignis alles.

Bis in die siebziger Jahre des vergangenen Jahrhunderts stand in Poesiealben: „Sei wie das Veilchen im Moose, / Bescheiden, sittsam und rein, / Nicht wie die stolze Rose, / Die stets nur bewundert will sein!"

Das menschliche Bedürfnis nach narzisstischer Bestätigung ist schwer zu sättigen, daher solche mahnenden Verse. In der Eventkultur verstummen sie; das Motto lautet, weniger poetisch, möglichst viel zu scheinen, weil es viel zu viel Zeit kostet, das „Sein" zu ergründen und dieses am Ende längst nicht so fesselnd ist wie der im Schnellverfahren generierte Mythos. „Ich bin der Größte" lautet das Motto, „zeige sich, wer kann, wer weiß, wann wieder jemand meine Existenz zur Kenntnis nimmt!" Die ambivalente Beziehung zum Exhibitionismus in der Eventkultur kann sich nirgends besser spiegeln als in der Geschichte von Personen, welche die Phantasie anstoßen, sie hätten eben jenes Ich verloren, das doch so kostbar ist.

Sensationstherapie

Nach der Katastrophe ist der Experte sogleich angereist. Er gibt Auskunft auf Fragen, wie sich die Opfer fühlen und fordert Traumatherapie als erste seelische Hilfe. Würde ihnen, kündet er düster, diese verweigert, müsste man mit schweren Spätfolgen rechnen.

In solchen eiligen, durch keinerlei wissenschaftliche Ergebnisse gestützten Aussagen sehen wir wieder, wie der Event in die professionellen Rollen greift und sie vereinnahmt. Statt sich kritisch vom Event zu distanzieren und aufgrund seiner professionellen Rolle das bestmögliche zu tun, lassen sich die Helfer vom Spektakulären anstecken und fügen sich einer medialen Dynamik, welche alle Beteiligten zu Objekten ihrer Ereignisvermarktung macht.

Im Zusammenhang damit gewinnen Therapie- und Beratungsformen verstärkten Zulauf, welche solche Event-Modelle bedienen. Am liebsten würden die auf dieser Welle schwimmenden Therapeuten in einer einzigen „Aufstellung" die gesamte Dynamik einer langen Lebensgeschichte zu einem dramatischen Höhepunkt führen und auflösen. Zwei Einsichten der seriösen Psychotherapie werden preisgegeben: die erste, dass die entscheidenden Veränderungen nicht durch ein einmaliges Ereignis, sondern durch einen langen Lernprozess (Freud: das „Durcharbeiten der Widerstände") entstehen, die zweite, dass eine psychotherapeutische Behandlung den Menschen nicht erlösen, sondern nur soweit kräftigen kann, dass er die Konflikte und Belastungen des Alltags bewältigt.

Eine andere Orientierung an der Eventkultur ist die oben erwähnte Traumatherapie. Sie weckt Begehrlichkeiten, an dem medialen Höhenflug zu partizipieren und die eigene Profession aus der Verborgenheit von Schweigepflicht, Diskretion und langfristiger Erfahrung herauszuholen.

Wer angehende Therapeuten in Gruppen begleitet oder in Teams gemeinsame Fallarbeit anleitet, gewinnt manchmal den Eindruck einer durch keine Tatsachen oder begründete Verdachtsmomente gestützten Gier nach der sensationellsten Dynamik. Sexueller Missbrauch,

Inzest - das muss es sein! Wo solche Neigungen nicht gemäßigt und kritisch reflektiert werden, drohen professionelle Entgleisungen, wie sie in den Entwicklungen der „Erinnerungstherapie" beschrieben wurden. Durchaus eigennützig ist es das mediale Konzept der Eventkultur, dass die Erinnerung an ein Trauma *immer* hilfreich sei. Sicher, die Reporter verlieren Material, wenn die Traumatisierten lieber nicht über das reden wollen, was sie durchgemacht haben. Die klinische Erfahrung allerdings belegt, dass es nur dann heilsam ist, traumatische Erinnerungen zu beleben, wenn das erinnernde Ich nicht mehr durch das Trauma geschwächt ist. Erst jetzt kann es verarbeiten, was es von sich fern halten musste, um nicht überfordert zu werden.

Seit den siebziger Jahren gibt es eine soziale Bewegung, welche die Traumatisierung von Frauen durch Männer akzentuiert. In diesem Zusammenhang wurde auch der Missbrauch von Kindern - vor allem Mädchen - durch Erwachsene - vor allem Männer betont. In den USA ist eine Art therapeutischer Event-Sekte entstanden, in der durch „Rückführung" Kindheitstraumen bis zur Zwangsteilnahme an einem Satanskult entdeckt werden: je böser das Trauma, desto heller der Nimbus des Therapeuten.

Anderseits haben sich auch die Angeschuldigten organisiert und dämonisieren ihrerseits jede Form von vergangenheitsbezogener Psychotherapie als Produktion von Monstern, Erinnerungsverfälschung und Verleumdung.[2] Ein Konflikt zwischen „realem" und „phantasiertem" Inzest, der sich seinerzeit allein in Freuds Forscher-Ich abspielte, spiegelt sich in dieser öffentlichen Polemik vergröbert, verschärft, eben als „Event".

In den USA haben vor allem zwei Fälle heftige Kontroversen ausgelöst. Der erste ist die Mordanklage gegen George Franklin aufgrund einer Zeugenaussage seiner Tochter Eileen Lipskin, die während einer Erinnerungstherapie „sah", wie ihr Vater vor zwanzig Jahren ihre achtjährige Freundin vergewaltigte und dann deren Schädel mit einem Stein zertrümmerte.

In dem Streit der Glaubwürdigkeits-Gutachter trug damals die Anklage einen Sieg davon; Franklin verbüßt eine lebenslängliche

Haftstrafe. Nach Aussagen der Rückführungs-Skeptiker ist der Fall dubios. Die Tochter unterschrieb bereits vor dem Prozess Buch- und Filmkontrakte über ihre Geschichte. Ihre Aussagen waren widersprüchlich und tendenziell.

Ein zweiter Fall, den Lawrence Wright dokumentiert hat, zeigt die Problematik suggestiv „gefundener" Erinnerungen noch deutlicher. Es geht um die Geschichte von Paul Ingram, einem Polizisten in Olympia im Staat Washington. Die Ingrams galten als mustergültiges Ehepaar; Pauls Frau Sandy arbeitete als Tagesmutter. Beide gehörten einer fundamentalistischen Sekte an, der „Kirche des lebenden Wassers", in der persönliche Offenbarungen kultiviert wurden. Im August 1988 nahmen die beiden Töchter der Ingrams an einer örtlichen Veranstaltung dieser Kirche teil, auf der einige ihrer Altersgenossinnen von sexuellem Missbrauch berichteten. Jetzt schuldigte auch eine der Töchter ihren Vater an; die Polizei bekam Wind davon und verhörte Paul Ingram.

Obwohl sich dieser an nichts erinnerte, bekannte er sich in Polizeiverhören schuldig, seine beiden Töchter und einen seiner Söhne unzählige Male vergewaltigt zu haben. Selbst als sich die Anklagen der ersten und später auch der zweiten Tochter ins Groteske steigerten, bemühte sich Paul Ingram, mitzuhalten. In Hypnose „erinnerte" er sich, die Mädchen an ganze Pokerrunden verkuppelt zu haben, sie und seine Frau grausam misshandelt und zum Geschlechtsverkehr mit Hunden und Ziegen gezwungen zu haben. Schließlich gestand er auch noch, er habe einen Satanskult organisiert und unzählige Säuglinge in kannibalischen Riten gemordet.

Keinem der an den Geständnissen der Mädchen und des Vaters beteiligten Experten fiel auf, wie sehr alle diese Geschichten triviale Phantasien über eine verteufelte Sexualität ausdrückten. Der Sozialpsychologe Richard Ofshe, der Paul Ingram ebenfalls verhören konnte, stellt fest, wie leicht es war, ihn dazu zu bringen, sich an eine von Ofshe vorgegebene Szene zu „erinnern". [3]

Erstaunlich ist, wie alles Wissen über Suggestibilität und erotische Phantasie *im Jahr 1988* aus dem Bewusstsein von Akademikern verschwinden kann, während Polizeibeamte ernstlich nachgrübeln, ob sie - ohne davon zu wissen - an einem Satanskult teilgenommen haben. Denn eine von Ingrams Töchtern klagte auch die Kollegen - zum Teil die Männer, welche ihren Vater „überführt" hatten - der Reihenvergewaltigung an.

Was wir gerne als Hexenwahn dem Mittelalter zuordnen, war historisch gesehen der Eintritt in die Neuzeit. Ähnliche Ereignisse haben uns nicht mehr verlassen. Es ist eine Illusion, anzunehmen, dass die Zeit der Hexenjagden vorbei ist, im Gegenteil: Durch das leidenschaftliche Interesse der Medien an solchem Stoff werden sie gesteigert und multipliziert. Ingram wurde schließlich zu zwanzig Jahren Haft verurteilt, weil das Gericht die Anklagepunkte des Kindsmissbrauchs für erwiesen ansah; die restlichen (Selbst)anklagen wurden nicht verfolgt, obwohl der Wahnsinn damals weitere Kreise zog. Einige der als Teilnehmer an satanischen Riten Angeschuldigten kamen für kurze Zeit in Haft. Ingrams Frau Sandy ist Presseberichten zufolge nach wie vor überzeugt, eine heimliche Satanistin zu sein; sie hat einen anderen Namen angenommen und ist umgezogen, ebenso die einzige Tochter Ingrams, die noch in ihrem Geburtsort lebt.

Während die wissenschaftliche Beschäftigung mit dem Unbewussten fordert, Suggestionen strikt zu vermeiden, dominieren diese in den populären Konzeptionen[4] des „Unterbewussten", der „Tiefenschicht", in der sich die Monster räkeln. Amerikanische Kritiker der „wiedergewonnenen Erinnerungen" haben inzwischen eruiert, dass mindestens fünfzehn Prozent der Personen, die verlorene Kindheitstraumen „wiederfinden", von der Teilnahme an einem Satanskult berichten. Obwohl es keine Beweise für solche Riten gibt, sind sie ein sehr beliebtes Thema der Medien. Auch einige der auf die Rückgewinnung von traumatischen Erinnerungen spezialisierte Therapeuten glauben an ihre Existenz. In einem Zirkelschluss wird behauptet, dass Teilnahme an satanischen Riten eine zentrale Ursache der „Persönlichkeitsspaltung" oder der „multiplen Persönlichkeit" sei.

Seit die ersten Schadensersatzprozesse wegen falscher Inzestanklagen von den betroffenen Eltern gewonnen wurden, sind die Vertreter der Gedächtnisrekonstruktion vorsichtiger geworden. Besonnen sind auch die Gegner der „recovery"-Therapie, wie Frederic Crews, Elizabeth Loftus und Mark Pendergast nicht. Unbewusste Bilder sollen, wenn es nach den Sprechern dieser Kontroverse geht, entweder immer Humbug oder immer wahr sein. Besonnenheit und der Versuch, menschliche Verstrickungen geduldig aufzudröseln, bleiben auf der Strecke. Die Situation bestätigt das Sprichwort, wonach in jedem Krieg die Wahrheit das erste Opfer auf dem Schlachtfeld ist.

Mit der Politisierung von familiären Tragödien ist es fast unmöglich geworden, Inzestanschuldigungen kritisch zu prüfen. Der Kult des verdrängten Missbrauchs hat inzwischen dazu geführt, dass von Feministinnen ex cathedra verkündet wird, jede zweite Frau sei „Überlebende" sexuellen Missbrauchs; umgekehrt wird von den Gegnern der Erinnerungszauberei selbst ein Skeptiker wie Freud unter die Scharlatane gezählt.

In einem Rechtsstaat sind Polizei und Justiz für die Abwehr von Traumatisierungen zuständig. Sie erfüllen diese Aufgabe ähnlich wie die moderne Medizin: Miserable Prophylaxe, hochtechnisierte Behandlung. Die Missbrauchsdiskussion signalisiert, wie die Eventkultur den Umgang der psychosozialen Helfer mit dem Trauma einfärbt. Die Professionellen schwanken, ob sie sich der Attraktivität des in der Eventkultur vorherrschenden Täter-Opfer-Schemas hingeben sollen oder davon distanzieren dürfen.

Es scheint schwierig geworden zu sein, eine interaktionelle Wahrheitsfindung anzustreben und einen Beratungsprozess einzuleiten, in dem Opfer und Täter miteinander aushandeln und sich darüber einigen können, was geschehen ist. Es geht darum, zu differenzieren und zu entdecken, dass jede Lösung unvollkommen ist, dass es aber immer auch möglich ist, bessere Lösungen zu entwickeln, wenn man bereit ist, Grenzen und Fragwürdigkeiten des eigenen Standpunktes zuzulassen. Diese Möglichkeiten gehen angesichts einer Traumatisierung oft verloren.

Zweifellos werden Menschen, die in einem Tsunami Angehörige verloren haben, seelisch traumatisiert sein. Einige von ihnen werden bleibende Schäden davontragen. Kein Traumatherapeut der Welt kann mit irgendeiner Technik ihre seelischen Verletzungen so behandeln, dass sie „geheilt" sind. Wer durch die Ankündigung von Spätschäden bei den Unbehandelten indirekt verspricht, durch seine Behandlung solche Schäden verhindern zu können, ist ein Scharlatan.

Frisch Traumatisierten ist geholfen, so gut es eben geht, wenn sie auf Menschen treffen, die sie unterstützen, ihr Vertrauen in die Sicherheit der Welt wiederzufinden. Jeder Katastrophenhelfer kann und soll diese Form der Zuwendung geben, er tut es in den meisten Fällen spontan. Es führt zu nichts Gutem, wenn er sich zurücknimmt und wartet, bis der Traumatherapeut kommt. Das wirkt auf mich wie der Kommentar der (unbeliebten) Psychologin zur (beliebten) Schwesternschülerin im Krankenhaus: Diese *quatsche* ja nur mit den Bettlägrigen, sie aber biete professionell geführte Gespräche an.

In „traumanahen" Berufen, bei Polizei und Feuerwehr, hat es problematische Folgen, wenn die Vorgesetzten und Kollegen nicht mehr, wie es früher selbstverständlich war, einem seelisch traumatisierten Gruppenmitglied beistehen, sondern diese Aufgabe an einen Spezialisten delegieren. Damit wird die Zuwendung zu einem belasteten, gestressten Menschen etwas, das nicht jeder Kamerad „kann". So machen die Betroffenen unter Umständen einen schlechten Tausch. Der Umgang mit psychischen Belastungen fällt aus dem Alltagsverständnis der Arbeit heraus, er gehört nicht mehr zu dem, was erfahrene Profis sich angeeignet haben, die Gruppenkultur verarmt um diese Elemente.

Schon immer haben Menschen Traumen überwunden, sich von Katastrophen erholt, sich damit abgefunden, dass das Leben auch in Ruinen und neben Leichen weitergeht. Andrerseits sind schon immer Menschen seelisch an solchen Ereignissen zerbrochen. In Zeiten schlechter medizinischer Versorgung starb meist schnell, wer sich nach einer Katastrophe seinem posttraumatischen Stress hingab; er fiel mit versagender Abwehr einer Seuche zum Opfer oder verhungerte, weil er keine Initiative entfaltete. Die Gemeinschaft bewältigte das Trauma oder scheiterte daran - die Familie, die Feuerwehrmannschaft, die Nachbarn, die Kameraden, Freunde und Freundinnen.

Der mit akuten seelischen Traumatisierungen befasste Therapeut gerät in Versuchung, durch spezialisierte Techniken das eigene Mitfühlen abzuwehren. Wenn er darauf verzichten kann, vermag er auch den Gedanken nicht abzuweisen, dass seine Dienstleistung nicht auf Techniken beruht, von denen Nicht-Spezialisten keine Ahnung haben. Dem steht sein eigenes Bedürfnis im Weg, mit seiner Intervention am großen Event teilzuhaben. Es veranlasst den Traumatherapeuten, Teil der Eventkultur zu werden. Er behandelt dann nicht mehr traumatisierte Menschen, sondern partizipiert an der Sensationslust von Eventkonsumenten.

In den Amateurvideos, die schon kurz nach den Tsunamis auf den Markt kamen und auch oft im Fernsehen gezeigt wurden, ist diese falsche Einfühlung zu greifen. Da wird der Frau, die mit einem von Schock gezeichneten Gesicht und leeren Augen gerade noch die rettende Treppe erreicht hat, die Kamera vors Gesicht gehalten. Sie soll doch bitte sagen, was sie jetzt empfindet!

Immer dann, wenn sich Therapeuten angesichts von Event-Patienten engagieren, droht die Dynamik, welche in dem Beispiel vom ungläubigen Versicherungsvertreter erfasst ist, der schwer erkrankt ist, worauf ihm seine Angehörigen den Rabbi schicken, um ihn zu bekehren. Lange reden die beiden hinter verschlossenen Türen - dann geht der Rabbi versichert fort.

Das heißt, dass die Therapeuten nicht den Event-„Patienten" in ihr therapeutisches System bringen, sondern dieser umgekehrt sie zu einem Teil „seines" Events macht. Ein Beispiel aus jüngster Zeit sind die von Angelika Holderberg herausgegebenen Betrachtungen über „traumatherapeutische" Gespräche mit haftentlassenen deutschen Terroristen (RAF und Bewegung 2. Juni). Bereits der Titel verrät, wie stark die Legitimationsbedürfnisse der Terroristen die psychologische Perspektive dominiert haben: „Nach dem bewaffneten Kampf". Auch im Text gelingt es den früheren „Kämpfern", die Psychotherapeuten mehr oder weniger kaltzustellen und ihre „Folter" durch Isolationshaft als Thema durchzusetzen, dem gegenüber die kriminellen Aspekte ihrer Vergangenheit zurückzutreten haben. Bereits in der Struktur der Situation zeigt sich, dass die Terroristen eine Sonderrolle beanspruchen. Die Therapeuten müssen sich entprofessionalisieren und unentgeltliche Bürgerarbeit leisten.

Der Event und die langfristige Lösung

Ein Drogensüchtiger verbirgt die Leiche seines ermordeten Sohnes im Kühlschrank. Das Jugendamt hat von der „Problemfamilie" gewusst; der kleine Kevin wurde mehrmals vorübergehend in einem Heim untergebracht, kam dann aber doch zum Vater zurück.

Angesichts der Alkoholiker im Straßenverkehr reagiert die Gesellschaft realistisch; angesichts der alkoholkranken Eltern idealistisch, nach dem Motto: Es darf doch nicht wahr sein! Darüber hinaus sind die Entscheidungen der Gerichte und der Politik stark von den jeweils aktuellen Events bestimmt: Nach einem Ereignis wie Kevins Tod wird eine Weile wieder stärker zugunsten des Kindswohls entschieden, bis ein anderer Event (Schlagzeile: Trauernde Mutter: „Das Jugendamt hat mir meine Kinder weggenommen!") die Tendenzwende einläutet.

Eine durchschnittlich gute Familie ist besser als ihr durchschnittlich guter Ersatz wie Heim, Pflege oder Adoption. Aber jeder durchschnittlich gute Ersatz ist besser als ungeeignete Eltern. Elternschaft verlangt gewiss nicht weniger Sorgfalt als die Teilnahme am Straßenverkehr.

Wenn diese chronische Problematik in einem Todesfall eskaliert, ist der Medienevent geschaffen. Hochrangige Politiker bekunden ihr Entsetzen und fordern, Gesetze zu verschärfen, gar die Verfassung zu ergänzen. Es werden neue Stellen für Sozialarbeiter zugesagt. Das steht groß in der Presse, während nur die Betroffenen selbst mitbekommen, dass eben diese Stellen nach einem halben Jahr wieder eingespart werden. Das ist schließlich keine Meldung, welche die Massen mobilisiert.

Die mit der praktischen Arbeit betrauten Sozialpädagogen in den Jugendämtern, die Kinderärzte und Psychologen in den Kliniken, die

Ehrenamtlichen im Kinderschutzbund erleben einen chronischen Mangel an Respekt vor ihrer Kompetenz, an sicheren finanziellen Mitteln, um Kinder dauerhaft aus einer Misere zu befreien. Bei vielen von ihnen dominiert das Gefühl, dass sie sich in vermintem Gelände bewegen. Die Eventkultur wechselt ihre Favoriten launenhaft: Bald ist das Jugendamt zu lax, weil es Kinder zu lange bei ungeeigneten Eltern gelassen hat; bald ist es eine dünkelhafte, eingebildete Behörde, die aus nichtigem Anlass Kinder liebenden Müttern entreißt.

Ein Kleinkind wird mit verbrühtem Arm in die Notaufnahme gebracht. Die Mutter erzählt eine Geschichte von einem umgestürzten Wasserkessel, die so nicht stimmen kann. Viel besser passt zu dem Verletzungsbild der Verdacht, dass der Zweijährige sadistisch „bestraft" wurde. Die alleinerziehende Mutter mit einer Vorgeschichte von Selbstverletzungen und Drogenabhängigkeit bestreitet vehement jede Andeutung, sie könne überfordert sein. Ihr Vater verständigt sofort einen Anwalt, als sie mit dem Verdacht der Ärzte konfrontiert wird. Der Familienrichter liest die Akten und weist den Antrag auf Entzug des Aufenthaltsbestimmungsrechtes ab. Es gebe keine Beweise. Er entscheidet, so vermuten die Experten, nicht nach der Sachlage, sondern nach dem Prinzip der größtmöglichen Vermeidung eines negativen Events.

Endkontrolle beim Verbraucher

Um zu illustrieren, wie Veränderungen in der Event-Gesellschaft „reguliert" werden, schildere ich ein Gespräch am Rand einer Balint-Gruppe für Berater. Zunächst erzählte eine Kollegin über ein banales Ereignis. Sie hatte für ihre Praxis einen neuen Anrufbeantworter gebraucht. Der alte, mit einem Tonband ausgerüstet, hatte lange seinen Dienst getan und war jetzt kaputt; die Firma, die ihn hergestellt hatte, gab es nicht mehr.

Der neue Anrufbeantworter war ein smartes Kästchen mit dicker Anleitung. Er konnte zehnmal mehr, als eine Ansage zu machen und eine Nachricht aufzuzeichnen. Nach einigem Bemühen gelang es auch, ihn zu programmieren. Aber die Stimmaufzeichnung war unverständlich. So trug die Käuferin das Gerät zurück in das Kaufhaus und beklagte sich. Der Verkäufer war sofort bereit, den Apparat zurückzunehmen und ihr einen neuen auszuhändigen. „Das finde ich sehr entgegenkommend", sagte sie. „Das ist doch wirklich ein kulanter Hersteller!"

„Denken Sie das nicht", sagte der Verkäufer. „Es ist nur so, dass sich diese Firma seit Jahren die Endkontrolle spart. Sie bauen die Chips zusammen. Das wars dann auch. Wenn etwas nicht funktioniert, wird sich der Kunde schon melden. Bei Ihnen haben die einen defekten Sprachchip montiert. Sie müssen auch nicht glauben, dass da etwas repariert wird. Es ist nur die korrekte Art, elektronischen Müll zu entsorgen."

„Das erinnert mich an uns", sagt eine leitende Mitarbeiterin eines großen städtischen Krankenhauses, das vor fünf Jahren in eine GmbH umgewandelt worden war. „Man sollte doch glauben, dass ein solcher Prozess irgendwann einmal aufhört und man wieder weiß, in welchem Rahmen man arbeitet, wie die Strukturen sind, wer wohin gehört. Aber das ist überhaupt nicht so. Jeden Monat kommen neue Schreiben vom Geschäftsführer mit neuen Plänen, was alles neu organisiert werden soll, weil die letzte Neuorganisation wieder nicht funktioniert.

Er redet dann immer davon, es gehe um Effizienz, Qualität, Ökonomie. Neulich hat er gesagt, bei uns fressen nicht die Guten die Schlechten, sondern die Schnellen die Langsamen. Niemand scheint daran zu denken, was es uns kostet, diese Unruhe auszuhalten, wie viele ausbrennen und krank werden. Es gibt Mitarbeiterinnen, die haben im letzten halben Jahr viermal das Büro gewechselt, es gibt Teams, in denen binnen Jahresfrist alle Mitglieder gekündigt haben oder versetzt worden sind."

„Nehmen wir Hartz 4", sagt die Dozentin in einem Weiterbildungsinstitut. „Ich will die Frage nach der Moral dahinter weglassen. Aber diese technische Blamage! Dieser Zwang zu ständigem Nachbessern! Man sollte doch meinen, dass Experten die Probleme voraussehen

können, die durch ihre Gesetze entstehen. Da arbeiten viele hoch-
qualifizierte Leute monatelang. Aber keiner macht die Endkontrolle, überblickt, ob das Ganze funktioniert.

Das Gesetz wird zusammengebaut und ungeprüft auf den Verbrau-
cher losgelassen. Die Bürger werden schon reklamieren, wenn es nicht
in Ordnung ist, nachbessern kann man immer. Wie viel Kraft und
Geld das kostet, kümmert diese Leute doch nicht! Es ist ja nicht ihre
Kraft, nicht ihr Geld. Es ist eigentlich noch schlimmer als beim Anrufbeantworter: Da kann ich wenigstens bei einer anderen Firma ein-
kaufen. Aber wer kann schon auswandern? Und würde er es anderswo besser treffen?"

Gegenkräfte zur Eventkultur

Professionelle und wissenschaftliche Diskurse widersprechen der
Eventkultur umso mehr, je stärker sie differenzieren. Natürlich wird
sich ein guter Wissenschaftsjournalist bemühen, auch einen komplexen Sachzusammenhang nicht über Gebühr zu vereinfachen. Aber die
Erfahrung lehrt, dass sich im Zweifelsfall auch die so genannten „anspruchsvollen" Medien eher für den Event, für eine schnelle, eingän-
gige und emotional ansprechende Darstellung entscheiden, nicht für
kritische Distanz und ein abwägendes Urteil.

Wenn das aktuelle Ereignis ein unter massiver Vernachlässigung
verstorbenes Kind ist, werden auch die „kritischen" Medien vor allem über eine sorgfältigere Kontrolle und geeignete Gesetze zur
Vermeidung künftiger Ereignisse berichten, nicht über die Ambivalenz der Situation. Vor allem wird die Eventkultur von den Medien
niemals so weit in Frage gestellt, dass diese beispielsweise eine eigene Mitschuld erkennen. Sie werden sich niemals daran erinnern, dass
durch die früheren Berichte über arme, ungerecht beraubte Eltern
Sozialpädagogen und Gerichte abgeschreckt wurden, energisch und
rechtzeitig dafür zu sorgen, dass beispielsweise suchtkranken Eltern
nicht nur der Führerschein, sondern auch das Sorgerecht abgespro-
chen wird.

Gegenwärtig erscheint mir die Gefahr nicht mehr von der Hand zu weisen, dass nicht mehr die Wissenschaft und die mit ihr zusammenhängende (aber nicht identische) Professionalität gegen die Auswüchse der Eventkultur steuert, sondern umgekehrt der Event nach der Wissenschaft greift und ihre kritischen Diskurse deformiert. Längst schielen Wissenschaftler nach den Massenmedien, kopieren Universitäten die merkwürdigen Rangordnungen und Rituale, mit denen etwa in populären Magazinen der „beste Arzt" Deutschlands gefunden werden soll.

Wenn ein Chirurg den Kopf eines Schimpansen verpflanzt und mit dem Bekunden an die Medien herantritt, er könne und werde das demnächst bei einem Menschen tun, möchte er vermutlich Sponsorengelder gewinnen. Die geklonten Säugetiere haben sich zum Teil als wissenschaftlicher Schwindel und daher als Doppel-Event (zuerst die Sensation, dann der Betrug) entpuppt.

Kritische Physiker vermuten, dass die Fusions-Reaktoren, deren Bau und Erprobung seit Jahrzehnten sehr viel Forschungsgelder verschlingt, niemals funktionieren werden. Für ihre These spricht, dass bisher keine einzige der von den interessierten Forschern geäußerten Prognosen zutraf. Auch hier orientieren sich nicht nur die Medien am versprochenen Event und verzeihen den „Irrtum" rasch, während sich eine kleine Gruppe interessierter Forscher dadurch legitimiert fühlt, dass auf diese Weise wenigstens die Grundlagenforschung vorangetrieben wird.

Der Event dominiert dort über die Realität, wo es um spektakuläre Parteinahme und politischen Machtgewinn geht. In kritischen professionellen Zusammenhängen ist ein Beschuldigter oder Angeklagter kein Täter. In der Hitze des Events geht dieser Unterschied auch bei Therapeuten oder Pädagogen verloren. Dann werden Verdächtige wie Verbrecher behandelt; wer nicht mitmachen will, gilt als Parteigänger des Bösen, als Tätersprecher, der das Opfer ein zweites Mal verletzt, weil er auf einer Klärung der Sachverhalte besteht.

Insgesamt müssen wir davon ausgehen, dass die Eventkultur dort weniger Schaden anrichtet, wo Zirkus am Platz ist und die Beteiligten fit und frei genug sind, entweder selbst auf dem Hochseil zu tanzen oder doch solche Tänze zu genießen. Diese Möglichkeiten sind im psychosozialen Feld nicht vorauszusetzen. Hier geht es oft um Menschen, die nicht fit sind, sich für eine Spaßgesellschaft wenig eignen und sich eher an ihrem Rand aufhalten.

Sie werden zur Vorweihnachtzeit in ergreifenden Berichten in das Licht der Scheinwerfer gestellt, in dem sie sich weder wohl fühlen noch länger aufhalten. Sie benötigen eine unspektakuläre, kontinuierliche Fürsorge, Pflege, Betreuung, ein Interesse, das ihnen oft gerade deshalb nicht zuteil wird, weil es soviel (Pseudo-)Interessantes in der Eventkultur gibt. Die zahllosen nach Aufmerksamkeit quengelnden und auf sie hin störenden Kinder, welche Erzieherinnen und Lehrerinnen das Leben schwer machen, symbolisieren das narzisstische Basis-Defizit einer Welt, in der - Ausnahmen entkräften die Regel nicht - ein Mensch auf dem Bildschirm interessanter und wichtiger ist als ein Mensch in Fleisch und Blut.

Folgerungen für die psychosoziale Arbeit

Wer Menschen betreut und pflegt, die auf Hilfe angewiesen sind, bleibt von der Eventkultur ausgeschlossen. Das hat keineswegs nur Nachteile, wie jene glauben mögen, die nur den Gewinn einer manischen Abwehr sehen und nicht auch ihre gravierenden Nachteile. Solange diese Abwehr gelingt, scheinen alle Probleme wie weggezaubert; es gibt nichts, was dem erfüllten Augenblick im Weg steht. Aber nach dem Event ist die im Event verdrängte innere Leere doppelt unerträglich, weil das berauschte Ich glauben wollte, sie sei für immer besiegt. Für alle Formen der manischen Abwehr gilt, was wir schon lange über die Sucht nach euphorisierenden Rauschgiften wissen: Der Kater erzwingt die neue Dosis; die Sehnsucht nach einem ebenso großen Vergessen wie dem ersten erzwingt die gesteigerte Dosis.

Von solchen Einbrüchen bleibt der psychosoziale Helfer in seiner Arbeit so gut verschont wie vom Höhenflug in die Omnipotenz - so

157

lange er seine Arbeit professionell disziplinieren und entwickeln kann. Das wird allerdings angesichts der Sirenengesänge der Eventkultur schwierig. So häufen sich Berichte über Helfer-Entgleisungen. Der sexuelle Missbrauch von Patientinnen ist so häufig geworden, dass ein eigenes Gesetz geschaffen wurde, um ihn einzuschränken. Die sexuelle Beziehung ist der Event schlechthin; wenn sie über Struktur und Disziplin triumphiert, meinen die Verstrickten vielleicht nichts anderes zu tun als das, was alle machen, die sich in einem Ereignis auflösen und über ihm alles andere vergessen wollen.

Freud hat diese Gefahr für eine so seltene und widersinnige gehalten, dass er sich eher über sie lustig macht und den Therapeuten, der die hohen Ziele der Analyse seiner Triebhaftigkeit opfert, mit einem Spaßvogel vergleicht, der nicht weiß, worum es geht. „Er darf nicht die Szene des Hundewettrennens mit ihr aufführen, bei dem ein Kranz von Würsten als Preis ausgesetzt ist, und das ein Spaßvogel verdirbt, indem er eine einzelne Wurst in die Rennbahn wirft. Über die fallen die Hunde her und vergessen das Wettrennen und den in der Ferne winkenden Kranz für den Sieger."[5] Freud spricht ausdrücklich von der Gefahr, „Technik und ärztliche Aufgabe über ein schönes Erlebnis zu vergessen".

Eine andere Entgleisung, die in der Eventgesellschaft häufiger wird, ist die Tötung schwerkranker Schutzbefohlener durch eine Pflegeperson. Diese glaubt meist, aus Mitleid zu handeln, aber sie unterscheidet nicht zwischen Selbstmitleid und dem Mitgefühl, das einem Schützling gebührt. Das Selbstmitleid zerstört die Haltungen und professionellen Strukturen, welche für die Betreuung Hilfloser notwendig sind.

Der Tod ist ein dramatisches Ende, eine „Erlösung", über die zu verfügen Bedürfnisse spiegelt, die auch in der Eventkultur befriedigt werden. Die Eventgesellschaft löst die menschliche Leidensfähigkeit und Geduld auf wie der saure Regen die Heiligenfiguren gotischer Kathedralen. Sexueller Missbrauch, Tötung Schutzbefohlener, Amoklauf und Selbstmordattentat haben in dieser Hinsicht ähnliche Qualitäten: Das einzelne Erlebnis, das Ereignis, durch das alles andere ausgelöscht wird, verselbständigt sich auf Kosten der Realitätsorientierung.

Verschleiert wird in der Eventkultur, dass die große Mehrzahl schneller und eindrucksvoller Veränderungen destruktiv ist. Bei einem Unfall, einer Prügelei kann blitzschnell etwas zerstört werden, das sich entweder gar nicht mehr oder nur in einem sehr langsamen, Wochen oder Jahre währenden Prozess wiederherstellen lässt.

Die eindrucksvolle Veränderung in kürzester Zeit ist vom Geist der Eventkultur erfüllt; der Heilungsprozess ist uninteressant, langweilig und mühsam. Diese Welt des Langweiligen und Mühsamen ist unverzichtbar für Pädagogik und Therapie. Wer sich nicht in sie wagt und deshalb Abstand von der Eventkultur gewinnt, wird Wesentliches nicht erreichen.

Pädagogen und Therapeuten stehen heute immer wieder vor Situationen, in denen ihre Klienten von ihnen verlangen, „schneller" zu sein. Der von der Eventkultur inspirierte Patient ist ehrlich entsetzt, wenn er von seinem Analytiker erfährt, dass die Behandlung länger dauern wird als ein Monat.[6] Der Schüler wird immer wieder versuchen, seinem Lehrer den Trick abzuluchsen, wie er ohne Vokabellernen eine Fremdsprache oder ohne Üben ein Musikinstrument beherrschen kann. Im Fernsehen oder im Computerspiel geht es schließlich auch immer schnell.

Aber das eigentliche Problem ist nicht der Klient, es ist der Helfer. Er steht in solchen Situationen vor der Wahl, seinen eigenen Event zu generieren oder seine professionelle Haltung zu bewahren. Der Event, den er gestalten kann, ist das negative und abschließende Urteil über einen ungeeigneten Klienten, der nicht in das Arbeitsfeld eines anspruchsvollen Experten gehört. Ähnlich scheint es mir eine wichtige Aufgabe, die Eventkultur weder zu ignorieren noch zu dämonisieren, sondern angesichts ihrer Sirenengesänge die eigene professionelle Haltung zu festigen und genau jene Haltungen zu stärken, die in ihr fehlen: Differenzierung, Ausdauer, Geduld, Selbstkritik, Distanz und Humor.

Anmerkungen

1 Alessandro Manzoni, I Promessi Sposi, Milano 1851
2 Loftus, E., Ketcham, K., The Myth of Repressed Memory: False Memories and Allegations of Sexual Abuse, St. Martins, 1994. Vgl. auch Frederick Crews, The New York Review of books 19/1994, S.54 f. Crews nennt eine Schätzung von einer Million auf diese Weise „überzeugten" Inzestopfern in den USA seit dem Jahr 1988 „a conservative guess".
3 Lawrence Wright, Remembering Satan, New York (Knopf) 1994.
4 Ellen Bass, Laura Davis, The Courage to Heal: A Guide for Women Survivors of Child Sexual Abuse, New York (Harper Perennial) 1992. F. Crews, The Revenge of the Repressed, The New York Review of Books Dec.I. 1994, S.49
5 S. Freud, Bemerkungen über die Übertragungsliebe, Ges.W. X, S.318
6 Ein dreißigjähriger Mann leidet unter der Zwangsvorstellung, sein Penis sei zu klein. Er hat, ehe er eine Psychologin konsultierte, bei einem ausländischen Chirurgen aufgrund einer Anzeige in einer Illustrierten sein Glied operativ vergrößern lassen und dafür zehntausend Euro bezahlt; sein Sexualleben ist aber nicht befriedigender geworden. Er möchte jetzt psychotherapeutisch behandelt werden.

Literatur:

Bass, Ellen und Laura Davis, The Courage to Heal: A Guide for Women Survivors of Child Sexual Abuse, New York (Harper Perennial) 1992

Crews, F. The Revenge of the Repressed, The New York Review of Books Dec.I. 1994, S.49

Freud, S. Bemerkungen über die Übertragungsliebe, Ges.W. X

Holderberg, A., Nach dem bewaffneten Kampf. Göttingen (Psychosozial) 2007

Kutter, P. Das direkte und indirekte Spiegelphänomen, in: Pühl,H.(Hg.) , Handbuch der Supervision 2, Berlin 2000 (Spiess), S. 291-302

Loftus, E., Ketcham, K., The Myth of Repressed Memory: False Memories and Allegations of Sexual Abuse, St. Martins, 1994.

Schmidbauer, W., Wenn Helfer Fehler machen. Reinbek (Rowohlt) 1998

Ders., Die menschliche Bombe. Eine Psychologie des neuen Terrorismus, Reinbek (Rowohlt) 2003

Ders., Therapy on Demand. Narzisstische Störung und bedarfsorientierte Therapie, Düsseldorf (Walter) 2005

Wright, Lawrence, Remembering Satan, New York (Knopf) 1994

Klaus Ottomeyer

Event und Trauma

Mit Dank an Helga Mracnikar

Wenn man als Psychotherapeut mit traumatisierten Menschen arbeitet, insbesondere mit solchen aus Kriegsgebieten, in denen gefoltert und gemordet wird, bekommt man regelmäßig einen Groll auf die Eventkultur der westlichen Industrienationen, der teilweise berechtigt ist und teilweise nicht. Wir stoßen immer wieder auf phänomenale Abwehrleistungen der Umwelt, von Mitbürgern, von Asyl- und sonstigen Beamten, welche die Realität des Traumatischen in der Welt einfach nicht wahrhaben wollen.

Vor einige Zeit habe ich ein Ehepaar aus Tschetschenien therapeutisch begleitet, welches bei uns um Asyl ansuchte und mehrere Kinder hatte, um die beide Eltern sich große Sorgen machten. Ein Mädchen hatte massive traumatische Erfahrungen gemacht. Die Eltern schickten es in unsere Einrichtung, weil es in Alpträumen, immer wieder erlebte, wie eine kleine Freundin nach einem Bombardement in seinen Armen starb. Herr B. wollte zunächst keine Hilfe für sich. Es fiel auf, dass er lauter künstliche Zähne im Mund hat. In einer Krisensituation wollte er es dann doch mit einigen psychologischen oder therapeutischen Gesprächen versuchen. Er war in Tschetschenien ein Menschenrechtsaktivist gewesen, hatte Leichen von Entführten aus seinem Dorf gesucht, die dann manchmal halb verwest in Plastiksäcken gefunden wurden, wurde schließlich selbst festgenommen und kam später gegen Lösegeld wieder frei. Obwohl er traurig und verzweifelt wirkte, hielt er sich selbst nicht für traumatisiert und sagte: „Ich wurde ja nicht gefoltert, andere sind gefoltert worden." Als ich ihn bitte, trotzdem zu erzählen, was er in den Tagen der Haft erlebt hat, erzählt er von den Schlägen, bei denen er fast alle Vorderzähne verlor. Für einen tschetschenischen Mann ist das offenbar noch keine Folter, nach unseren Maßstäben ist es natürlich Folter. Außerdem wurde ihm Vergewaltigung angedroht. Als Herr B. sehr stockend schildert, wie die russischen Soldaten oder Polizisten ihn damit quälen, dass sie (die dann doch nicht durchgeführte) Vergewaltigung sadistisch vorbereiten, verliert meine ukrainische Dolmetscherin die Fassung. Wir alle müssen uns etwas beruhigen, indem wir eine Pause machen und einen Tee trinken. - Etwas später stoße ich auf die negativen Asylbescheide erster Instanz für das Ehepaar. Im Bescheid für Frau B. formuliert der Beamte des Asylamtes:

> „Gegen eine Verfolgung spricht auch noch das ordentlich sanierte Gebiss des Gatten der Asylwerberin. Jemand, der ständig in Angst vor Verfolgung und neuerlicher Misshandlung lebt und bereits seine Flucht vorbereitet, würde doch kaum vor der Ausreise noch neue Goldzähne einsetzen lassen (ob die Goldzähne echt oder Imitation sind, ist dabei unerheblich)."

Was soll man dazu sagen? - Der letzte Halbsatz in der Klammer deutet an, dass der Beamte von vornherein Herrn B. als jemanden sieht, an dem einiges nicht echt ist, als einen, der etwas vortäuscht, „imitiert". Ich konnte nicht anders, als an die zweite Instanz im Asylverfahren einen „Befundbericht" zu schicken, der aus psychotherapeutischer Sicht die Glaubwürdigkeit von Herrn B. betonte: Jemand, der erst auf Aufforderung von der Folter berichtet und unter Hinweis darauf, dass es anderen viel schlimmer gegangen ist, sei nach allem, was wir über die Glaubwürdigkeit der Aussagen von traumatisierten Flüchtlingen wissen, sehr glaubwürdig. Ich verwies auf die bekannte (bzw. in Österreich nicht bekannte) Fachliteratur. Aber auch in der zweiten Instanz bekam Familie B. beträchtliche Schwierigkeiten. Nun wollte man ihnen nicht glauben, dass sie Tschetschenen sind. Dabei waren sie bestens in der lokalen tschetschenischen Exilgemeinde integriert. Geschichten dieser Art erleben wir leider alle paar Wochen.

Warum kommt es zu solchen grotesken Abwehrleistungen? - Etwas von dem ungläubigen Beamten gibt es in uns allen. Es geht um den Versuch, den Glauben in eine heile Welt, in der wir einen sicheren Platz haben und einen gewissen Spaß haben dürfen, zu verteidigen. Die Abwehr- oder Verleugnungsreflexe sind dabei weitgehend unbewusst. Sie beruhen auf massiven Ängsten. Drei dieser Ängste lassen sich unterscheiden.

Die erste Angst ist eine Psychoseangst, die Angst vor einem psychotischen Kosmos, der uns ergreifen könnte. Extreme Traumatisierungen sind ein Wirklichkeit gewordener Albtraum, der, wenn wir mit ihm in Kontakt kommen oder gar in ihn hineingeraten, unser Urvertrauen in die Welt zutiefst erschüttert.

Ein gewisses Urvertrauen oder Grundvertrauen brauchen Menschenkinder, um aufzuwachsen und Erwachsene, um in ihrem Alltag zu funktionieren. Wenn ein Kind in einem Märchen hört, dass Menschen gebraten werden sollen oder dass es ein „Mädchen ohne Hände" gibt (z.B. bei den Gebrüdern Grimm), oder wenn es zufällig Bilder aus einem Horrorfilm mit Folterszenen sieht, danach nicht schlafen kann und fragt, ob solche Dinge ihm und Familienmitgliedern auch passieren können, dann wird jede vernünftige Mutter das Kind beruhigen. Sie sagt etwas wie: Nein, Du brauchst keine Angst haben, Gartentor und Haustüre sind abgeschlossen, Papa ist stark und unser Hund passt auf uns auf. So wachsen wir heran. Eine Mutter, die einem Kind an dieser Stelle erzählt, dass nur einige Flugstunden entfernt, in Sierra Leone zum Beispiel, tatsächlich viele tausend Kinder mit abgehackten Händen herumlaufen, wäre schon ziemlich gestört. Wir lernen die Welt aufzuspalten in eine gute, vertrauenswürdige Welt, die um uns herum ist, und in der wir Freude und Spaß haben auf der einen Seite, und in eine Welt der weit entfernten, eigentlich nicht realen Horrorgeschichten auf der anderen Seite. Und bis zu einem gewissen Grad ist das auch gut so.

Eine zweite - trivialere - Angst um traumatisierte Flüchtlinge herum ist die Angst, dass sie in der Versorgungskonkurrenz von Vater Staat und Mutter Gesellschaft mehr bekommen könnten als wir.

163

Wenn ihre Wunden und ihre mitgebrachten Geschichten vom Horror echt wären, hätten sie ja das Recht auf vorrangige Versorgung und die beste gesundheitliche Betreuung. Außerdem sind sie - wie kleine Geschwister - nach uns gekommen und sprechen kein Deutsch oder nur in einer kindlichen Variante. In Familien mit sehr kranken oder behinderten Kindern gibt es auch einen auf den Außenstehenden paradox wirkenden, aber sehr realen Geschwisterneid. Manche Politiker und Medien wissen dies zu schüren. Auch hier liegt eine Quelle für die Verleugnung oder Trivialisierung des Traumatischen um uns herum.

Eine dritte Angst schließlich ist die vor einem ganzjährigen und konsequenten Gewissen. Auch das Über-Ich kann bekanntlich abgewehrt werden. Die letzten Jahrzehnte haben aus den Bewohnern der westlichen Welt wohlstandsverwahrloste Kinder des Konsumkapitalismus gemacht. Daran hat auch der Sozialabbau in jüngster Vergangenheit noch nicht viel geändert. Wir wollen uns die Freude an den vielfältig gewordenen Konsumerlebnissen nicht durch Menschen vermiesen lassen, die das Traumatische in der Welt unmittelbar und ganz in der Nähe verkörpern. Und auch nicht durch solche, die als Moralapostel, „selbsternannte Gutmenschen", „Tugendterroristen" uns permanent an das Elend und die Folter erinnern wollen. Die Repräsentanten unseres Über-Ich sind lästig. Hatten wir uns nicht gerade daran gewöhnt, dass - um den österreichischen Radiosender Ö-3 zu zitieren - „das Leben ein Hit" ist, dass es (zumindest außerhalb der immer noch asketischen Arbeitswelt) ein Menschenrecht auf das Konsumerlebnis, auf das Leben als eine Abfolge von kommerziell vermittelten Events gibt? Wie bei den echten Verwahrlosten, mit denen Sozialarbeiter und andere psychosoziale Experten zu tun haben, ist es natürlich nicht so, dass die Wohlstandsverwahrlosten gar kein Gewissen haben. Es ist nur über weite Strecken niedergehalten, verdrängt. Als punktueller moralischer Kater, als Sentimentalität zu den Weihnachtsfeiertagen, als Mitgefühl vor dem Bildschirm und glücklicherweise auch in Verbindung mit speziellen Spendeaktionen - zum Beispiel in den Wochen nach dem Tsunami - kommt es durchaus vor.

Danach kehren die Medien und ihr Publikum schnell zum gewohnten Ton zurück. Und die verstörten Opfer eines Tsunami oder einer anderen Weltkatastrophe sollen bitte nicht vor unserer Haustüre stehen. Sie stünden sogleich unter Verdacht, Simulanten oder Sozialschmarotzer zu sein. Die Übersteigerung der konsumistischen Erregung und der Heiterkeit im Ton der Medien und der Showmaster verweist darauf, dass sie uns von dem schon gespürten Schrecken über den Zustand der Welt und von einem tiefersitzenden Wissen über die Notwendigkeit zu helfen, ablenken sollen. Der Ton wirkt manchmal fast „hebephren". Die Hebephrenie ist eine der unheilbarsten Formen der Schizophrenie, die besonders bei Jugendlichen auftritt, die dann läppisch und witzelsüchtig werden, sich in der Kommunikation an oberflächliche Bedeutungen klammern und - wahrscheinlich mit gutem Grund - tiefergehende Bedeutungen und Begegnungen mit den Menschen ihrer Welt vermeiden. Aber nun merke ich, dass ich aufpassen muss, nicht selbst in eine besserwisserische und moralisierende Gutmenschenpose zu geraten. Je mehr wir - nach dem Motto „Schluss mit Lustig" - uns verführen lassen, in eine starre, humorlose Gutmenschenpose zu gehen, desto mehr fördern wir die Abwehr und desto mehr Leute werden auf der anderen Seite ihr Recht verteidigen, bis auf weiteres ein unbefangenes und konsumorientiertes Leben zu genießen. Und natürlich gibt es auch den Neid der älteren Moralisten - und bei jedem von uns den inneren Konflikt zwischen sozialem Gewissen und Lust aufs Leben. Stars wie Grönemeyer und Bono, die manchmal - zum Beispiel beim großen Rock-Event parallel zum G-8-Gipfel 2007 - eine Synthese zwischen den beiden Wertorientierungen zusammenbringen, finde ich eigentlich ganz gut.

****

Ich gehe nie auf Events, aber einmal im Jahr kommt ein Event zu mir nach Kärnten, direkt an den Ort, an dem ich wohne. Es handelt sich um das „Golf-GTI-Treffen" mit dem Zentrum Reifnitz/Maria Wörth, das seit Ende der 80er Jahre jeweils im Mai für eine Woche oder

länger eine ganze Region auf den Kopf stellt. Es kommen dann 20-
bis 30.000 Menschen in ihren beeindruckend hergerichteten Golf-
GTI-Autos aus ganz Deutschland, Österreich, aber auch Ungarn und
Holland an den Wörthersee. Dazu kommen, wenn man den letzten
Zeitungsbereichten glauben darf, noch gegen 200.000 Schaulustige.
Das ist fast die Hälfte der Einwohner, die unser Bundesland Kärnten
hat. Von GTI-Clubs und Tourismusmanagern und auch von VW aus
der Taufe gehoben, wuchs das Spektakel so sehr an, dass es Anfang
der 90er Jahre zu einem Versuch von Seiten der Gemeindepolitiker
kam, das Treffen wieder zurückzufahren oder gar aussterben zu lassen. Für kurze Zeit wurden ökologische Bedenken vorgetragen und
Maria Wörth sollte sogar zu einer „autofreien Zone" werden. Auch
VW unterstützte die Treffen nicht mehr. Die Fans kamen aber trotzdem - ein Fall von Selbstorganisation der Massen. Die GTI-Clubs
boten - untereinander vernetzt - offenbar eine ausreichende organisatorische Struktur. Nach dem Motto „You can´t beat them, just join
them" fügten sich Gemeinde, Land und die Anrainer der höheren
Gewalt, zumal das Treffen beträchtliche Einnahmen für die Kassen
der Gemeinden und lokalen Geschäftsleute in einer ansonsten ziemlich toten Saison sicherstellt.

Beim Golf-GTI-Treffen kommen überwiegend junge Männer aus
den erwerbstätigen unteren Schichten zusammen - Arbeitslose könnten sich die teuren Autos mit den aufwendigen Spezialeffekten und
Zubehör-Teilen gar nicht leisten. Frauen dürfen mitkommen. 2007
gab es aber auch den Aufkleber „Meine Freundin ist schön ... zu Hause
geblieben". Migrantenkinder und Menschen dunklerer Hautfarbe
scheint es unter den Anreisenden nicht zu geben. Es ist ja schließlich
ein deutsches Produkt, um welches herum das Event stattfindet. Nazi-
Parolen und offener Rassismus sind aber recht selten, vor allem in den
letzten Jahren. Es handelt sich um eine Art „Rache des kleinen Mannes", wie es Hannes Krall in einer Studie[1] genannt hat. Das zunächst
klein wirkende „Muskelauto" zeigt es beim Beschleunigen und Über-
holen den „Großen mit eingebauter Vorfahrt", den Mercedes- und
BMW-Fahrern, denen dabei das Lachen über die Kleinen vergeht.

166

Man könnte sagen, es handelt sich um einen auf die Straße verschobenen Triumph der Arbeiterklasse oder dessen, was von ihr übrig geblieben ist, über „die da oben". Die jungen Fahrer tauschen Know How aus, helfen sich und anerkennen sich gegenseitig im Umgang mit der Technik und erleben um das idealisierte Liebesobjekt herum eine narzisstischen Verbundenheit und Euphorie in der Masse, bei der sie ihre Macht spüren. Früher waren die Opel-Fahrer die Feinde, gegen die sich das Verbundenheitsgefühl auf recht gefährliche Weise richten konnte. Der (inzwischen weitgehend ausgestorbene) Opel-Manta als typisches Auto des Subproletariats war überhaupt das Schlimmste für die Freunde des GTI. Im Jahr 2007 wurde nur ein Opel zusammengedroschen und mit vereinten Kräften aufs Dach gedreht. Es war nicht ganz klar, ob das eine ernsthafte Aggression oder eine Inszenierung für ein Fernsehteam war, das etwas Sensationelles brauchte. In Reifnitz gibt es auf dem zentralen Platz direkt am Wörthersee das weltweit einzige Granitdenkmal eines GTI. Wie bei einem richtigen Kunstwerk ist der verehrungswürdige GTI nicht ganz aus dem Stein herausgehauen. Ein kleiner Teil ist noch Rohling. Inzwischen ist VW als Mitveranstalter zurückgekehrt. Im Mai 2007 erschienen sogar die allerhöchsten Herrn der Konzernspitze und brachten ein besonderes Geschenk mit: einen neu entwickelten Super-GTI mit sage und schreibe 650 PS, der in wenigen Sekunden auf 200 oder 300 Stundenkilometer beschleunigen kann. Der Motor produziert dabei einen beindruckenden und ganz einmaligen „bösen" Klang (O-Ton der Spitzenmanager).

Das GTI-Event schrammt gewissermaßen immer am Katastrophischen und Traumatischen entlang - und dies dürfte auch einen großen Teil der Faszination ausmachen. Peter Sloterdijk hat von der „Katastrophilie" in unserer Kultur gesprochen. Nichts ist aufregender als eine Katastrophe, die einen verfehlt, die man (noch) von einem sicheren Platz beobachten kann. Eine Quelle der Euphorie in der Masse ist oftmals (wie Elias Canetti bemerkt hat) die mehr oder weniger bewusste Freude darüber, dass jemand anderes hilflos - verletzt oder tot - flach liegt, während wir in aufrechter Position und lebendig sind. Zum Golf-GTI-Treffen gehören seit Jahren Verletzte und Tote. Man hat schon einmal heimlich die Motorräder der polizeilichen Ordnungshüter (durch Anbohren des Öltanks) so manipuliert, dass die Fahrer leicht hätten tödlich verunglücken können. Die Medien beobachten mit einer verlogenen Neugier die gefährlichen Vorgänge und ziehen Bilanz. Im Jahr 2007, so konnten wir neulich lesen, hatten wir eines der friedlichsten Treffen überhaupt, so dass man sich auf das nächste getrost freuen darf. Zwar musste der Kindergarten der Gemeinde Keutschach für über eine Woche vom Bürgermeister geschlossen werden, weil der Weg dorthin und zurück für die Kleinen zu gefährlich geworden war. Zwar gab es zahlreiche medizinische Notfälle, Körperverletzungen, Betrunkene im Koma, Strafmandate jeder Art, aber am Montag nach der Abreise wurde diesmal kein Toter gezählt. Es war lediglich ein Junge nicht mehr aufzufinden. Nach dem Ende des Treffens konnte von den Printmedien eine positive Bilanz gezogen werden: kaum Verletzte, kein Toter wie in manchen Jahren davor, das friedlichste Treffen seit Jahrzehnten. Der diesjährige ertrunkene GTI-Fahrer stieg erst ein paar Tage später vom Grund des Hafner-Sees empor, neben dem seine Gruppe gezeltet hatte und in den er des Nachts und vermutlich betrunken hinausgeschwommen war.

Die kleine Welt am Wörthersee ist in gewisser Hinsicht ein Abbild der großen. Die Begeisterung für Beschleunigung, für hohe PS-Zahlen und die Rennen mit den „Formel-1-Piloten" wird von der Autoindustrie trotz aller ökologischer Bedenken und drohender Klimakatastrophe systematisch gefördert. Das Publikum, vor allem das männliche, und die Medien machen mit. Als am 10. Juni 2007 der Kanadier Lewis Hamilton seinen ersten Grand Prix vor Nick Heidfeld und Alexander Wurz gewann, entstieg wie durch ein Wunder der Pole Robert Kubica seinem völlig zerschmetterten Rennauto fast unverletzt. Ein so komplett zerstörtes Rennauto hatte es seit Jahren nicht mehr gegeben. Wie u.a. ein Titelbild unserer österreichischen „Kleinen Zeitung" zeigt, liegen bei Events dieser Art Sieges-Euphorie, Thrill und Unfall-Trauma absolut nahe beieinander.

Titelseite zum Grand Prix 2007[2]

Ein Rennen ohne Unfallgefahr und ohne Vorbeischrammen am trau-matischen Ereignis wäre eigentlich keines. Niki Lauda ist gewisser-maßen die Person gewordene Synthese zwischen dem immer mögli-chen traumatischen Einbruch und der Eventkultur, die nach einer kleinen Anstandspause trotzig weitergeführt wird. The show must go on - schon deswegen, weil die Investitionen sich amortisieren müs-sen. Zum ökonomischen Aspekt gesellt sich noch der psychoanalyti-sche Abwehrmechanismus des „Ungeschehenmachens durch Wieder-holung" oder besser noch des „Ungeschehenmachens durch gestei-gerte Wiederholung". Einen gewissen Aberwitz stellen hier die Flug-Shows dar, zu denen sich überall in Europa immer noch Zehntausende versammeln. Das Trauma von Ramstein am 28. August 1988, bei welchem Flugzeuge der italienischen Show-Staffel „Frecce Tricolo-re" auf das Publikum stürzten und 70 Menschen getötet wurden und 345 auf teilweise sehr schreckliche Weise verletzt wurden, scheint schon fast vergessen.

Flugunfall
von Ramstein1988[3]

In einem einschlägigen Artikel von wikipedia heißt es: „Bereits vor dem Flugtage-Unglück von Ramstein stieß die Staffel, speziell in Großbritannien bei manchen Flugshowveranstaltern mit der 'Unglücksfigur' *Das durchstoße-ne Herz* auf Ablehnung, da viele in diesem Programmteil ein großes Potential an Risiko witterten. Auf der anderen Seite galten die Frecce Tricolore welt-weit als das spektakulärste Showteam und waren *der* Publikumsmagnet auf Flugtagen in ganz Europa"[5]. Es gab nach einer gewissen Bedenkzeit weiterhin Flugshows und auch einige Unglücke. Auch die Frecce Tricolore flogen natürlich weiter. 2006 zeigten sie auf der Fußball-Weltmeisterschaft anlässlich des erfolgreichen Spiels der italienischen Mannschaft eine triumphale Darbietung. Ob alle im Publikum auf dem Boden vorher gefragt wurden?

Das Trauma von Ramstein wurde offenbar bald vergessen bzw. irgendwie handhabbar gemacht. Einen Höhepunkt brutaler Traumabewältigung durch unsere Kommerzkultur stellt wohl der Umstand dar, dass sich eine 1994 gegründete deutsche Musikgruppe „Rammstein" nannte. Sie scheint auf besonders dumme Macho-Songs spezialisiert - als „neue deutsche Härte" bezeichnet - und hatte im Jahre 2007 nach einer kleinen Schaffenskrise ein Come-Back. Auf einem Rammstein-Portal im Internet heißt es „Du bist ein Rammsteiner und wilst den ganzn Tag nur

Gedenkstätte für die Opfer [4]

Rammstein hören? Dann komm zu uns. Den hier gibt es Rammstein pur!"[6] Die eigenwillige deutsche Schreibweise findet sich im Originaltext und ist wahrscheinlich eine vertrauensbildende Maßnahme für eine bestimmte Konsumentenschicht. Man kann Songs von Rammstein als Klingelton für das Handy bestellen. Rammstein hat den Bezug der Namens auf die Katastrophe immer wieder verleugnet und dabei auf das doppelte „m" im Namen verwiesen, aber unmittelbar nach der Gründung traten die Bandmitglieder sogar unter dem Namen „Rammstein-Flugschau" auf. Rammstein ist leider kein exotisches Phänomen am Rande der deutschen Musikkultur. Die Bandmitglieder haben mittlerweile 12 Millionen Platten verkauft und gelten im Jahr 2007 als „erfolgreichste deutschsprachige Musikgruppe". Besonders bekannt sind sie als Pyrotechniker auf der Bühne. Es kommen Flammenwerfer zum Einsatz. Und der Hauptsänger lässt sich sogar selbst in Flammen setzen, was er - anders als die vielen Verbrannten bei der Flugshow von 1988 - dank eines speziellen Asbest-Anzugs ohne Verletzungen unverletzt übersteht.[7] Es scheint für viele Männer unserer Welt kaum etwas Stärkenderes zu geben als die Identifikation mit der Macht und der Wirkung traumatischer Gewalt. Ich nehme die Frauen aus dieser Formulierung vorläufig aus, es ist aber nicht auszuschließen, dass auch einige von ihnen die im Gewaltspektakel agierenden Männer faszinierend finden.

Die Identifikation mit der Macht zerstörerischer Flugobjekte und Wunderwaffen hilft natürlich gegen die Angst, selbst hilfloses Opfer von Angriffen und Katastrophen zu werden. Diese spezielle „Identifizierung mit dem Aggressor" kommt oft in den Tagträumen von adoleszenten Jungen vor - wobei der verunsicherte Junge im erwachsenen Mann durchaus weiterleben kann. Erich Fromm berichtet in seinem Buch über „Die Anatomie der menschlichen Destruktivität" über eine typisch „nekrophile Phantasie". Ein in Behandlung befindlicher Junge phantasiert, dass er einen „Superzerstörer" erfunden hat, der Manhattan in einer Sekunde in Schutt und Asche legen kann und dann später auch noch die ganze Welt. Der Anblick des Resultats vermittelt ihm ein großes Glücksgefühl.[8]

Klaus Theweleit zitiert in seinem Buch „Dar Knall: 11. September, das Verschwinden der Realität und ein Kriegsmodell"[9] aus Don DeLillos Roman „Underworld" eine Passage, die von den Allmachtsphantasien des 13-jährigen Sohnes der männlichen Hauptfigur handelt.

„Ein Flugzeug in der Luft war eine allzu starke Provokation, um sie zu ignorieren. (...) Er glaubte, er könne fühlen, wie das Objekt sich selbst danach sehnte, einfach zu bersten. Er brauchte sich nur das Brandbild herbeizuwünschen, und schon würde das Flugzeug in Flammen aufgehen und zerschellen. Seine Schwester sagte immer zu ihm: Na los, jag es in die Luft, das will ich sehen, wie du dieses Flugzeug mit allen zweihundert Leuten an Bord aus der Luft holst, und es erschreckte ihn, jemanden so reden zu hören, und es erschreckte auch sie, denn sie war sich nicht vollkommen sicher, ob er es nicht doch könnte. Das ist eine besondere Fähigkeit, sich das Ende der Welt als Anhängsel der eigenen Unzufriedenheit vorzustellen." (Theweleit, S.154)

Nicht nur Adoleszente, sondern auch viele der verunsicherten, konsumistisch verwahrlosten Männer der westlichen Gesellschaft, in denen der destruktive Adoleszente weiterwirkt, scheinen auf solchen Untergangsphantasien zu sitzen. Sonst hätte Hollywood diese nicht jahrzehntelang erfolgreich vermarkten können. Übrigens wird auch die Sprengung alter Hochhäuser, die der Stadtplanung weichen müssen, in unseren Breiten seit einiger Zeit für Schaulustige und die Fernsehkameras als erregendes Event organisiert.

„'Das ist das Ende der We-e-lt', ruft in Hitchcocks *The Birds* der alkoholische Verrückte vergnügt in die Runde der Bar nach dem ersten Großangriff der Vögel auf die Kinder. Er ist nicht mehr dreizehn, sondern vierzig, und damit ausgewiesen als Beknackter. Aber mit dreizehn kann man so reden. Es soll knallen; nicht irgendwo, sondern in der Nähe. Man *selbst* will es gewesen sein ... und welch Schauer in der Augen der Schwester". So der Kommentar von Theweleit (S.154).

Die katastrophilen Medienkonsumenten der westlichen Welt sind von den Attentätern des 11.September mit der Realisierung ihrer eigenen ebenso lustvollen wie destruktiven Allmachtsphantasien bestraft worden. Das macht wahrscheinlich einen großen Teil der Gefühle von extremer Verwirrung und Depotenzierung beim (männlichen) Publikum aus. Es gibt Ähnlichkeiten mit den Bildern von der strafenden Hölle bei Hieronymus Bosch, wo die Teufel die Sünder auf eine Weise quälen, die - unter geänderten Vorzeichen - ziemlich einfühlsam ihre verbotenen Wünsche abbildet und diese „bedient". (Der eitlen Person sitzt eine hässliche Kröte auf dem Unterleib, während ein Teufel ihr einen Spiegel entgegenhält. Die Wollüstigen werden von bösen Wesen auseinandergerissen und an einen ekelhaften Lustmolch ausgeliefert usw.)

Es dauerte eine gewisse Zeit, bis sich die Konsum- und Eventkultur wieder durchsetzte und den traumatischen Schrecken auf ihre Weise handhabbar machte. Eine ernsthafte Annäherung an das unsagbare und unsägliche Leid, den Wirklichkeit gewordenen Albtraum um die Opfer und ihre Angehörigen herum hat es dabei kaum gegeben - und man muss fairerweise sagen, dass das angesichts unserer Schutz- und Abwehrreflexe gegenüber extremer Traumatisierung auch kaum erwartbar war. Die Bilder der Verbrannten und Verstümmelten hat man uns erspart, allerdings wurden die letzten berührenden Telefongespräche der Opfer mit ihren Angehörigen gesendet. - Es schien eine Zeitlang einen Konsens zu geben, dass das Ereignis vom 11. September nicht kommerzialisiert werden dürfte. Doch schon nach einigen Tagen gab es die ersten Zeichen der Rückkehr zur bekannten, leicht verdaulichen Eventkultur:

„Am 16. September, ich hatte CNN laufen, wie die Tage vorher auch, passierte etwas sehr Merkwürdiges. Die beiden Moderatoren, Michael Holmes und Coleen McEdwards, unterbrachen den üblichen Nachrichtenstrom mit dem Hinweis, dass sie jetzt einen Dank abzustatten hätten an ´you too` (ich erschrak: wieso an mich auch?). Aber sie redeten von der Band U2, der Irisch-New Yorker Band mit dem Sänger Bono. Sie bedankten sich für einen Song, den U2 zur Verfügung gestellt hätten für ihre *News of the World* Sendung; *New York* von der LP *All That You Can´t Leave Behind.* Dann fing dieser Song an zu laufen: 'In NY freedom looks like too many choices, in NY I found a friend to drown the other voices' usw. - Ein Stimmungsbild von NY, und als Rückblick die einstürzenden Gebäude. Diese Bilder waren auf den Song geschnitten, MTV-mäßig, z.B. wird der 2. Einschlag im WORLD TRADE CENTER mit dem lange anfliegenden Flugzeug akzentuiert mit dem schärfsten Gitarrenakkord des Stücks. Davor hatte man eine Schnittfolge von Gesichtern gesehen, die alle in dieselbe Richtung starren, Richtung Crash und dann die Einschläge, die Flammen, die Rauchwolken, die terrorisierten Gesichter, die anrükkenden Feuerwehrleute, die Rettungsarbeiten." (Theweleit, S.3)

Es geht im Musikvideo-Clip um das Thema Verlust und Trauer. „In New York I lost it all" heißt es später. Geschrieben hatte Bono den Song aber, um das in New York handelnde Drama der Scheidung von seiner Frau zu verarbeiten. Die Trennung wird mit dem Auflaufen der Titanic auf einen Eisberg verglichen. So kann der Song auch bei einem trotzig-optimistischen Ende landen. Noch einmal Theweleit wörtlich:

„... was passiert da, wenn die Nachrichtenredakteure von CNN den Anschlag auf die World Trade Center Twin Towers fünf Tage danach uns als einen Video-Clip vorführen auf dem Song eines Sängers, der seine persönliche Liebeskatastrophe in der Stadt New York mit der Katastrophe der Titanic vermischt. Was wiederum die CNN-Leute eine Drehung weiterschrauben und nutzen für eine neue Music-Clip-Befeuerung des noch ganz frischen Crashs und der in den Trümmern der Gebäude eingeäscherten Toten ..." (S.64/65)

In Hollywood war man zunächst um Pietät bemüht. Katastrophenfilme galten als problematisch. Die Präsentation eines Schwarzenegger-Films (Collateral Damage) wurde sogar ins Jahr 2002 verschoben. 2006 war die Schonfrist entgültig vorbei. Es gab gleich zwei Spielfilme zum 11. September, einer davon von Oliver Stone. Weitere Filme werden folgen.

Man sollte nicht päpstlicher sein als der Papst. Es wurde ja schon vor der Pose des moralisierenden Gutmenschen gewarnt. Auch in manchen kommerziellen Thematisierungen der großen Traumata steckt ein Selbstheilungsversuch.

Und dass wir dringend Geschichten mit gutem Ausgang, kraftgebende Bilder und auch tröstende Melodien brauchen, wissen wir aus Traumatherapien spätestens seit ihrer „ressourcenzentrierten Wende"[10]. Aber die Grenze zur Verkitschung, Bagatellisierung und damit Verleugnung des Traumatischen ist leider fließend. Bei der TV-Serie „Holocaust" in den 70-er Jahren, die überhaupt erst zu einer ersten breiten Thematisierung der Verfolgungs- und Vernichtungs-Greuel der Nazis in unserer Kultur geführt hat, kann man hier durchaus geteilter Meinung sein. Für manche Menschen kann ein Kulturprodukt, dass ich mit einigen Argumenten kitschig finde, eine Stärkung und Unterstützung bei der Bewältigung von traumatischen Erfahrungen sein. Mir ist in der Therapie schon öfters „Gandalf", der alte, weise Zauberer aus dem „Herrn der Ringe" als Gegenkraft gegen Verfolgung und Trauma begegnet, wobei ich ihn selbst wie den „Herrn der Ringe" überhaupt eher komisch finde. Die Figur des Harry Potter (in der Erzählung ursprünglich ein traumatisiertes Waisenkind) ist, wie Kinder- und JugendtherapeutInnen immer wieder berichten, im Kampf gegen Trauma und Verzweiflung fast immer sehr hilfreich, obwohl die Präsentation der jeweils neuen Filme und Bücher ja auch immer ein kommerzielles Mega-Event ist.

Vielleicht sind viele Events in unserer Kultur auch kollektive Selbstheilungsversuche und unbewusste Antworten auf eine gesellschaftliche Entwicklung, in der das Traumatische und Katastrophische in unserer Gegenwart und Zukunft immer deutlicher gespürt wird. Und es liegt in der gutartigen Begeisterung von vielen versammelten Menschen für eine gemeinsame Sache eine Kraft, die wir dringend zur „Rettung der Welt" brauchen können. Manche der Selbstheilungsversuche sind allerdings, um einen Ausdruck von Freud zu verwenden, auf recht deutliche Weise „Schiefheilungen", welche das Bedrohliche, auf das sie antworten, nur noch gefährlicher machen.

Die Teilnehmer an den Events werden dazu angehalten, das Bedrohliche entweder zu verleugnen oder sich mit der angstmachenden Gewalt sogar zu identifizieren. Dem Abwehrmechanismus „Ungeschehenmachen durch gesteigerte Wiederholung" scheint in Bezug auf erfahrene und drohende Traumata eine besondere Bedeutung zuzukommen.

Anmerkungen:

1   Hannes Krall: Das Automobil oder Die Rache des kleinen Mannes. Klagenfurt, Drava-Verlag 1991

2   Kleine Zeitung, Klagenfurt 11.6.2007

3   Foto: Mario Creutz, in: http://de.wikipedia.org/wiki/Flugtagungl%C3%BCck_von_Ramstein

4   http.//de.wikipedia.org/wiki/Flugtagungl%C3%BCck_von_Ramstein

5   http://de.wikipedia.org//wiki/Frecce_Tricolore

6   http://www. razyboard.com/system/morethreat-rammstein-rammstein-forum-249951-755757-o.html

7   wikipedia

8   Erich Fromm: Anatomie der menschlichen Destruktivität. Frankfurt/M., Fischer 1972, S.

9   Klaus Theweleit: Der Knall: 11.September, das Verschwinden der Realität und ein Kriegsmodell. Frankfurt/M. und Basel Klaus Theweleit und Stroemfeld-Verlag 2002

10 Luise Reddemann: Imagination als heilsame Kraft. Zur Behandlung von Traumafolgen mit ressourcenorientierten Verfahren. Stuttgart, Klett-Cotta, 2001

Heiner Keupp

Vom Elfenbeinturm zum Leuchtturm

Die Entkernung und Neuerfindung der Universitäten durch Eventisierung

Unter der Überschrift „Event-Kultur pur" konnte man am 14.06.2005 in den „Tübinger Universitäts Nachrichten" folgende Notiz lesen:

„Zu einer Woche der Wahrheit wurden die Tage vom 5. bis 15. Mai für viele, die verantwortlich für Organisation und Logistik an Universität und Universitätsklinikum sind. Auch für den Rektor: er hatte nicht weniger als acht Grußworte und Reden vorzubereiten. Tag des Botanischen Gartens, Lange Nacht der Wissenschaften, Festakt zur Verleihung des Dr. Leopold-Lucas-Preises, Mediendozentur mit Claus Kleber, Verleihung der Ehrensenatorenwürde an Erwin Teufel, Festakt zum 200-jährigen Jubiläum des Universitätsklinikums mit dem neuen Ministerpräsidenten und vier Tage Jubiläumsfest im Alten Botanischen Garten. Hinzu kamen noch die 16 Vorlesungsreihen des Studium Generale, womit ein neuer Rekord aufgestellt wurde, und acht Ausstellungen im Bereich der Universität. Und dies war allein der universitäre Beitrag zum Tübinger kulturellen Leben in diesen Tagen. Wie sollten die Mitglieder der Universität und die zu all diesen Veranstaltungen ebenfalls eingeladenen Tübinger Bürgerinnen und Bürger, die Freunde der Universität da noch den Überblick behalten? Wie sollten sie ihre Motivation aufrecht erhalten, diese Angebote auch wahrzunehmen? Irgendwie funktionierte es: Die Veranstaltungen waren allesamt bestens besucht, die Vielfalt des Programms war offenbar

Anreiz. Weniger wäre dieses Mal nicht mehr gewesen. Aber viel mehr hätten Universität und Klinikum auch nicht verkraftet. Einen exemplarischen kleinen Ausschnitt der Eventkultur der Universität vermittelt diese Ausgabe der Tübinger Universitätsnachrichten."

Haben wir es hier mit einem sprachlichen Fehlgriff des Pressereferenten einer deutschen Universität zu tun? „Event-Kultur pur" ist das selbst gewählte Etikett. Früher wäre vom „Tag der offenen Tür" die Rede gewesen und man hätte einer interessierten Öffentlichkeit Zugang zum ansonsten eher abgeschotteten „Elfenbeinturm" ermöglicht. Die Bilder ändern sich und statt des Elfenbeinturms ist jetzt der „Leuchtturm" die Leitmetapher. Er soll permanent blinken und das erfordert eine grundlegend veränderte Präsentationskultur. Die Zielgruppe dafür ist allerdings weniger eine breite Öffentlichkeit, die einmal im Jahr eine „lange Nacht der Wissenschaften" geboten bekommt, nein, Ziel ist die Mobilisierung der Universitätsangehörigen selbst, die erreicht werden soll. Sie sollen sich zu Höchstleistungen aufschwingen, alle ihre Ressourcen aktivieren, Grenzen eines traditionellen Wissenschaftsverständnisses überschreiten und die Bequemlichkeitseffekte einer Beamtenmentalität überwinden. Entbürokratisierung und Entstaatlichung sind weitere Zielvorgaben. Für all diese Ziele, die durchaus gute Gründe für sich reklamieren können, lassen sich eifrige Apologeten im Wirtschaftsbereich finden und auch die populistischen Kampagnen über „faule Professoren", die man immer ausmachen kann, erhöhen durchaus den Druck. In vielen Fragmenten zeigt sich eine oft hektische und chaotische Veränderungsdynamik, die für die direkt davon Betroffenen nicht leicht „lesbar" ist. Sie bedeutet zunächst einmal das Erlernen neuer Begriffe und eine Unzahl von Sitzungen, in denen die Strukturveränderungen angeeignet und zum aufwändigen Alltagsgeschäft transformiert werden müssen. Wenn man die Fragmente zu einem Gesamtbild zusammenzufügen versucht, dann entsteht das Bild einer Universität, das mit der Humboldtschen Idee von Universität fast nichts mehr gemeinsam hat. Das möchte ich durch aktuelle Beispiele und Erfahrungen exemplarisch aufzeigen und damit die These untermauern, dass die „Eventisierung" der Hochschullandschaft Teil einer Mobilisierungsstrategie ist, die die Universitäten ihrer kritisch-reflexiven Restbestände an Autonomie beraubt und sie in das Getriebe des globalisierten Kapitalismus als unmittelbar nutzbare Ressource widerstandslos einpasst.[1] Man könnte von einer „Entkernung der Universitäten" sprechen, die von einer Wettbewerbssituation in die nächste gejagt werden, darin Spitze beweisen sollen und dabei ihre Produktivität und Kreativität in einem hektischen „Mehr vom Gleichen" einbüßt. Als eine „Zähmung der wissenschaftlichen Neugier" hat es Helga Nowottny (2005, S. 34) vorsichtig bezeichnet.

Umbau der Universitäten - Impressionen von einer Baustelle. Ein neuer „Jargon der Eigentlichkeit"

Dieser Tage saß ich in dem Beratungsgremium einer großen Volkshochschule. Die geplanten neuen Angebote für das kommende Halbjahr wurden diskutiert. Ein Kurs, der sich mit einem neuen Konzept der Elternbildung beschäftigen soll, war überschrieben „Eltern - ‚Leuchttürme' oder ‚Sparringspartner'". Dieser Titel löste bei mir eine heftige Gegenübertragung aus. „Leuchttürme" - wie kann man einen solch verbrauchten Begriff verwenden? Ich kann ihn wirklich nicht mehr hören. Ich war mit dieser Reaktion nicht ganz allein, aber die Mehrheit des Gremiums konnte sie nicht verstehen. Ein Leuchtturm[2] liefere doch ein positives Bild: verlässliche Orientierung, Hoffnung, ja vielleicht sogar Rettung! Ja, so kann man das sehen, aber nur wenn man seinen inflationären Gebrauch im Elitediskurs der sich radikal verändernden Hochschullandschaft nicht kennt oder nicht von Texten überschwemmt wird, in denen es nur so wimmelt von Leuchttürmen. Als am 23. Juni 2005 Gerhard Schröder die mühsam ausgehandelte Bund-Länder-Initiative verkündete, die 1,9 Milliarden Euro für eine „Exzellenzinitiative", die erst einmal fünf Jahre laufen sollte, sprach er von den „Leuchttürmen der Wissenschaften", die hier aufgestellt werden sollten. Das klang noch etwas gewöhnungsbedürftig. Aber wenn dann sehr bald in der eigenen Hochschule dieser Jargon ganz ohne ironische Distanz Tag für Tag nachgeplappert wird, dann wird er entweder in die eigene Rede oder Schreibe inkorporiert oder er löst Abwehrreflexe aus. Er wird zur Metapher für eine Universität, in der man sich schon längst expatriiert fühlt.

Wir wissen ja seit Wittgenstein, dass unsere Sprachspiele auch unsere Denkbahnen lenken. Die neue Sprache und Denke der formierten Universität, ihr „Jargon der Eigentlichkeit", kommt einem ja bekannt vor. Die Wirtschaft hat sich längst unter Anleitung smarter und harter Unternehmensberater einer marktradikalen Transformation unterzogen und die dort vertrauten Begriffe tauchen jetzt alle im neuen Jargon des Hochschulmanagements auf: Stellenbewerber werden im „Assessment Center"[3] auf ihre Eignung abgecheckt. Von „Qualitätsmanagement", über „Benchmarking", die Steuerungs- und Strategiefähigkeit durch neue „Governance-Strukturen", „Ranking" in allen denkbaren Varianten[4], „People Processing" bis zur Modularisierung reichen die gängigen „Plastikwörter", die begrifflichen Duftmarken, die man kennen und noch besser flüssig dem eigenen Redestrom einverleiben sollte. Diese Plastikwörter „sind nicht isoliert, sondern zwischen ihnen gehen Fäden hin und her wie zwischen Knotenpunkten und insgesamt ergibt sich ein Netz, das unser Bewusstsein von der Welt überwölbt und vielleicht gefangen hält" (Pörksen 1988). Von den „stake holders" der Universität sprach kürzlich eine Kollegin, auf die wir Rücksicht zu nehmen hätten. Aus den Studiengebühren berappenden Studierenden werden Kunden, von derem kritischen Kundenverhalten Rückkopplungseffekte auf die Qualität der Lehre erwartet werden. Und man will sich natürlich erfolgs- und gewinnträchtig[5] „aufstellen".

Der Sport ist eine zweite Diskursarena, die gern genutzte Metaphern liefert. Der Wettbewerb, der die „Exzellenzinitiative" für die Hochschullandschaft einläutete, wurde unter dem Titel „Brain up. Deutschland sucht seine Spitzenuniversitäten" von Ernst-Ludwig Winnacker ausgerufen und man fühlt sich sehr schnell in einem sportlichen Wettkampf auf höchstem Niveau. Immer wieder wird der

180

Aufstieg in die kleine Gruppe der Eliteuniversitäten mit dem Mitspielen in der „Champions League" verglichen, also mit dem höchsten europäischen Fußballwettbewerb. „Eine auf Rekorde und Spitzenleistungen versessene Gesellschaft kann gar nicht anders, als sich auch Wissenschaft nach eben diesen Prinzipien organisiert vorzustellen, und die Berichte über *Big Science* und weltweit umworbene Spitzenforscher erinnern immer öfter an die Hintergrundreportagen über die Transfersummen in der Champions League" (Liessmann 2006, S. 126). Auch der Vergleich mit den Olympischen Spielen wird nicht gescheut. Der Präsident der Julius-Maximilians-Universität Würzburg zieht in den Wettbewerb um die Elitestatus-Medaillen mit olympischem Spirit: „Wir wussten, dass die Konkurrenz sehr hart ist. Aber das ist wie bei den Olympischen Spielen. Nicht alle der Besten können eine Medaille bekommen[6]. Wir werden nun unser Zukunftskonzept weiter ausarbeiten und uns als eine der besten deutschen Universitäten erneut dem Wettbewerb stellen".

Eine Tabubegriff erlangt Normalität: Elite

Im Bemühen so etwas wie ein „Urvertrauen" in eine demokratische Lebensform zu finden, hat sich die konstituierende Bundesrepublik deutlich von einem Elitedenken distanziert, das sich dünkelhaft inszeniert. Es waren ja schließlich auch die „Eliten" aus Wirtschaft, Wissenschaft und Kultur, die das Naziregime gestützt hatten und die Nationalsozialisten haben sich ja selbst elitär verstanden und das Gegenteil von einer demokratischen Alltagskultur repräsentiert. Im öffentlichen Diskurs der Bundesrepublik war es eher anstößig, ein Elitebekenntnis abzugeben. Ein elitäres Bewusstsein wurde eher in kleinen abgeschotteten Zirkeln gepflegt. Seit den 90er Jahren hat sich das gründlich geändert. Kamen sich die ersten Bekenntnisse zum Elitestatus noch mutig vor, fast wie riskierte Tabubrüche, hat sich inzwischen eine neue Normalität eingestellt.

Die Technische Universität München hat sich dann im neuen Jahrhundert einen pionierhaft gedachten Elitestudiengang zugelegt. Bei einer öffentlichen Diskussion zu diesem Projekt habe ich mich im November 2000 dazu so geäußert:

„Nun ist er mal wieder auf der Tagesordnung, der Elitediskurs. Bei mir löst er ambivalente Gefühle aus. Einerseits winke ich müde ab: Sind nicht alle Argumente gegen einen elitären Zuschnitt des Bildungswesens hundertmal formuliert worden?

- Welche Messlatte soll denn angewandt werden: Wer definiert, was Eliten sind?
- Steht der Begriff nicht immer für einen Diskurs der Einschließung und Ausschließung, der gesellschaftlichen Spaltung und insofern steht er für ein Gesellschaftsmodell der Ungleichheit.
- Der Psychologe sieht ein großes narzisstisches Betätigungsfeld der Selbstzuordnung zu Eliten (am besten noch über den Intelligenzquotienten, der mir die Zugehörigkeit zur absoluten Geisteselite bestätigt: Wir die wir zu den 5% mit dem IQ über 150 gehören!).
- Mit dem Hinweis auf Napola und Ordensburgen lässt sich ein historischer Bezug aufbauen, der zur Vorsicht gemahnt: Eugen Kogon zitiert in seinem SS-Staat einen hohen SS-Führer so: "Fünf bis zehn von Hundert der Bevölkerung, ihre beste Auslese, sollen herrschen, der Rest hat zu arbeiten und zu gehorchen. Nur so sind jene Höchstwerte erzielbar, die wir von uns selbst und dem deutschen Volke verlangen müssen."

Andererseits gibt es vielleicht auch aktuelle Gründe, den Elitebegriff neu zu diskutieren. Ich meine hier weniger das Bekenntnis unseres Alt-Bundeskanzlers zum Elitedenken. Da muss sich wohl ein erfolgreicher Aufsteiger den vorhandenen Eliten ein Stück anverwandeln. Er gehört ja nun endgültig auch dazu! Mein Argument zielt vielmehr auf einen Diskurs, dessen Überschrift ich für verfehlt halte, dessen Anliegen aber von großer Bedeutung ist. Unter dem Begriff der "Jungen Eliten" wird darüber nachgedacht, was denn Menschen auszeichnen könnte und sollte, die die erkennbaren Herausforderungen der Zukunft kompetent und tatkräftig anpacken, die Zukunftsfähigkeit zeigen. In diesem Diskurs wird nicht einfach nur "Mut zur Leistung" oder ein „Bekenntnis" zur Leistung, heute nennt man das ja eher "excellence", abgelegt, sondern es wird nach den Fähigkeiten von Menschen gefragt, die wissen, worauf es ankommt, die nicht auf den alten Umlaufbahnen ihre "Fähigkeitsprofile" entwickeln, sondern die quer denken, die gegen den Mainstream in ihrem jeweiligen Fach etwas auf die Beine gestellt haben, die eine Lebensform gewählt haben, die nicht wie eine Festung gegen die Veränderungen der absehbaren Zukunft aufgebaut ist, sondern die auf Neugier, Offenheit, Experimentierfreudigkeit setzt, aber auch sozial innovativ angelegt ist. Diesen Strang des Elitediskurses möchte ich weiter beleuchten und gleichzeitig und endgültig für mich den Elitebegriff verabschieden. Man könnte ja stattdessen auch von Pionieren, Entdeckern, Experimentatoren sprechen. Sie repräsentieren als Modelle, als Vorbilder einen Weg, der zur Formulierung neuer Bildungsziele führt, die aber für alle Bildungsprozesse grundlegend werden könnten und nicht zum elitären Besitz von wenigen werden."

Diesen Versuch, den Elitediskurs nicht in Bausch und Bogen zu kritisieren, sondern ihn eher eigenwillig umzudeuten, sehe ich als gescheitert an. Die Kriterien, die zur Vergabe der „Ehrentitel" „Eliteuniversität" oder „Exzellenzcluster" herangezogen werden, haben nichts mehr mit kritischem Denken oder eigenwilliger Kreativität zu tun, sondern eher mit der Zugehörigkeit zu internationalen Zitierkartellen und der voll verinnerlichten Bereitschaft, sich deren „Zunftordnungen" anzupassen. Nicht zuletzt auch die Produktion ökonomisch verwertbaren Wissens in Form von Patenten und Wirtschaftskooperationen sichert Exzellenz. Es ist unglaublich, wie schnell dieser Begriff ins Vokabular dieser veränderten Universitätslandschaft Eingang gefunden hat. Mich hat schon vor Jahren der Sportreporter Gerd Rubenbauer genervt, der jede überdurchschnittliche sportliche Leistung als exzellent bezeichnet. Und da bei Weltmeisterschaften oder Olympischen Spielen viele gute Leistungen zu bewundern sind, kam er in einer Reportage kaum mit weniger als zehn Exzellenzattributionen aus. Und jetzt nervt mich diese Zuschreibung bzw. Selbstzuschreibung an meinem Arbeitsplatz. Die gutachterliche Hymne für den ersten Listenplatz einer Berufungsliste wird keinesfalls ohne das Attribut exzellent auskommen und selbstverständlich sind all die, die schon da sind, ohne diese Auszeichnung gar nicht denkbar. So kommt es zu einer permanenten kollektiven narzisstischen Selbstüberhöhung.

Und die Nachwuchsförderung hat sich längst auch schon in diesen Jargon eingeklinkt. So hat die Robert-Bosch-Stiftung im Mai 2007 ein Stipendium für junge Wissenschaftlerinnen ausgeschrieben, das „für eine verantwortungsvolle Spitzenposition in Forschung oder dem Wissenschaftsmanagement qualifizieren" soll. Sie wählt dafür einen anspornenden Titel: „Fast Track: Exzellenz und Führungskompetenz für Wissenschaftlerinnen auf der Überholspur".

Und da man mit der Verinnerlichung dieser schönen neuen Elite-zugehörigkeit gar nicht früh genug anfangen kann, wird die frühe Förderung von Kindern auch schon auf die richtige ideologische Spur gesetzt. Fördersysteme für Kinder schon kurz nach ihrer Geburt werden unter dem Titel „Early Excellence" aufgelegt und gefördert. Wie langweilig klingt dagegen ein Projekt KITZ, das wir gerade in einem Münchner Stadtteil evaluieren (Kindertageszentrum, das Kinder im Alter von 0 - 6 zusammen mit ihren Eltern unterstützt und sich vor allem an Bevölkerungsgruppen mit vielfältigen sozialen und materiellen Problemen und einem hohen Anteil von MigrantInnen adressiert).

Qualitätskonten als Messlatten von Exzellenz: Geld und Rankings

Für die Feststellung von Exzellenz gibt es zwei Messlatten. Neben den eingeworbenen Drittmittelsummen gibt es das „Ranking" über Publikationen, die nach einer ganz eigenen „Währung" taxiert werden.

In einem Treffen mit einem sehr geschätzten Kollegen aus dem Bereich der Theologie spüre ich dessen Empörung, die er sich aus einem Treffen mit der Führungsebene einer Eliteuniversität mitgebracht hat. Dort wurde er mit der knallharten Erwartung konfrontiert, dass die Geisteswissenschaften ein vergleichbares Drittmittelvolumen einwerben sollten wie die Naturwissenschaften. Wie soll das ein Fach bewerkstelligen, das sich mit kirchlicher Jugendarbeit beschäftigt? Diese Frage kann man ja dann stellen und kann darauf auch rational begründbare Antworten geben. Die Empörung entstand eher aus der Botschaft, die als Subtext gesendet wurde: Die Qualität eines Wissenschaftlers wird auf der Waage seiner unternehmerischen Potenz abgewogen. Das „unternehmerische Selbst" (Bröckling 2007), der neue kategorische Imperativ des herrschenden marktradikalen Gesellschaftsmodells, ersetzt immer mehr die Figur des kreativen Intellektuellen, der seine gedankliche Unabhängigkeit gerade dadurch erweist, dass er nicht von fremdgesteuerten Geldströmen abhängig ist. Die demokratisch nicht mehr kontrollierten Verflechtungen zwischen Hochschulen und Wirtschaft breiten sich krakenartig aus. Es werden rund um die Universitäten Firmen gegründet und da damit ja auch ein konstruktiver Beitrag zum Arbeitsmarkt geleistet wird, wird das durchaus positiv gesehen. Mit ihren Patenten machen vor allem Technische Universitäten einträgliche Geschäfte. Die Pharmaindustrie lässt an Universitätskliniken neu entwickelte Präparate testen und die Universitäten verdienen daran. Universitäten verstehen sich zunehmend als Unternehmen. Da wo früher ein kostenfreies öffentliches Forum für interessante Vorträge zu finden war, werden heute saftige Mieten erhoben, selbst bei studentischen Projekten. Manager und Unternehmer werden zunehmend die Leitbilder dieser neuen Universität. Die in den neuen Hochschulgesetzen etablierten „Hochschulräte", die im Vergleich zu den traditionellen Selbstverwaltungsgremien immer einflussreicher werden, sitzen inzwischen die Personen, die sich auch in den Aufsichtsräten der Großkonzerne tummeln.[7] Sie sorgen schon dafür, dass die Universitäten ihre Profile an den „ökonomischen Notwendigkeiten" ausrichten.

Das „unternehmerische Selbst" beginnt zunehmend die Identitätserzählungen der Universitätsangehörigen zu bestimmen. Ein Kollege aus dem universitären Mittelbau einer medizinischen Fakultät sagte mir kürzlich er sei 3 Millionen Euro „schwer". Er meinte die „Drittmittel", die er eingeworben hat, und die sein „Gewicht" in der neuen universitären Rangskala ausdrücken sollen und ihm das Gefühl vermitteln, dass er „dazu gehört". So ein Zahlenwert löst bei dem, dem er mitgeteilt wird, fast reflexartig die Frage nach dem eigenen Drittmittelaufkommen aus. Als Projektleiter in zwei DFG-finanzierten Sonderforschungsbereichen, die mir annähernd zwei Jahrzehnte die Zugehörigkeit zur „Spitzenforschung" (so werden Sonderforschungsbereiche eingeordnet) gesichert hat, kann ich mich locker in den Kreis der universitären Millionarios einordnen und werde durch monetären Statusmarkierungen nicht verunsichert. Aber ich kenne diese Reflexe der Selbstwertabsicherung. „Wenn die Eintreibung von Drittmitteln zum Qualitätskriterium einer Wissenschaft wird, wird der zum Versager, der solche Mittel gar nicht benötigt, weil ein Kopf zum Denken genügt" (Liessmann, 2006, S. 126). Konrad Paul Liessmann beobachtet auch noch einen anderen Effekt dieser Bemühungen, den eigenen Drittmittelkapitalstock zu mehren:

> „Ganz nebenbei produziert der künstlich erzeugte Wettbewerbsdruck eine neue, eigene Literaturgattung: die Antrags-, Projektbeschreibungs-, Selbstdarstellungs- und Bewertungsprosa. Zu dieser gehört nicht nur das gekonnte Jonglieren mit Zahlen und Statistiken, sondern auch die bemerkenswerte Fähigkeit, dem Zeitgeist genau abzulauschen, welche wissenschaftlichen Trends als zukunftsfähig gelten könnten und in welchen Segmenten es sich daher lohnt, jene transdisziplinär vernetzten und international begutachteten Projektanträge zu stellen, die dann bei einer allfälligen Evaluation als die großen Pluspunkte verbucht werden können. Unter diesen Bedingungen wächst natürlich nicht Forschung, wohl aber der organisatorische, bürokratische und poetische Aufwand für diese. Projektanträge erreichen mittlerweile Dimensionen, die dem Vernehmen nach dazu führen, dass *manch ein Antragsteller gleich den Antrag als wissenschaftliche Publikation deklariert* - was insofern durchaus sinnvoll ist, als ja, wie schon Daniel Defoe wusste, ein Projekt ein 'großartiges Unternehmen ist, das zu breit angelegt ist, als dass aus ihm etwas werden könnte.'"

Zunehmend entscheiden auch die Punktwerte bei den „Rankings" über die Berufung auf eine Professur. Da haben Aufsätze in englischsprachigen Journalen, die alle Publikationsangebote einem „Peer-Review"-Verfahren unterziehen, höhere „Impact"-Faktoren, als solche, die in einer deutschen Zeitschrift publiziert werden. Bücher in deutscher Sprache zu schreiben und zu publizieren, kann man einem jungen Kollegen, der eine akademische Karriere vorhat, nicht mehr empfehlen. Aufsätze in Sammelbänden braucht man gar nicht mehr anzugeben, denn sie bringen ohnehin kaum mehr Punkte auf dem „Ranking"-Konto. Einzelne Wissenschaftler, ganze Institute oder Departments werden dann nur noch in ihrer „Forschungsstärke" an der Summe der unterschiedlich gewichteten Publikationen gemessen. So sind es quantifizierbare Konten, die über die wissenschaftliche Qualität entscheiden. Der jeweilige „Kontostand" könnte dann die letzte Entscheidungsinstanz bei Berufungen sein und gelegentlich werden jetzt auch schon Zweifel geäußert, ob man dann auch wirklich zu einer vernünftigen Personalentscheidung kommt. Aber ein Qualitätsurteil darf sich ja nicht mehr auf ein „subjektives" Urteil stützen, sondern bedarf einer quantifizierbaren Legitimationsgrundlage. Die Folge dieser Entwicklung ist, dass vor allem junge Wissenschaftler ihren ganzen Ehrgeiz in die Platzierung von Aufsätzen in „high-ranked journals" investieren. Die haben einen so hohen Standardisierungsgrad, dass sich der eine wie der andere liest bzw. deshalb auch gar nicht mehr gelesen werden - außer von der unmittelbaren „Konkurrenz". So ist eine öde Zeitschriftenlandschaft entstanden, die keine Inspiration, Ideen, Kreativität oder auch giftige Essays enthält. Die Einladung zur Mitarbeit an einem spannenden Buchprojekt wird immer häufiger dankend abgelehnt, weil ja dabei auf dem Konto kein nennenswerter Betrag verbucht werden kann.

Damit man sich an Kontenführung auch rechtzeitig gewöhnt, haben auch Studierende ihre Konten, auf denen ihre Leistungspunkte (im Jargon sind das die ECTS[8]) verbucht werden, die in aller Regel durch Klausuren nachgewiesen werden müssen. Die Konten werden zunehmend der zentrale Bezugspunkt für das Studium. Die Frage nach dem spezifischen Interesse an dem Thema einer Lehrveranstaltung gerät deutlich ins Abseits einer Luxusfrage.

Es zählt, was zählt!

Die endgültige Austreibung kritischen Denkens bei den Studierenden: Der Bolognaprozess

Bologna war für mich einst der Inbegriff einer selbstbewussten italienischen Stadt, auf deren Marktplatz ich mächtige Demonstrationen erlebt habe. Jetzt löst die Erwähnung dieses Städtenamens ein völlig anderes Assoziationsfeld aus. Menschen an den Hochschulen denken jetzt sofort an die Bachelor- und Masterstudiengänge, die sie jetzt entwickeln müssen. Bis 2012 soll es an europäischen Universitäten nur noch solche Studiengänge geben. Das wurde von Kultusministern europäischer Länder in Bologna beschlossen[9]. Diplome und klassische sozial- und geisteswissenschaftliche Magisterstudiengänge werden vollständig abgeschafft und an ihre Stelle tritt ein durchstandardisiertes Bachelorstudium, das in sechs Semestern zu absolvieren ist. Die Hoffnung, dass sich der Bachelor nur unwesentlich vom bisherigen Grundstudium unterscheiden würde und dass sich dann im Masterstudium das bisherige Hauptstudium unterbringen lässt und sich insofern gar nicht so viele ändern würde und die Flaschen nur umetikettiert werden müssten, erweist sich zunehmend als grandiose Illusion. Nur ein kleiner Teil der Bachelorabsolventen (in Nordrhein-Westfalen sind es etwa 30%) wird die Chance auf die Zulassung zu einem Masterstudiengang bekommen. Diese werden die erste Stufe der Eliteförderung darstellen, nachdem das niedere akademische Fußvolk über einen Bachelor abgefertigt wurde.

Der Bachelorabschluss soll zu einer „Berufsbefähigung" führen, was durchaus ein Reformimperativ für eine neue Hochschullandschaft sein könnte, zugleich ist es kaum vorstellbar, dass man in sechs Semestern eine qualifizierte „Berufsbefähigung" erreichen könnte. Das in dieser Nescafé-Variante von Studium erreichte Niveau wird Berufsakademien vergleichbar sein, wird ein deutlich reduziertes Gehaltsniveau zur Folge haben und wird kaum den Zugang zu anspruchsvollen Weiterqualifikationen ermöglichen.[10]

Die von ECTS-Punkten kontrollierten Bachelorstudiengänge müssen in einem durchoperationalisierten Modulsystem angeboten und studiert werden. Man könnte natürlich argumentieren, dass mit gut durchdachten Modulen endlich auch qualitätsvollere Lehrveranstaltungen entstehen, die nicht im subjektiven Belieben des Dozenten liegen, der im alten Universitätssystem dies immer unter der Überschrift „Freiheit von Forschung und Lehre" vor einer kritischen Evaluation abschotten konnte. Allerdings wird die mögliche Qualitätsverbesserung von einer ungeahnten Regelungswut erstickt. Die zu schreibenden Modulhandbücher stellen sich als bürokratische Monster heraus.[11] Der Bolognaprozess vollzieht sich in einem starren Rahmen, der das totale Gegenteil von einer immer wieder angekündigten Entbürokratisierung bedeutet. Der Staat hat sich aus diesem Prozess stark zurückgezogen, aber er hat hier ein Betätigungsfeld für privatwirtschaftlich organisierte sog. „Akkreditierungs-Agenturen" geschaffen, die ohne eine demokratische Legitimation ein Kontrollsystem über diese neuen Studiengänge gelegt haben, das die rechtlichen Überprüfungssysteme der alten Kultusbürokratien wie Orte liberalen Geistes erscheinen lassen.

Die Absolventen dieser Studiengänge werden in ihren Zeugnissen kaum mehr individuelle Schwerpunktsetzungen und Interessen sichtbar machen können. Als ob sie geklont wären, haben sie alle fast ein identisches Profil und sie erwerben es in einem schulartigen Formierungsprozess. Die Frage, die ich mir immer mehr stelle, ist die, wie sich eigentlich der Widerspruch zwischen diesem neuen Studienprofil und den gerade von Wirtschaftsvertretern geäußerten Erwartungen, dass Akademiker selbständig, flexibel und kreativ sein sollten, erklären lässt. Auch die stärkere Internationalisierung, die ein wichtiges Begründungsargument für den Bolognaprozess war, bleibt angesichts der realen Studienbedingungen, völlig auf der Strecke. Wieder so ein Widerspruch!

Bilanz einer feindlichen Übernahme der Humboldtschen Hochschule durch eine neoliberale Dominanzkultur: Ein erschöpftes System

Die Eventisierung der Hochschulen, ihre Hitparaden im Ranking auf allen Ebenen erzeugt nicht gerade den Eindruck einer fröhlichen Szenerie, obwohl manche Maßnahmen der eigenen Öffentlichkeitsarbeit diesen Eindruck erwecken wollen. Manchen Hochschulrepräsentanten ist die allzu marktschreierische Positionierung auch schon etwas peinlich und es wird „Dialog statt ‚Eventisierung'" eingefordert (so im UniSpiegel der Heidelberger Universität vom 4. Mai 2007). Man favorisiert den Begriff der „Wissenschaftskommunikation". Zu diesem Thema fand im April 2007 in der Akademie der Wissenschaften zu Berlin eine Tagung statt und Christoph Markschies, Präsident der Humboldt-Universität zu Berlin, erinnert daran, dass schon früher Eventisierung stattgefunden hätte: „Vor fast zweihundert Jahren begeisterte der große Naturforscher Alexander von Humboldt mit jedem seiner ‚Kosmos-Vorträge' bis zu 800 Zuhörer, vom Preußenkönig bis zum Maurermeister." In diese Tradition stellt er aktuelle Projekte wie Forschungsschiffe über Science Centers bis hin zu „Kinder-Unis".

Gerold Wefer, Direktor des Forschungszentrums Ozeanränder, „Wissenschaftler des Jahres 2006" der Hansestadt Bremen, zeigt an, wie heute an den Hochschulen zu denken und zu handeln ist und er heimst einen Preis nach dem anderen ein. Er versteht das Geschäft der „Eventisierung" und verweist auf deren eigentliche Funktion. Es geht nicht darum Feste zu feiern und die Hochschule aus dem Elfenbeinturm in die gesellschaftliche Kommunikation zu führen. Es geht wirklich um die endgültige Abtretung der Hochschule an den Markt. Es wird argumentiert, dass durch Exzellenzinitiative und Bologna-Prozess Universitäten zunehmend wettbewerbsorientiert agieren würden. Die öffentliche Präsenz könne für Studierende als zukünftige Kunden entscheidend sein. Hier galt es für die Teilnehmer auch, vorhandenes Potenzial stärker zu nutzen, zum Beispiel die

„inneruniversitäre Reflexion" wieder zu beleben, die Universitätssammlungen als einzigartige Schätze zu begreifen und die Universität als Kulturzentrum zu verstehen. Selbst die Reflexion wird als Marktfaktor definiert und der darauf gerichtete Appell verrät sich selbst.

Die Eventisierung gehört zu einer Strategie der „Neuerfindung" der Universitäten unter den Vorzeichen einer vollständigen Ausrichtung des neuen Systems an neoliberalen Ordnungsvorstellungen. Ein Staatssekretär aus dem bayerischen Wissenschaftsministerium hat Ende der 90er Jahre die Notwendigkeit einer Veränderung der Universität damit begründet, dass sie „fit" für das neue Jahrtausend gemacht werden müsste. Allein mit dieser Wortwahl hat er schon verraten, worum es gehen soll: nicht um kritische Wissenschaft oder um Autonomiespielräume der Universität, sondern um einen Anpassungsprozess („to fit in", heißt ja genau das) an die Imperative einer ökonomisch gesteuerten globalen Welt. Hier kann man die Grundzüge des flexiblen neuen Kapitalismus und seiner radikalen Konsequenzen in allen gesellschaftlichen Teilbereichen und nicht zuletzt auch bei den einzelnen Subjekten erkennen wie sie Richard Sennett (1998 und 2005) eindrucksvoll beschrieben hat. Menschen werden einer Veränderungsdrift ausgesetzt, die sie nicht mehr persönlich begrenzen und steuern können, die aber von ihnen die volle Verausgabung ihrer Energien fordert. Und sie erleben diesen Prozess nicht nur als nicht steuerbar, sondern auch als „unlesbar". Und wenn wir noch die Überlegungen von Zygmunt Bauman (zuletzt 2007) hinzunehmen, dann wird die innere Logik dieser auf die Universitäten übertragenen Event- und Fitnesskultur noch deutlicher. Die Zielmarkierungen für eine gelungene universitäre Laufbahn oder eine erfolgreiche Institutsarbeit sind verschwunden. Es kommt vielmehr zur Etablierung von Vergleichssytemen in Form von Rankings und Drittmittelbilanzen, die den Stellen- bzw. Marktwert von den unmittelbaren Kollegen abhängig macht, die damit natürlich endgültig auch zu feindlichen Konkurrenten werden. Die Stimmungen in universitären Gremien sind untergründig davon längst vergiftet. Die universitären Lebensformen passen sich der unaufhaltsamen Beschleunigungsdynamik an, der gesellschaftliche und berufliche Fitness-Parcours hat kein erreichbares Maß, kein Ziel, an dem man ankommen könnte, sondern es ist eine nach oben offene Skala. Jeder Rekord könnte ja immer noch gesteigert werden. Hier ist trotz Wellness-Industrie keine Chance eine Ökologie der eigenen Ressourcen zu betreiben, sondern in einem unaufhaltsamen Steigerungszirkel läuft alles auf einen Erschöpfungszustand zu. Die von Alain Ehrenberg (2005) vorgelegte Analyse zur erheblichen Zunahme von Depressionen in den spätmodernen Gesellschaften ist hier unmittelbar anschlussfähig: Dieser Steigerungszirkel verbraucht rücksichtslos alle Ressourcen und führt zu einem „erschöpften Selbst". Die Eventisierung der Universitäten mobilisiert für diesen Steigerungszirkel und kann durch manisch wirkende Events die zunehmende Erschöpfung nicht kaschieren!

Anmerkungen

1 Das war wohl auch der Sinn jener Formulierung aus Edmund Stoibers Standardwahlrede vor der letzten bayerischen Landtagswahl, als er davon sprach, dass wir in den „Rohstoff Geist investieren" müssten. Allerdings hat er auch die Anhänger dieses Investitionsprojektes nach seiner triumphalen Wiederwahl schwer enttäuscht, als er nach der Wahl dem Bildungsbereich einen brutalen Sparkurs aufgenötigt hat.

2 Bei Wikipedia heißt es: „Als *Leuchtturm* wird in der Nautik ein in der Regel etwa 15 bis 40 Meter hoher Turm bezeichnet, der an wichtigen oder gefährlichen Punkten der Schifffahrt als weithin sichtbares Seezeichen dient. Durch ihre Lichtsignale (Leuchtfeuer) weisen Leuchttürme Schiffen den Weg und ermöglichen so die Navigation und das Umfahren gefährlicher Stellen im Gewässer. Im übertragenen Sinn (Metapher) kann alles als Leuchtturm oder Leuchtfeuer bezeichnet werden, das weithin sichtbar ist oder Wirkung erzielt."

3 Der Chefideologe der neuen Hochschulmanagementphilosophie, Detlef Müller-Böling von der Bertelsmann-Stiftung, erklärt diesen Begriff so: Er „stammt aus der Landvermessung und besagt, dass ein Punkt in der Landschaft fixiert wird, um daran Entfernungen zu messen. Heute definiert man Benchmarking als systematische Suche nach guten Ideen und Lösungen. Universitäten suchen bei anderen Hochschulen nach Vorbildern, die sie übernehmen können. So haben 15 der größten deutschen Hochschulen - von Heidelberg bis München - soeben ein Benchmarking-Netz gegründet. In solchen Zusammenschlüssen will

man voneinander lernen: Warum ist eine Hochschule besser in der Einwerbung von Drittmitteln als die andere? Wo funktioniert die interne Mittelverteilung am besten?" (DIE ZEIT Nr. 36 vom 28.08.2003).

4 Müller-Böling: *„Hochschulrankings* dagegen dienen der ‚Verbraucherinformation' für Studenten". Davon ist das *Forschungsranking* zu unterscheiden: „Diese Ranglisten vergleichen die Forschungsleistungen der Professoren an einer Hochschule. Beispiele sind das Forschungsranking des Centrums für Hochschulentwicklung (CHE) oder das Förderranking der Deutschen Forschungsgemeinschaft (DFG). Ein Kriterium, um Forschung zu messen, ist die Menge an Drittmitteln, die eine Fakultät eingeworben hat. Weitere Messpunkte sind Menge und Qualität von Publikationen" (Müller-Böling).

5 Ein besonderer „Leuchtturm" steht um die Ecke von Silicon Valley und heißt Stanford University. Sie hat wohl weltweit die meisten technologisch nutzbaren Patente, die einen ungeheuren Geldsegen bescheren. Das ist vor allem das Vorbild vieler Technischer Universitäten und der Rang eines Departments oder eines einzelnen Wissenschaftlers wird dort schon längst nicht mehr durch wichtige Publikationen markiert, sondern durch die Anzahl der anerkannten und gewinnträchtigen Patente.

6 Diese Formulierung ähnelt einer Aussagen eines Nachbarjungen, der bei seinem ersten Anlauf zum Erwerb des Sportabzeichens die nötige Punktzahl nicht erreichte, aber seine uneingeschränkte Leistungsbereitschaft mit dem Satz dokumentierte: „Ich war der beste von denen, die es nicht geschafft haben."

7 An der Münchner Universität sitzen: Als Vositzender Hubert Burda, Dr. Nikolaus von Bomhard (Münchner Rück), Herbert A. Henzler (McKinsey), Albrecht Schmidt (HypoVereinsbank), Wilhelm Simson (E.ON AG). Im Hochschulrat der TU München finden wir Roland Berger und Bernd Pischetsrieder.

8 Ausbuchstabiert heißt das *European Credit Transfer System* und soll den durchschnittlichen Arbeitsaufwand (*work load*) zum Ausdruck bringen, den ein Studierender zur Erbringung einer definierten Leistung zu investieren hat.

9 Die sog. „Bologna-Declaration" von 1999 (http://www.bmbf.de/pub/bologna_deu.pdf) hat hehre Ziele verkündet:
- Schaffen eines gemeinsamen Europäischen Hochschulraums bis 2010
- Einführen eines Systems leicht verständlicher und vergleichbarer Abschlüsse
- Fördern von Mobilität (durch Zugang zu Studien- und Ausbildungsangeboten; durch Anerkennung und Anrechnung von Auslandsaufenthalten zu Forschungs-, Lehr- oder Ausbildungszwecken für Studierende, Lehrende, Wissenschaftler und Verwaltungspersonal)
- Ausbauen der europäischen Zusammenarbeit bei der Qualitätssicherung

10 Die Psychotherapeutenkammern haben für sich festgelegt, dass die Zulassung zu einer kassenanerkannten Psychotherapieausbildung und zur Niederlassung nur über einen erfolgreich erworbenen Mastertitel laufen könne.

11 Ursula Link-Heer (2006) berichtet von einem Modulhandbuch an ihrer Universität, das siebenhundert Seiten umfasste, zu denen noch 150 Seiten Korrekturen kamen.

Literatur

Bauman, Zygmunt: Flaneure, Spieler und Touristen. Essays zu postmodernen Lebensformen. Hamburg: Hamburger Edition 1997.

Bauman, Zygmunt: Leben in der Flüchtigen Moderne. Frankfurt: Suhrkamp 2007.

Bröckling, Ulrich: Das unternehmerische Selbst. Soziologie einer Subjektivierungsform. Frankfurt: Suhrkamp 2007.

Kemper, Peter (Hg.): Der Trend zum Event. Frankfurt: Suhrkamp 2001.

Müller-Böling, Detlef: TÜV für die Universität. Ranking, Evaluation, Benchmarking - was bedeuten diese Begriffe, die das deutsche Hochschulsystem schon heute grundlegend verändern? In: DIE ZEIT 28.08.2003 Nr.36

Link-Heer, Ursula: Warum machen alle mit? Nach Diktat reformiert: Wir Bertelsmann-Professoren. In: FAZ vom 07.08.2006, S. 36.

Münch, Ingo von: Elite-Universitäten. Leuchttürme oder Windräder? Hamburg: Reuter & Klöckner 2005.

Münch, Richard: Die akademische Elite. Frankfurt: Suhrkamp 2007.

Liessmann, Konrad Paul: Theorie der Unbildung. Die Irrtümer der Wissensgesellschaft. Wien: Paul Zsolnay 2006.

Nowotny, Helga: Unersättliche Neugier. Innovation in einer fragilen Zukunft. Berlin: Kadmos 2005.

Pörksen, Uwe: Plastikwörter. Die Sprache einer internationalen Diktatur. Stuttgart 1988.

Sennett, Richard: Der flexible Mensch. Die Kultur des neuen Kapitalismus. Berlin: Berlin Verlag 1998.

Sennett, Richard: Die Kultur des neuen Kapitalismus. Berlin: Berlin Verlag 2005.

Jochen Wagner

Göttlich ausschaun, tierisch abgehn

Events als Doubles des nie gelebten Lebens:
Die Rennstrecke

'Am Limit' - der Film zeigt die *Huber-Buam*, zwei Extrembergstei-
ger, in der Wand hängen, teils mit, für mehr Kick aber auch ohne Seil.
Körperliche und mentale Fitness paaren sich mit Technik zum Akt
am Berg. Sie klettern, wie schon der beflügelte Ikarus, langsam rauf,
der Sturz, der freie Fall hingegen *wäre* sauschnell. Schon im Kino
bekommt man feuchte Hände. Wem beim Bergsteigen schwindelt,
der treibt halt den Puls mit vielen PS hoch. Wenn Casey Stoner,
derzeit Führender in der MotoGP, der Königsklasse der Motorrad-
WM, seine Werks-Maschine vom Ducati Corse Team mit 320 Sachen
den Mugello-Circuit[1] hinunterprügelt, mitten auf der Gerade mit
dem Vorderrad in der Luft ins Nichts schaut, ein paar Hundert Meter, einen Wimpernschlag später bis zur schieren Bewusstlosigkeit
herunterbremst, um die Arrabbiata oder Parabolica so schräg zu nehmen, dass er nur noch mit dem Knie denkt, dann verkörpert auch der
Ikarus des Asphalts einen besonderen Daseinstypus: „Non ho pau-
ra." Ich habe keine Angst.

Auch die Piloten der Formel-1-Boliden sind Hasardeure der Hoch-
geschwindigkeit. Auch deren Kirmes zieht mit ihrem kommerziellen
Mentor Bernie Ecclestone alljährlich um den Globus - trotz Klima-
diskussion. Etwa das Benetton-Team lackierte seine rasenden Flun-
dern mit einem Ökodesign des geschundenen Planeten.[2] So rast der
Zirkus im Jahr 1 nach 'Mikael Schumackerr' ungebremst durch den

Kalender. Und wes Land etwas auf sich und die Creme der Globalisierung hält, baut einen Grand-Prix-Kurs. Wie zuletzt Dubai, Istanbul, Shanghai und Quatar wollen der letzten Göttin Velocita unterm religionskritisch leeren Himmel auch Moskau, New York und Mexico City u.a. dienen. Der Stararchitekt der Rennkurse aus Deutschland (weltweit einzig ohne Tempolimit) hat genug Arbeit, die in den Fotografien von Andreas Gursky[3] ikonographische Divinisierung erfährt. Ob also überhängende Felsen oder endlose Asphaltmäander: Speed, Grip und Drive halten den Kletterer in der Wand und lassen dem Motorradrennfahrer an arschglatten Slicks alle solche Erlebnisse haften, die in der alltäglichen Langeweile keinen Spielraum mehr haben: Intensitäten.

Gib Gas, ich will Spaß

Es ist wohl die alte *Mania*, die Raserei, die vom Seifenkisten-Rennen der Kinder bis zum Bugatti Veyron mit 1001 PS die Menschheit durchwirkt. Im offiziellen Leben der christlich-bürgerlichen Ordnung des Abendlandes unter der Woche ohne rechte Bleibe, hat der ‚Despotismus der Begierden' (Kant) am Wochenende als ‚produktive Disziplin' einen festen Platz.[4] Komplexe Gesellschaften brauchen wohl solche Tempoeucharistien, als wäre der Triebverzicht zugunsten ziviler Kultur bzw. des Bruttosozialprodukts nur dann gewährleistet, wenn es regelmäßig, als Lockerung der Lusthemmung, ritualisierte Spielräume, Auslaufzonen, Dehnfugen, künstliche Oasen und kleine Fluchten gibt. Noch vor der Reflexion der Rennerei als Körperpraktiken, als Teil von Bildungs- und Repräsentationsarbeit des Subjekts, als Maschinisierung des Körpers, leuchtet die Sensation dem Alltagsbewusstsein als 'ein Muss' ein.

Rennen gehören zur Moderne wie zur Antike: ‚panem et circensis', ‚Brot und Spiele', sind Mitgaranten, das unter dem fragilen Firnis der Zivilisation gärende Fleisch vorm Explodieren oder Implodieren zu schützen. Keine Triebstruktur kommt ohne kontrollierte Ekstasen aus.[5]

Mimesis

Ohne selber zu rasen, kann man auch als Zuschauer trefflich in Raserei verfallen. Kraft dem mimetischen Vermögen *kinästhetischer Sympathie* identifiziert man sich mit dem Double des selber nie gelebten Lebens. Wie *Selbst-* oder *Übertragungsobjekte*[6] fungieren die Bewegungskünstler als Stuntmen für hypermobile, vertikale wie horizontale Choreographien. Waren feudale, aristokratische Kampfsportarten wie Fechten, Reiten oder Schießen noch streng formiert, idealisiert die motorisierte Raserei eine Freiheit, die keine Grenzen kennt. Sich austoben, den rasenden Körper perfekt funktionstüchtig als auch zwanglos zu erleben und erscheinen zu lassen, ist ein Refugium modellierter Bewegungskünste.

Die Körpertechniken zu Motorrad oder Auto führen das Schauspiel von allerlei Bewegungsbildern und -akten vor. Motion + emotion bewirken eine Transfiguration des eindimensionalen Menschen in eine mobile Skulptur. Für sie hält der Rennzirkus neben den prominenten Spektakeln der vierrädrigen Formel 1 und der zweirädrigen Moto GP eine Unzahl von Rennklassen bereit: Indy-Car, Formel 2 wie DTM-Meisterschaft, Marken-Cups sündteurer Werksteams, VW-Polo, Mini Challenge oder Peugeot Championate, die Legion an Classic-, Oldtimer- und traditionsreichen Bergrennen. Sie alle atmen letztlich den Mythos der Rallye San Remo oder der Mille Miglia[7] bei den Autos wie der heuer 100jährigen TT Isle of Man[8] oder dem Moto Giro d'Italia bei den Bikes.

In der Manege ist ein Exemplar des homo faber unersättlich tätig, der *anthropos mechanos*. Rast der mechanische Mensch, kollaboriert sein natürlicher Leib mit seinem liebstem technischen Verbündeten, dem Motor. Feurige Objekte, hochpotente Autos und Motorräder, sind *Bewegungsverstärker* des Leibes. Wie die instrumentellen Hightech-Artefakte strotzen auch die Piloten vor individueller Selbsttechnologie und Performancepraktik. Die Paarung Leib und Motor - bis heute feiert die Industrie die Fusion von metallenem Leib, der Karosserie, mit dem explosiven Herz, dem Motor als *Hochzeit* - rückt eine rätselhafte Symbiose ins Zentrum der benzintrunkenen Events: die von Mensch und Maschine. Eine Verschmelzung wider alle Aufklärung und soziale wie ökologische Antagonismen ein pures Faszinosum. Doch warum? Ein Kurzschluss von Ideologie und Alltag, am Feierabend aus dem Immergleichen ausscheren, ans Limit, über Grenzen zu gehen? *Event*. Im französischen *éventuel* bedeutet es 'möglicherweise, vielleicht', im lateinischen *eventualis* bzw. *evenire*, 'herauskommen, eintreffen, sich ereignen', im englischen *event* 'Ereignis, Vorfall, Zufall', was noch im *Advent* anklingt, was nach dem lat. *adventura* sowohl 'Ankunft' als auch 'Abenteuer' meint.[9]

Apologie der Lust wider Dekadenz

Schon für Tertullian[10] bezeugten Spektakel den Verfall einer Gesellschaft. Von den altdogmatischen Kirchenvätern bis zu den kritischen Theoretikern der Kulturindustrie[11] sind Events der erregten Gesellschaft die Signatur von Dekadenz. Frivol, liederlich, frech, opulent und exzessiv bieten sie gegen allen heiligen Ernst den spöttischen Unernst auf.[12] Seine liebste Figur ist der *homo ludens*.[13] Dieser spleenige Flipper wettert wie Rilkes *Panther* gegen die bürgerlichen Zensur der 'Käfighaltung'.

Anders als die brave Leibesertüchtigung dient der Rennsport nicht der gymnastischen 'Organisation' eines gesunden Volkskörpers durch das Heil(s)mittel Sport. Zu seiner 'Biopolitik' (Foucault) gehören Staus, Lärm und Saufen und dieses auratisch-primitive Ambiente motzt gegen alles betreute Dasein. Im Ordinärem sind Events das Extraordinaire. Nicht den Mythos Gesundheit, sondern den Mythos Rausch ernährt die Raserei.[14] Der Pilot, Hasardeur wie Ikarus, behelmt in Kombi oder Overall, dieser *Spieler* hat weder Adornos und Horkheimers *Dialektik der Aufklärung*, geschweige denn Homers *Odyssee* gelesen. Gänzlich unbelesen im philosophischen Diskurs des Abendlandes hat dieser Analphabet der cartesianischen Selbstvergewisserung gar keine Lust auf Dauerreflexion. Vorm unglücklichen Selbstbewusstsein schützt ihn die dumme Sucht am Fahren. Auch ihm sind, so unbewusst wie unverdächtig, die motorischen Objekten seines Begehrens *Sirenen*, vom angeblichen *Schweigen der Sirenen*[15] weiß er jedoch nichts, sondern huldigt ihnen nicht textuell, sondern textilern, ganz und gar leibhaft. Eventuell androzentrisch gestört sieht er sie - trotz aller Gridgirls auf den Rennstrecken - in *motorisierten Artefakten*. So what?

PS-gedopte Athleten treten als Elite der Energie, der Dynamik, von Charisma und Tempo, dem Sexappeal von Boliden auf. Was kümmern den Hasardeur seine Metonymien? Meist männlichen Geschlechts, wenige Frauen sind Zweirad- und Vierradpiloten, wollen sie von ihrer Zwangshandlung gar nicht befreit werden. Kritischem Bewusstsein erschließt sich der Veitstanz mit PS-Prothesen in einem ausweglosen Circuit nicht. Gibt es ein *Nichtentstelltes* im so vielfach von der Dekadenz der Reichen, Schönen und Sorglosen *entstellten* Rennsport-Event? Was ‚macht so an' in den *Bewegungsbildern* geschwinder Hänflinge, die sich freiwillig in Crashgefahr stürzen und dabei eben die *Zerstückelung* ihres performativ zu Schau getragenen maschinellen *Einheitskörpers* riskieren? Fallen *Figur und Bedeutung* zusammen, wäre das Rennen unsere liebste Lauf-Masche. Als Selbstenthusiasmierung, ein *en theou einai*, in Gott sein, wird der leere Zeit-Raum intensiv mit Physio- und Psychomechanik gefüllt. Der Genuss, die *jouissance*[16] ist eine einzige rasende Apologie der Lust.

Loops des Begehrens

„Das Leben ist eine Frau im Tanz", schreibt Paul Valéry in *L'âme et la danse*.[17] Mit dieser Liebeserklärung an den *élan vital* führt die Spur des Eros zur *Bewegung*. Sie mag als menschliche Ursprache gelten. Lange vor der symbolischen Repräsentation von jemand und etwas Lebendigem durch einen unsinnlich-ähnlichen Signifikanten, waren Pfade im Dickicht der Lebenswelten erste Sinnstifter. Sich bewegen, das ist das erste Vokabular im Leibe. Motorik, Geste und Affekte sind unvordenkliche mobile Moods zum Austausch mit der Welt. Nun spielt sich vordergründig im Abendland alles im Kopf ab. Doch der

Tanz[18] führt durch eine Geschichte des body turn aus Kreuzigung und Auferstehung, Inquisition, Prostitution, Diät, Fitnessstudio, Dopen, Tunen, Operieren, Schminken, Wellness, Sport und eben Raserei. Seine *Hintergrundmetapher*[19] ist der Leib.

Auch die Raserei ist, wie alle *bewegten-bewegenden Körpertechniken*, ein Modus vom Tanzen, von *Körperarbeit*. Dabei ist der *rasende Leib* das univoke Moment von Kunstgeschöpfen wie Carmen, Elektra, Olimpia und Madonna oder deren metonymisch verschobenen Männerphantasien wie Ducati, Ferrari, Lamborghini oder sonstige *mechanischen Skulpturen*. Wirbel, Taumel, Sprung und Spin - anthropomorphe Dynamogramme begehren nach der vita activa. De corpore, de motu - vom Körper heißt von der Bewegung sprechen.[20] Live sehen wir im Tanz unsere liebste Illusion, den Anschein vom *ganzen Menschen*. Das Kind hüpft auf dem Asphalt, das Ballett auf dem Parkett. Ihre Bilder des Glücks stehen für lebendige Arbeit und unreglementierte Erfahrung. Leibhafte *Artikulation* meint hier Kunst, die *ars*, und darin das *Vermögen der Gelenkigkeit*.[21] Bewegte Objekte gehorchen keinem ‚Stillgestanden!' Durchdringen sich Leib und Lust, ist 'aus der Reihe tanzen' verführerischer wie 'nach jemandens Pfeife zu tanzen'. Die undisziplinierte Motorik bleibt ein *leibgeistseelisch eingeschriebener Habitus*.[22] Freilich wurde von Plato bis zum Christentum die subversive Kraft des Tanzens gefürchtet. Stets wurde die wilde Mimesis der Straße diszipliniert.[23] Doch schon das älteste biblische Credo im Mirjamlied *Exodus* 15,20f feiert die Befreiung aus der Knechtschaft in Ägypten mit Reigen, Pauken und Trompeten. Keine Rede von fleischlosen Symbolen vergeistigten Menschseins. Das hebräische *nefesch* heißt nicht Seele, sondern Hunger, Kehle, Gurgel, Schlund - 'ich ist begehren' heißt es eigentlich im anthropologischen Materialismus alttestamentlicher Diesseitsliebe.[24]

Emanzipatorische Sinnlichkeit[25]

Ob also Josefine Baker mit der *Revue Nègre* 1926/1927 oder Tanz auf dem Asphalt, die Bewegungsgrammatik der *sirène de tropiques* (zeitgleich[26] zu Martin Heideggers *Sein und Zeit*) bezeugt die im philosophischen Diskurs der Moderne meist vernachlässigte ästhetisch-expressive Vernunft. Der Tanz pocht auf die uralte Referenz aller Zeichen, die eigentliche *res* unter all den *signa*: die *nackte Wahrheit*.[27] Insofern ist der rasende Leib eine „biomorphe Letter"[28], ein wirbelndes Zeichen. Mit dem *Vorrang des Gestischen* vor Worten, Zahlen, Bildern und Bytes rührt das *leibgeistseelische Vermögen* des Tanzes noch an die alte adaequatio intellectus et rei.

Wie beim Kind ist die Welt noch nicht in Griff und Begriff, Ereignis und Bedeutung geschieden. Tanzen oder Rennen sind auch ein *Discours*, ein Durch(einander)lauf(en), jedoch nicht von immateriellen Zeichen, sondern von rasenden Körpern selber als somatischen Bedeutungsträgern. Wie automobile Füllfederhalter schreiben sich Rasende in die Welt ein. Sie sind der seltene Glücksfall, wo Signifikat und Signifikant, wo wort bild ton in eins fallen als *lebendige Skulptur*. Ob Giacomo Agostini oder Valentino Rossi auf dem Motorrad, Jimi Hendrix an der Gitarre oder Diego Maradona am Ball - die Poeten des kreativen Augenblicks verkörpern *Information* in *Topform*, also Sinn anthropomorph. *Bedeutung* durch *Bewegung*, das ist geistleibliche Präsenz, keine Repräsentation, sondern Präsentation, Manifestation im Zeit-Raum: Live statt ReLive, Make x ReMake, Mix x ReMix, Original x Reproduktion.[29]

KörPerformance

Renntermine allerorten. So viel PS-gestützter *body talk* war nie. Zugleich haben die symbolischen wie technischen Apparaturen sinnhaftmaterialer Wirklichkeiten in repräsentative, mediale, künstlerische, instrumentelle, virtuelle und imaginäre Szenarien zu einer Mannigfaltigkeit von Realitäten geführt. Was ist wirklich ‚wirklich': ein Live-Rennen am Circuit oder das Vergnügen an der Spielkonsole? Was ist echt, authentisch?[30] Der mobile Leib?[31] Rennen sind eine Show, wo Körper konturiert, ja idealisiert werden in einer Elegie am Pranger. Projektion, Projekt, Projektil - und dann zählen Pferdestärken, PS, und Newtonmeter, Nm für Leistung und Drehmoment. Wie im Urwirbel der Atome scheint das *offene Spiel* im Speed von Gegenein-ander und Miteinander dynamisches Urprinzip allen Seins zu sein, so etwa Lukrez in *De rerum natura*. Es geht immer um Form, Mate-rie und Energie. Chaos, Figur, Schwindel, Taumel, Wirbel, Vortex, Vertigo, Vertige sind das älteste Alphabet des rätselhaften Lebens. Rasen ist ein Bionic-Theater zwischen Crash und Creatio: Was wird aus dem Fleisch?

Events sind body politics

Cassius Clay allias Muhammed Ali war 'der mit dem Gegner tanzt'. Bei aller Schlägerei abstrahiert nicht von der den Rivalen gemeinsa-men *Empfindsamkeit des Leibes*. Transzendenz, sich überschreiten, entsteht hier seitwärts. Ein Mensch ist so empfindlich wie jeder an-dere auch. Wettkämpfe schaffen ein kreatives Bündnis interaktiver Körperpolitik. Vom Kampf zum Spiel? Ohne Firlefanz: kein ziviler Wettstreit ohne Logik der Anerkennung. Ich kooperiere, ich konkur-riere und komme nur über die *Anerkennung noch des extremsten Ande-ren* zur *Vergewisserung des Eigenen*.[32] Jeder Ring setzt ein Minimum an *fair play* im Leib der Kombattanten voraus[33], ja der Sport erzeugt tiefgehende Solidaritäten. Insofern taugt der *Competition*, lateinisch *cum petere* = miteinander etwas bestreben, als Intervention zwischen *Spiel* und *Krieg*.

Hier würde dann der *homo homini lupus*, der Mensch, der dem Menschen ein Wolf ist, psychisch geimpft. Insofern herrscht auf den Circuits meist eine Art Waffenstillstand unter Fans und Piloten, auch wenn die hochmotorisierten PS-Boliden mechanische Waffen sind. Wenn etwa in der extremen Arrabiata-Kurve zu Mugello ein ganzer Fanblock auf geheime Choreographie hin seine T-Shirts so über Kopf wendet, dass zeitgleich zum Vorbeidonnern der Ducati-Corse-Werk-Teams-Piloten im Zoom des kollektiven Beobachterauges das *Duca-ti-Logo* erscheint, dann zeigt diese visuelle Strategie des vestimentä-ren Codes den Wunsch nach einer Consolidatio, in der die einzel-

nen Körper konstitutiv zur Komposition des dynamischen Kollektiv-
leibs spielen.[34] Rasen als Modus, gegen den Tod mobil zu machen?
Verliert, wer sich körperlich austobt, die Lust am Zerstören? Paktiert
dann der Motor mit dem Todestrieb oder ist er ein Einspruch gegen
ihn noch mit dessen Mitteln? Ob also Boxen oder BigBang-Motor:
to beat heißt schlagen, *beatness* aber Glück. Wettkämpfer sind lauter
Beatles.

Beinarbeit

Bewegte Objekte faszinieren, machen neugierig, wecken Aufmerksamkeit. Im Fußball etwa scheint im geballten Glück das Phantasma
einer rundum kompletten Sache auf. In den öffentlichen Traumtexten
oder Traumfilmen des Sports harmonieren Körpertechnik und Ob-
jektbemächtigung. Was der Rezipient als Unterhaltung erlebt, ist für
die Produzenten, die Spieler selber harte *Arbeit*. Im Motorsport scheinen nun die Verhältnisse von Mensch und technischem Gerät, wie
sie in der Arbeitswelt herrschen, umgedreht: Wo der Mensch oftmals
nur noch als Funktion oder Implement der technischen Apparatur
auftritt, mitunter von dessen unermüdlicher Perfektion gekränkt[35],
wird der Mensch beispielsweise im Motodrom als meisterhafter Be-
herrscher der Rennmaschine anschaulich. Als sensationelle *Gegenwelt*
zur abendländischen Teilung in geistige und körperliche Arbeit, re-
habilitiert der Event den Menschen.[36] Zieht der *tüchtige Leib* alle
Performance auf seine Seite, erreicht er mit der *Sprezzatuza*, das
Schwerste mühelos leicht darzustellen[37], den Spitzenfall von Intuition, Instinkt, Koordination, Rhythmus[38], Resonanz und bewusstlosem
Können aus einem psychophysischen Habitus heraus. Der lebt gerade davon, in actu eben nicht konzeptionell zu planen.

In der Hingabe ans Tun ist der Pilot frei davon, sich in je et moi, I
and me, ich und Selbst ,selbstverdoppelnd' zu reflektieren. Mit der
Maschine verschwimmen nicht nur die Grenzen von Pilotenleib und
Maschinenkörper, sondern fusionieren auch im mechanischen Menschen selber Geist und Leib, Kopf und Bauch. Ähnlich hat Friedrich

Schiller für die ästhetische Erziehung des Menschen das Spiel als privilegiert für die *automatische* Aufhebung der arbeitsteiligen Spaltung in Geist und Körper, Verstand und Gefühl geschätzt. Das Spiel versöhnt im Nu, was im technisierten Leben oft zerteilt ist: Mensch und Mitmensch, Gefühl und Verstand, sinnlicher Stoffhunger und vernünftiges Formstreben: *„Der Mensch spielt nur, wo er in voller Bedeutung des Worts Mensch ist, und er ist nur da ganz Mensch, wo er spielt."*[39] Der Sport als Kehrseite zum unendlich geltenden Geist verschleißt dabei sein lebendiges Kapital, den Leib. Was ist der Motorsport für eine Materialschlacht, in der das *instrumentelle Materiale* vielfach im Kiesbett kaltverformt, die Makellosigkeit mechanischer Skulpturen zu sündteurem Schrott wird. Stehen die Piloten unversehrt wieder auf, dann feiert die *gescheiterte Materie* den Triumph des konkret Stofflichen über alles bloß Geistige. Zugleich feiert ein *Bild vom Menschen* ein Comeback: der *Akrobat,* der *Artist,* der *Athlet.* Allesamt zeugen diese *Könner* von einer *Akribie* ihres Handwerks. Seine Meisterschaft kommt vom Üben, nicht vom Lesen, Zitieren, Auswendiglernen, Zusammenschreiben, Übertragen, Samplen oder gar Klauen. All die *kleinen Ausnahmezustände* von der Kindheit auf dem Spielplatz, dem Jahrmarkt oder Volksfest, der Gokartbahn oder den Inlineskatergefilden, den kleinen Kneipen oder dann den großen Festivals aus Pop, PS und Promille sind in der Bein- und Handarbeit angesiedelte *low culture.* Sie kennt keine Zugangsbedingungen über Schicht, Herkunft, Status, Geld, Bildung, Abonnementklüngel, Feuilletonzirkel oder Vitamin B bis ViPs.

Anders als in den sogenannten *Schönen Künsten,* wo der Orchestergraben in Theater, Oper oder Konzertsaal die klassische Welt des gebildeten *Indoor* in Akteure und Zuschauer *unerreichbar nah* trennt, lebt der Rennsport von einer *erreichbaren Nähe* zwischen Fans und Gladiatoren, und zwar draußen, *outdoor,* im Freien sozusagen: *Arena* heißt lateinisch *Sand* und *Industrie* eben *Fleiß.* Was Wunder, dass es bei den Events der Raserei um eine Regression geht, bei der *Genie eben Fleiß ist,* also Training. Nicht Texte oder Partituren, sondern 'was nie geschrieben wurde lesen': Flugbahn, Boden, Teer, Wasser, Luft und Wind, Schräglagen, Radien, Bremspunkte, Grip, Speed und Drive. Mut, Kraft, Geschicklichkeit, Ausdauer, Schnelligkeit, Technik und ein Händchen für den Zufall, die Hure Glück, adeln diese Rastellis an Motor, Fußball, Karten oder Spieltisch.

Der Event als Forum des gefühlten Wissens

Der Mechaniker spürt mit den Fingern, ob es sich um eine Alu-, Kupfer- oder Stahlschraube, ein Rechts- oder Linksgewinde handelt und wie er sie jeweils - am leichten Knacken hörbar - anziehen muss: denn 'nach fest kommt ab'. Der Pilot riecht den Asphalt, liest seine Glätte und Körnigkeit, hat - wie der Fußballspieler - intuitiv eine Melange an spontanen Praxeologien im Leibe.[40] Alles geschieht aus der Bewegung heraus. Der Motorradfahrer fühlt mit dem Popometer noch in extremsten Schräglagen den Grip der Reifen auf dem Teer, balanciert mit Finger- und Fußspitzen auf dem Gerät die Flieh- und Kreiselkräfte aus.

Aus den Routinen, den Zufall zu verwandeln und das Nochniedagewesene spontan hervorzuzaubern, spricht ein 'gefühltes Wissen', das aus Instinkt, Intuition und Erfahrung heraus handelt. Diese praktische Intelligenz scheint sich höchst komplex im leiblichen Sensorium, quasi von 'Kopf bis Fuß und mit Hand und Herz' zu speichern. Von seinen Poeten, den Machern, seltenst verschriftet, gereicht es kaum zum buchstäblich *expliziten Wissen*. Im Event wird unglaubliche Ressource an Erfahrungsreichtum anschaulich, aber bleibt flüchtig, weil nie archiviert, bleibt ein unbewusstes *habituelles Können*. In den performativen Akten *bewegten Könnens* zeigt sich eine Ergänzung zur reflektorisch-konzeptionellen Kompetenz. Wir sehen Modelle anders zu leben, als es der abendländische Primat des 'kognitiven Ichs' seit Plato, Descartes usw. konstruiert, wo 'das Ich' anscheinend zwischen den Ohren sitzt, denkt, entwirft, hofft und sorgt, und sich dann seine Welt von innen nach außen nach Plan realisiert. Im Sport agiert ein leibliches Ich mit seinen fünf Sinnen, tauscht sich ständig mit stofflichen Mannigfaltigkeiten der Welt aus. Polysensorische und multiemotionale Intensitäten lassen sich nicht symbolisch repräsentieren. Motorsport, das ist die dynamische Version einer ästhetischen Urteilskraft: augenblicklich rezipieren, was ist, und produzieren, was zu tun ist. Rasen ist eine wilde Kreativität, *dynamische Kontingenzen* ad hoc zu bewältigen[41] .

Die Wunschmaschine als Simulakrum

Renngeräte sind meist *Steigerungen* von für den Straßenverkehr homologierten Serienprodukten. Hersteller wie Ferrari, Lamborghini oder Porsche, Ducati, Honda, Kawasaki, Suzuki und Yamaha werben mit Fahrzeugen, die direkt von der Rennstrecke, also vom Extraordinairen ins Ordinaire kommen. Der Fan soll teilhaben an seinem Profanum, also dem säkularen Kultischen. Mit Pierre Klossowski wäre der moderne Centaur auf zwei oder vier Rädern ein *Simulakrum*.[42] Klossowskis *lebende Münze* deutet hierzu den instrumentellen Kapitalismus als gigantische Ordnung, der die gesamte Libido des geschöpflichen Leibes in Warenkörper und Erlebnisoptionen vertauscht. Alle natürliche, im leibgeistseelischen Sensorium vorhandene und kostenlose Wollust würde über diffizile Verdopplungsmechanismen in körperliche Doubles verschoben. In diesen *Simulakra* kommerzieller Lust fände dann die leibliche Lust eine Bleibe, die sie im eigenen Körper kraft der christlich wie hedonistisch betriebenen Austreibung nicht mehr findet. Damit zelebrierte der Rennsport eine Auferstehung der am eigenen Leibe kulturell blockierten Lusterlebnisse am anderen Schauplatz. Rennfahrer wie Renngerät wären aber als Simulakrum nicht nur ein unbewusstes Ich-Double. Im merkantilen Ich-Ideal wäre gleichsam die Ware Mensch geworden und damit wäre der zur instrumentellen Produktion der Warenkörper verdinglichte Mensch gleichsam in der Humanwerdung des Artefakts mitversöhnt bzw. kompensiert:

Events feiern den *Desananthropomorphismus[43]* des selbstbeweglichen Menschen und den *Anthropomorphismus* automobiler Dinge. Der Pilot, der Held, fungiert als souveräner Agent der Risiken mir zum

Vorbild und Ich-Ideal, Lehrmeister oder gar Zen. Die mechanische Maschine - dem *Playboy* zum 35ten Geburtstag - mimt das Playgirl. Der Applaus aus der Fankurve liefert die Feedbackschleife. Keine rasenden Monstranzen ohne liturgischen Jubel. Die Rennpiste ist ein Fusion-Areal. Wer mit der Ducati, Honda, Kawasaki, Suzuki oder Yamaha bzw. Ferrari, McLaren, Mercedes, BMW oder Toyota tanzt, macht Urlaub von der christlich-bürgerlichen Triebzensur. In den Manifesten ekstatischer Oberflächlichkeit scheint aber eine unbewusste Tiefenschicht involviert.

Das Tempo-Spektakel mit den schier transzendenten *Misch- oder Zwischenwesen* aus Leib und Maschine reanimiert noch im Zuschauer den *Spieler*. Wo er mit über 300 Sachen der Göttin Velocìta huldigt, setzt er sich aufs Spiel. Hier signiert lauter Pop die Symbiose aus Körper und Hightech, 1. und 2. Natur, erzeugt eine *magische Aura* aus Stil, Sound, Tempo, Farben und Codes. Kick und Sex brennen ein Lob der Kraft in den Asphalt. Motorräder mit 230 PS, Autos mit 800 PS, haben nur eine Message: nie mehr slow motion. Escape! brüllt das ungedämpfte Endrohr der Maschine zur Sabotage am Alltagstrott. Boliden sind die Ariadnen im Reich mobiler Dinge, feurige Spielzeuge für Passionen. Wheelie, Stoppie, Burnout - *wie einer sich bewegt, so ist der Sinn seines Lebens*, so Alfred Adler. Alles Göttliche ist schön, rund, schnell und leicht. *No risk, no fun?* Wer schreien will, sucht extreme Gesten. Der Explosionsapparat verhilft statt Ecstasy auch wach zur Ekstase. Perfekte Technik und zerbrechlicher Leib? Vergessen, wenn im Rasen der Stopfen vom verkorkten Leben knallt: senza filtro. *Ich ist ein Anderer* auf der Piste.

Der deprojezierte Mensch

Doch dieser Andere opponiert gegen das logozentrische 'Ich zwischen den Ohren'. Die Eucharistie mit der mechanischen Hostie ist keine Kontemplation. In der Welt bei etwas und mit etwas sein durch das Mittel des Leibes ereignet sich in *permanenten Akten*.[44] Im rasenden Tanz kommuniziert der Leib mit sich selbst und mit kinetischen

Objekten der Begierde. Jede Sekunde ist die *Situation die Frage* und
die *Bewegung die Antwort*. Blitzschnell muss aus dem Affekt der Effekt kommen. Im Panoptikum der Aufmerksamkeit üben die Spieler
ihr *tacit knowing*, ihr taktiles Können in steter Performanzregulation.
Alle Akteure können mehr, als sie zu sagen wissen, und wissen mehr,
als sie sagen können.

Rasen ist ein prozedurales, deklaratives, improvisatorisches Wissen,
das sich im Leib, in der Seele, in den Muskeln, Nerven und Fasern
speichert. PersonProcessPressProduct - zu den vier Ps einer Kreati-
vitätstheorie, Unkalkulierbares systematisch zu generieren, muss die
transcriptio kommen, das besondere Talent schöpferischer Innovation. Wie die besessene Hingabe solch glückender Augenblickspoeti-
ken sprachlich wiedergeben? Vom göttlichen Einfall, dem Kuss der
Muse bis zur Sonderbegabung erzählen die Gracian, Kleist, Valéry
oder Serres. Wie ein Tausendfüßler sei der Leib mit den variablen
Dispositionen des Spiels in steter Osmose. *Exzentrische Positionalität*
(Helmut Plessner) und *mimetisches Vermögen* (Walter Benjamin), Lei-
besakrobatik und Maschinenbeherrschung erinnern an die *allmählige Verfertigung der Gedanken beim Reden*. Unser Selbstentwurf kommt
aus dem „Zustand, der uns weiß"[45], wenn der *Akt mit der Kontingenz*
per Gashand oder Gasfuß über uns kommt. Rasen, Tanzen, Jam Session oder Fußball gibt es nicht als CD-Rom. Körperästhetik braucht
Erfahrung. Spiel dein Spiel, fahre Moped, lerne Gitarre, leb' outdoor
statt indoor als Konsument. Werde kinetisches Objekt: rase.[46]

Aufstand der blue notes

Piloten sind wie Musiker. Die Race-Circuits sind das *Real Book* der
Jazz-Standards. Rennen sind Jam Sessions, ein Aufstand der blue notes
gegen alle Partituren. Was dem Jazz das *Set*, ist dem Rennsport das
Setup, ein von Piste zu Piste, Wetter zu Wetter per Testfahrt und PC-
Datarecording abzustimmendes Zusammenspiel aus Fahrer, Chassis,
Motor, Gummimischungen, Traktionskontrolle, Powercommander
und Stallregie. Zur *Grundeinstellung* kommt die *Feinabstimmung*. Das

i-Tüpfelchen ist der Pilot auf dem Werksmaterial. Rasen ist kein Leben nach Noten. *It don't mean a thing, if you ain't got that swing. You cannot loose though you sing the blues.* Wie der Jazz ist auch das Rennen ein uralter Einspruch gegen Unterdrückung, Drill, Dressur, Uniformität und Sterilität. Ob Combo oder Rennstall, der Beat mixt Flucht, Trost, Revolte. Wie der Blues wettet auch das Rennen mit dem Tod um die absolute Vision: *vom opferlosen Stande. Jam Session, blue notes, human pitch* oder *illbient* - das sind im Jazz Kunstworte für nicht-verwaltete Erfahrung.

Anders denken, spielen, sein, davon künden Groove wie Sound. Von Minute zu Minute pure Improvisation - gehört das nicht zum Bild von Glück, das wir hegen? *Body and soul.* Es geht um Leben und Tod: ‚quod me nutrit, me destruit' - 'was mich nährt, zerstört mich auch' (Augustin). Und nach dem Rausch, dem Rennen? Wenig passiert auf den Straßen. In zivil sind die Fans denn doch wieder sehr beherrscht. Rennsport funktioniert als *kontrollierte Ekstase* wie *Anarchie nach Vorschrift.* Der *Potlatsch in der Arena* also doch ein Teil der Betreuungsindustrie? Der mobile Rausch ein kleines Zuckerl an der Leine der Manager, Funktionäre und Aktionäre? Einst war der Sinnestaumel eine Schau, *Theoria*: ein Spektakel aus Sensation und Reflexion. Immer zündelte die Erregung des Spiels an der Lunte der Aufklärung herum. Dekadenz ist viel Sensation ohne Reflexion oder viel Reflexion ohne Sensation. Events, wo wir wirklich erleben *und* begreifen, sind rar.

Flow[47]

Im futuristischen Manifest sagt die Geschwindigkeit den Friedhöfen gebrochenen Schwungs, den Akademien, Universitäten, Museen, Galerien und Kirchen den Kampf an. Just be, einfach sein, heißt *beschleunigen.* Wie dem Maler des modernen Lebens[48] als Signaturen der neuen Zeit, sind dem Spieler Tempo, Wandel (*le transitoire*), Flüchtiges (*le fugitif*) und Zufälliges (*le contigent*) Mosaiksteine der neuen Praxis. Gleich einem Fechter muss der Raser die blitzschnellen Konstellationen parieren, muss Zufälle in Struktur verwesentlichen, aus Unwägbarkeiten Routinen machen: mit Schubumkehr gegen das moderne *Abstraktionsspiel*[49], weg vom konkreten Wirklichen zur Pulverisierung über Bild, Begriff, Zahl, Atom hinunter zum Punkt, zum Pixel auf der Benutzeroberfläche des PC. Körpertechniken wie im Sport sind ein einziges *Computare*, ein Zusammensetzen von Punkten zu mobilen Figuren. Viele Abstraktionen spielen wir durch. ‚Das der Skulptur - der zeitlosen Körper, das der Bilder - der tiefenlosen Flächen, das der Texte - der flächenlosen Linien und das der Komputation - der linienlosen Punkte.' Über Jahrtausende wird aus dem rasenden Leib die erstarrte Skulptur, etwa der Venus, daraus das Universum der Bilder, etwa der Höhlenmalereien zu Lesaux, daraus wiederum Texte wie die mesopotamischen Epen, und schließlich das heutige Universum des Geldes, dessen Regiment der Zahl, das den dogmatischen Buchstaben ablöst, und schließlich das Universum der Computer.

Im *Competition* erleben wir statt Abstraktionen wieder Körper: ‚Punkte bewegen sich, um Linien zu bilden, Linien, um Flächen zu bilden, Flächen, um Körper zu bilden und Körper, um die >Wirklichkeit< zu bilden. Also: Punkt + Zeit = Linie, Linie + Zeit = Fläche, Fläche + Zeit = Körper und Körper + Zeit = Wirklichkeit'. Das Laufen, Pfad-finden, Fingern, Fädeln, Weben, Modellieren, Malen geht anders als das Schreiben, Drucken, Zählen, Tippen, Programmieren, Formatieren, Mailen, Fotografieren, Multimediadesignen usw.. Vom *schweren mobilen Körper* übersetzen, abstrahieren die Codierungen hinauf zum *leichten mobilen Zeichen*. Motor und Leib teilen mit PC und Geist die Geschwindigkeit. Von der haptischen Orgie im Rennen bleibt als taktiler Rest am PC nur noch der Mouseclick. Was ist artifiziell, was real, was Fake, was real stuff. Können wir den Riss zwischen Sache und Zeichen wieder kleben? Rennen als Kult, als *Religio*, als Rückbindung? 'In diretta' heißt live auf Italienisch. Rennen sind inmitten sekundärer Welten ein *Erkundigungslernen*, sind Recherche nach dem verlorenen Leib. Die flashbulb memories einer Squadra azzura, Scuderia Ferrari oder eines 'Ducati Corse Racing

Teams' verweisen auf ein *Corps*. Die kollektive Konsubjektivität, mit den Anderen in emphatischer Resonanz zu kommunizieren, diese polysensorisch und multiemotionalen Pakte, befriedigen das Bedürfnis, sich erschöpfend auszupowern. Diese ekstatische Selbstverschwendung aller Energien aktiviert libidinöse Formierungsdispositive, so die neuere Erfahrungssoziologie. Der Bedarf an ihnen mag ein Indikator dafür sein, wie erstarrt das gesellschaftliche Gehäuse empfunden wird. Als habe er die *Mania* im Auge gehabt, bestimmte etwa Walter Benjamin den Aktionsraum körperlichen Ausflippens als surrealen Bildraum. Die Arena für gesellschaftliche Ausnahmezustände wäre nach ihm *konkreter* ein *Leibraum*. Doch erst wenn in der profanen Erleuchtung, so seine Vision vor 100 Jahren, sich Leib und Bildraum so tief durchdringen, dass alle revolutionäre Spannung leibliche kollektive Innervation, alle leiblichen Innervationen des Kollektivs revolutionäre Entladung werden, würde die Wirklichkeit sich übertreffen. Raserei als Geburtshelfer? *Was man sich nicht erfliegen kann, muss man sich erhinken*, so Sigmund Freud.

Sky Pilots

Reiz ist Schönes in Bewegung.[50] Oder etwas archaischer: Was rast, schmeckt nach *Beute*. Solches Jagdfieber steckt an, besonders bei Langeweile. Auf Teufel komm raus stürzen sich wie Luzifer vom Himmel die Veloziferen ins Rennen. Doch was jagen sie? Geld, Ruhm, Sexappeal, Bewunderung und Trophäen? Vielleicht nach dem Happyend! Vorm Crash grad noch die Kurve kriegen, das adelt die Hybris zur Kunst. Am absoluten Limit umlegen ohne zu verlöschen, damit erzählen Rossi, Alsonso & Co das Märchen vom *glücklichen Ikarus*. Motorsport transkribiert den Mythos, verwandelt Unheils- in Heilsmagie. Sie alle reiten das Zauberpferd aus 1001 Nacht wie einen VW-Bugatti Veyron mit 1001 PS. Events betreiben eine säkulare *Transfiguration* (Rudolf Kassner). Wo Natur weder fürsorglich noch Gott vorsehend walten, scharen die Kids der mechanischen Passion die Technik geschwisterlich um sich: Kompression, Zündkerzen,

Ventilsteuerungen, mirakulöse Materialien, Öle, Brennstoffe, sakrale Brennräume und geheimnisvolle Steuerzeiten sind die Komplizen einer Bewegungslust, die mit dem Traum vom Sieg gegen das Trauma vom Tod anfährt. Tuningwerkstatt und Schraubercrew sind die Schmiedegehilfen des *mobilen Glücks*. Was lebt, bewegt sich. Von Boxenludern beschirmt, heißt der homo ludens sein Bike Baby oder Bestie. Alle motorische Liebe zeugt vom Animalischen, lebt ja im Rennstall das Pferd als automobiler Urahn fort. Lieber ein *animal rationale*, ein denkendes Tier als ein zoon politikon, ein Bürger im Käfig. Was so tierisch abgeht und so göttlich ausschaut, das taugt zum Idol: riders on the storm.[51]

KörPerformance

Auf den Moment fit wie ein Krieger müssen sie schon sein. Fortuna, Fama, Occassion, Bellezza und Accelaration formen die Loops des Begehrens. Bewegliches erkennt in Beweglichem sich wieder. Im Karneval des fliehenden Fleisches auf den Rennkursen tanzt das angehimmelte goldene Kalb selber. Die *real presencées* dynamisieren den Augenblick, verdichten das Jetzt. Auf ins letzte Geflecht, das Fleisch, auf ins Gefecht: das Rennen. Transzendental Obdachlosen bleibt nur die Betäubung durch Erregung. Rennen sind Karneval, ganzjährige Ausnahmezustände. *Carne vale*, fliehendes Fleisch oder *carrus navalis*, Himmelswagen. Egal, Hauptsache, die Post geht ab. Auf die Dauer hilft nur Power. Die Kraft sucht Form und will den Stier bei den Hörnern packen. Etwa im Lamborghini Murciélago. So hieß der Stier, dem der legendäre Torrero Rafael Molina 'Lagartijo' am 5. Oktober 1879 in der Arena von Córdoba nach erbittertem Kampf das Leben schenkte. Im Sportwagen[52] vom Weinbauern Ferruccio Lamborghini[53] findet das Animalische zur metallenen Topform. In Fahrt loben wir die Geschöpflichkeit: *automobil* (griechischer Logos + römische Kraft), selbst beweglich sein.

Liebe dein Symptom wie dich selbst

Das Symptom aber ist der Leib, wenn er rast. Unversehrte Leiblichkeit sei das letzte der Werke Gottes, dachten die Physikotheologen des 17. und 18. Jahrhunderts. Ob Tänzer, Boxer, Fußballer, Skifahrer, Skateborder, Turner, Fechter, Schwimmer, Boulderer, Rennfahrer - sie alle sind Hasardeure zwischen versehrtem Leib und unversehrter Leiblichkeit. Nach den *zwei Körpern des Königs*[54] verbinden sich die *empirischen Körper* der Spieler und Zuschauer mit dem *imaginären Leib* gesellschaftlicher Ideale. In der *consolidatio* zum *vereinten Leib* gewinnt der *einzelne Körper* Anteil an Magie und Aura des Unversehrtheitsphantasmas. Sind Maschinen solche Kollektivbilder mit einem nachmetaphysischen Heilsversprechen? Wo Aids, Krebs, Hunger und Lepra, Blindheit und Bomben, Granaten wie Gewehre den *imperfekten Leib* ins tödliche Visier nehmen, da legt der Motorsport ein *schwaches Kerygma*[55] für den köstlichen Leib in einer ausweglosen Immanenz ab: Es gibt ein Leben vor dem Tod. Diese Message macht das Rasen zum *global player*. Da spielen Ethnie, Religion, Nation, Klasse und Schicht, Bildung und Status letztlich keine Rolle. Rasen ist wie *Mode* oder *Pop* ein vitales Esperanto der Alltagskulturen. Und der Kommerz? *Commercium admirabile* meinte einst die wundersame Vermählung von Gott und Mensch. Heute kreiert die wundersame Vermählung von Mensch und Ware profane Ikonen, dem kreatürliches Sein nur Ressource ist. Wenn die Warenform die Mortificatio vitaler Sinnlichkeit ist, dann die Raserei ihre Vivicatio. Walter Benjamins Gnome aus dem *Passagenwerk*, nicht die Sinnenlust sei die Sünde, sondern die Austreibung der Sinnenlust aus der geschöpflichen Nähe zu Gott der Frevel des Abendlandes, rührt ans Eingemachte: Was befreit uns von Dogma wie Konsum?

Das Simulakrum und die Masken der Scham

Ein Lamborghini, eine Ducati, sagte ich, seien Doubles einer metonymsich verschobenen Wollust, die keine Bleibe mehr im eigenen

Leib hat. Predigt wie Werbung werben für die Intimität mit dem Artefakt, übersinnlich oder sinnlich. Legal ist, wenn die Kommunion mit der Ware oder die Eucharistie mit dem Event, wenn alle Sinnlichkeit, die gratis im Leibe schlummert, entweder dem Dogma der Sünde oder dem Konsum gehorsam folgt. *Kapitalismus als Religion* hat das bei Walter Benjamin[56] geheißen. Ihm zufolge vollzieht sich im kommerziellen Potlatsch aber eine radikale Umwidmung aller kultischen Produktion und Konsumption. Wenn das Christentum ein Kult zur Begleichung von *Schuld* ist, also die Kompensation der *Versehrung eines Objekts*, eines *Schadens* an Mensch, Tier, Gut, Recht oder Kult meint, dann nimmt das ganze Arsenal der modernen Phantasmagorien die Kompensation der *Versehrung des Subjekts*, also des *Schadens am Selbst* in den Blick.

Der Prothesengott Rennmaschine (Freud) gehörte also zu den *Masken der Scham.*[57] Anstelle des Leibes Christi in einem nachirdischen Jenseits als Täuflingsgabe oder Eucharistiefeier würden heute jene säkularen Umwidmungen als Trost für den sterblichen Leib ausgelobt. Die Technik macht aus der religiösen Perfectio ein Profanum: Der Event inszeniert die Verschmelzung des *imperfekten Leibes* mit der *artifiziellen Unversehrbarkeit des technischen Artefakts*. Denn *mechanos* bedeutet im Griechischen neben selbsttüchtig, potent, auch *unbeschämbar* sein. So kaschiert Technik den Makel und ein desolates Selbstbild. Das *fragmentierte Selbstbild* wird in der instrumentellen Perfectio der Maschine *blendend* wieder hergestellt. Attraktive Maschinenkörper, mechanische Doubles, sind der metallene Schorf auf der Wunde der Scham. Einen Ferrari haben und ein bisschen so sein? Schön ist, was gefällt und vergnügt, und so leiht man sich vom Renner Formvollkommenheit, Dynamik, Eleganz, Exklusivität, Attraktivität und Finish.

Poleposition

Rasen frisst die Nähe in sich hinein. Mit *geliebten Dingen* als Beziehungsobjekten[58] leben wir kindlich regressiv nochmals die sieben

Todsünden aus: Superbia (Stolz), Avaritia (Geiz), Invidia (Neid), Ira (Zorn), Luxuria (Wollust), Gula (Völlerei) und Acedia (Faulheit) - die Laster exzessiven Verlangens schmücken jede Boxengasse. Wie erfüllen wir unser Begehren, befriedigen wir die Bedürfnisse anstatt bloß die Gier zu ernähren? Events sind Steigerungsmittel des Gewöhnlichen. *Tunit* - so wirbt ein Logo für einen Fußballschuh. Das Topmodell eines global players aus Formel-1-Materialien ist federleicht. Komponiert aus Carbon, Titan, drei austauschbaren dynamischen Fußbett-Stollensets, soll auch der Amateur am Spielvermögen der Topstars teilhaben. Ein Traumschuh.

Auch Bikes und Boliden sind *Wunschmaschinen*, und zugleich Zugang, *access*, zu ihrer Erfüllung, zur Arena der Ikonen. Zwischen Fan und Warenfetisch steht indes kein Priester mehr. Die kultigen *Accessoires* kauft man einfach im Supermarkt. Schon wimmelt unser Alltag von derlei Devotionalien. Tunit - das beginnt mit dem Sprit Superplus an der Zapfsäule und hört nicht auf bei Aufputschern aus der Apotheke, wenn einem der Deal von Koks zu kriminell ist. Tunit - das macht mit Düngern den hauseigenen Rasen satt grün und die Erdbeeren knallrot. Tunit - steigere es, was immer. Dein Spiel, deinen Körper, Kapital, Ruhm, Attraktivität, Quote, Wahlergebnis, dein ganzes Leben - oder eben deinen Bluthämoglobinwert. Tunit! Wie sonst, wenn nicht durch dopen, tunen, düngen, mästen, clonen oder auch schmieren, soll aus natürlichem Material übernatürliche Topform entstehen? Wie, wenn nicht durch Steigerungstechniken sollen die Schranken der Natur oder alltäglicher Normalität zurückweichen, um ein empirischen Objekt in einen phantastischen Fetisch zu modeln. Es geht immer um die Transformation von Mangel in Fülle. Erst in der ästhetischen KörPerformance wird die Opulenz sinnlich. Rasen, Tunen meint Grenzen transzendieren, einmal unendlich sein. Doch nicht immateriell wie in den Festspielen der Hochkultur des Geistes. Der Circuit führt die high times des Körpers auf. Als Aphrodisiakum reanimiert der homo ludens den narkotisierten Konsumenten. Blitzt eine motorische Sensation auf, springt der sedierte Insaße aus seinen alltäglichen Etuis. Design ist Sein und so tauscht der möblierte Mensch seinen fehlbaren Leib mit dem Kunstkörper auf der *Poleposition*. [59]

Caro cardo salutis - das Fleisch ist der Haken des Heils

Rennen sind Illusionsfabriken. Wozu sie aufklären, entzaubern? Denn dann droht der Entzug von unserer liebsten Droge, dem schönen Schein. Ohne Tunit, *ohne Bluff* müssten wir überall mit all jenen Endlichkeiten Kontakt aufzunehmen, die wir durch all die instrumentellen Steigerungstechniken los werden wollen: versehrlich, fehlbar, verletzbar, imperfekt, chronisch mangelnd und sterblich, ein sensibler Looser, statt ein heroischer Sieger zu sein. Lässt sich ein komplexer Weltentwurf wie der kapitalistische Fortschritt ohne solche allseitigen Events aus Tunen, Dopen, Düngen, Mästen, Clonen und Schmieren überhaupt denken, gar selber begrenzen? Als das Heilshandeln Gottes noch Ökonomie hieß, galt: gratia non tollit, sed supponit et perficit naturam. Die Gnade zerstört nicht, sondern hebt auf und vervollkommnet die Natur. Tunit widmet diese Verheißung von der Religion auf die Technik um. Mit Tunit emanzipiert sich der antike Patient Gottes zum modernen Agenten ästhetischer Topform. Metaphysik wie profane Körperpolitik hätten demnach denselben Nukleus: caro cardo salutis, das Fleisch ist der Haken des Heils. Im Tunit wie im Dopingdiskurs kollidieren zwei kulturgeschichtliche Imagines des Abendlandes: der Leidensmensch der *theologia crucis*, die Kreuzestheologie, und der tolle Mensch, die *anthropologia gloriae*. Im Theater Agon herrscht immer tödliches Risiko. Ein gedopter Radsportler am Col du Tourmalet kann genauso umkippen wie ein gedüngter Acker im Erdinger Moos, ein Ayrton Senna geradeso zerschmettert werden wie ein Ikarus. Zauberbilder (in)humaner Topformen anhimmeln, das macht uns anscheinend übermenschlich. Doch wie lernen wir Mischwesen aus Plus und Minus im tyrannischen Spiegel der Superidole uns zu bejahen, wie wir sind? Geliehene Grandiosität trägt leichter auf, als das eigene Mittelmaß zu ertragen. Events sind Opium des Volkes und für das Volk. Ob also nach dem apostolischen Glaubensbekenntnis oder einem konsumistischen Manifest: Die wundersame Verwandlung von Irdischem in Überirdisches, jenes *commercium admirabile*, liefert uns den Stoff uns im Diesseits zu betäuben. Was hieße *endlich sein zu dürfen* und *zu können*?

Das Ideal des Kaputten

Die Lust muss vom Leib zur Ware, so nach der *Logik des Simulakrums*. Gibt es eine *Transfiguration* retour, das vom erregenden Spektakel anästhesierte Leben wieder zu einem *eventfreien Dasein* zu erwecken?[60] Nach der Vision des Propheten *Ezechiel 36* werde Jahwe-Gott den Menschen ihr 'steinernes Herz' nehmen und ihnen 'ein fleischernes Herz' geben. Am Ende werde der Messias 'das Zerschlagene zusammenfügen und die Toten wecken', wie es Walter Benjamin seinem schwebenden *Angelus Novus* nach Ezechiel in den Mund legt. 'Die Totengebeine werden wieder mit Fleisch überzogen.' Doch das schmeckt nach Vertröstung. Rasen ist Einspruch gegen Warten und Harren. Gegen den Aufschub wird beschleunigt. *Kaufet die Zeit aus.* Nicht erst im Himmel, jetzt, maintenant, mit Händen zu greifen fakkelt der Event das pralle Leben mit dionysischen Mitteln ab. Ist Rasen ein Inkognito der *Lust*, die mit *Motoren* oder *Maschinen fremd geht*, dann pochte der Event gegen Dogma und Konsum auf die verbotene Liebe. Auf dem Podest spritzt der Champus. Zur *Inthronisation* des Siegers gehören neben Pokal und Blumen auch schöne Frauen, Berührung, Umarmung, Kuss und Hymnen. Eros contra Thanatos. Doch der *Eros zum rasenden Ding* ist noch nicht die Intimität zwischen konkreten Menschen. „Sex ist meine Religion", so die Tänzerin Anita Baker und prostituierte sich für 200 Dollar pro Nacht als Personprodukt der Ware zu Tode. Religion wie Konsum handeln mit unendlicher Opulenz. Beginnt unter den Superlativen das Nichts? Oder betrügen uns die Events um eine Fülle an wirklichem Leben, auch wenn es nicht ideal oder perfekt ist? ReTunit? Das wäre Revolution: Wir arrangieren uns mit uns, dem *Ideal des Kaputten*.

Damenwahl

Das Leben ist eine Frau welche tanzt. *Diana, Minerva, Venus, Nike.*
Antik wie modern verkörpern 'Weibsbilder' die Utopie der Sinnlich-
keit.[61] Sie zieren auch die Boliden der Sex-Kirmes. Die Tänzerin Isa-
dora Duncan etwa stand auf Sportwagen. Eigentlich hieß sie Dora
Angela, war mehr noch als die Traumtänzerin *Madeleine* um 1900
femininer Inbegriff des *neuen Tanzes*. Bei ihr kann man an die geflü-
gelte Spes denken, oder an die Nike von Samothrake. Auch an das
Plagiat der Göttin des Sieges und der Allegorie des Fortschritts, die
Godess of Success im Körperbild der *Winged Victory*. Das ist die
Kühlerfigur *Kneeling Lady* von Charles Sykes auf den Rolls Royce.[62]
Vom *spirit of ecstasy* zur *Killing Lady*? Lebe wild und gefährlich, lebe
schnell und stirb jung? Isadora Duncan raste zu Tode. Ihr Schal ver-
fing sich im Hinterrad ihres Bugatti. „J'étais heureuse. L'accident a
tout changé ... . La route a été longue et duré."[63] Die einfache Liebe
zu *macchina* als Kippfigur der prekären Liebe zur Frau?

Futur

Fallen *Futuristisches Manifest*[64] und die Utopie von Leidenschaft in
eins? Geschwindigkeit, ein Amoklaufen gegen Dogma wie Konsum?
Was, wenn uns der Sprit ausgeht? Nach dem Peak of easy oil, d.h.
knapper werdenden fossilen Ressourcen, sind erregende Poetiken des
Augenblicks gefragt, die den anscheinend anthropologischen Bedarf
an *Raserei* künftig ohne benzinfressende Motoren decken. Vielleicht
sind die Kids in ihrem digitalästhetischen Habitus da schon weiter
als der mechanische Mensch des 20. Jahrhunderts. Wie weiland der
Motor den Leib, lassen sie den Geist via PC im Internet rasen. Wie
kann man virtuell *aus der Haut fahren*? Events sind ‚unsere That'
(Schiller). Im Computerspiel hat man beliebig viele neue Chancen.
Anders als in der Religion sind auch Events keine absoluten, sondern
nur relative Endspiele. In ewiger Wiederkehr erneuern sie von Jahr
zu Jahr, von Saison zu Saison, von Rennstall zu Rennstall, von Arena

zu Arena, ja, letztlich von Wochenende zu Wochenende, von Fan-Rausch zu Fan-Kater die Lotterie ums Glück. Im Circuit ,einen Lauf haben', wen juckt da Adornos Kritik an der Kulturindustrie oder Heideggers Ontologie des Seins zum Tode. Hier kann der *coup de foudre* in Schräglage oder Fullspeed jede Sekunde passieren. Im mechanischen Ballett der Synästhesien purzeln Kitsch, Schmarrn oder Gschnas, wie Freud all das Ungereimte und Unfertige aus Traum, Trottoir, Dialekt und Leutseligem nannte, umher. Alles Kultische ist hier freiwillig. Ohne Zwangsverpflichtung rast der Fan als ein spezieller Tourist seinen Idolen hinterher. Ja, es geht um „Gemeinschaft"[65], aber keine communio sanctorum, denn der Fan ist kein Pilger in der Nachfolge. Er ahmt seine Vorbilder lieber nach, bleibt der Marke treu, ob die Werkspiloten nun Schumacher oder Massa, Alonso oder Hamilton heißen. Events sind eine Sucht nach dem Wechsel,,saure Wochen, frohe Feste' (Goethe). Einzig deswegen, weil wir, so schon Pascal über das divertissement, die passions artificiels[66], unfähig sind, ruhig im Wohnzimmer zu bleiben, sondern Dolmetscher des Körpers suchen.[67]

Theater Agon

„Der Tod ist groß/wir sind die Seinen lachenden Munds/Wenn wir uns mitten im Leben meinen/wagt er zu weinen/mitten in uns" - so Rilkes *Schlussstück*. Alle sind wir *Zwischenwesen* zwischen Leben und Tod. Den élan vital, die Kraft zu haben, ist das eine, sie auf den Boden zu bringen, das andere. Der Motorsport lehrt, dass es dazu gute Stoßdämpfer braucht. Sie sind das Modem zwischen PS und Asphalt, sie moderieren das technisch Mögliche zu bodenständiger Fahrbarkeit. Die Stöße dämpfen, das kommt im Italienischen von *ammortizare*, ertöten, schwächen. Alles Traumatische abpuffern, die Schocks mildern, das ähnelt der Funktion von Tranquillizern. Es gibt ja keinen Ausweg aus der absolut verdichteten Immanenz. Im geschlossenen Gehäuse bleibt nur der ewige Kreisverkehr, die *circulatio*. War einst der Corso Abbild der Gestirnbahn, so ist heute der Circuit das

219

säkulare Gleichnis der verriegelten Welt. Ihr 'deus ex machina' ist der rasende Champion. Er muss fahren, fahren, fahren, immerzu zwischen Start und Ziel, nie weiter.

Himmlisch obdachlos ist es nur konsequent, dass der 'mechanische Gott' im radikalen Cabrio sitzt.[68] Die Piloten sind Scheinheilige bis ins Millionensalär. Siegen, just for fun und: für die Industrie. *We are the champions, no time for losers* (*The Queen*) Die Arenen geben die Fanfare als Losung zum Auswendiglernen aus. Vom Eros durchwirkt und doch dem Todestrieb verschwistert, sind den vom Crash bedrohten Hasardeuren Tacho und Drehzahlmesser Verbündete auf der Flucht vor der Niederlage. Der Außerordentliche soll über die Ordentlichen triumphieren. Rennsport, ein verzweifelter Ausweg zwischen der Ordnung, die uns zermalmt und der Sehnsucht, die uns zerreißt? Der Rennsport wird den hedonistischen Kapitalismus so wenig stoppen wie die Ketzer Dogma und Inquisition. Aber es findet in ihm eine Sinnlichkeit, von Kommerz und Zäunen umzingelt, Unterschlupf, die mehr geschöpfliche Vitalität erahnbar macht, als sie dem wissenschaftlichen Logozentrismus bekannt und dem klerikalen Dogmatismus erlaubt ist: in dubio pro libido. So feiert der homo ludens im Event seine Epiphanie. Und das, obwohl er am Gängelband von Industrie und Medien hängt. Die Reifenhersteller Michelin, Bridgestone, Pirelli oder Dunlop, Ölfirmen wie Shell, BP, Agip oder Castrol, Zündkerzengiganten wie Champion oder NGK, Elektrikgenies wie Magnet Marelli oder Bosch, Bremsproduzenten wie Brembo oder ATE, Dämpferfirmen wie Öhlins, Marzocchi, Showa, Paioli oder Sachs usw. - von den Sekundärsponsoren aus der Tabakindustrie, der Computertechnologie oder von Coca Cola bis Red Bull ganz zu schweigen, sie alle sind solche global player, bei denen Geld schier keine Rolle spielt.

Es war Walter Benjamin, der in der Kommerzialisierung *allen* Seins bereits vor über 90 Jahren den ‚Kapitalismus als Religion' beginnen sah, sich zu Tode zu siegen. Dieser These nach verfügt die Globalisierung als Event ‚sans rêve et sans merci' weder über eine crashresistente Karbonzelle (alla Robert Kubica neulich in Montreal, als er bei

280 km/h abflog und nahezu unverletzt dem Trümmerhaufen seines Formel 1 Autos entstieg) oder Sturzräume im Kiesbett mit Fangzäunen und Gummiwänden noch überhaupt über ein Bewusstsein von der Nähe seiner Havarie. Im Rennsport gilt das ‚schneller - höher - weiter' dem flüchtigen Moment. Wird in der Kirche die Ewigkeit zum Event, dann im Circuit die Tausendstelsekunde. Was der Kirche dabei die Bibel, das ist dem Fan der Kiosk, die Bibliothek des Augenblicks. Zufällig heißt *in edicola* im Italienischen nicht nur ‚am Kiosk', im Druck, in Ausgabe oder Erscheinung, sondern auch Kirchlein. Und so finden sich in Italien viel Kioske mit den dicken, unendlich bebilderten *Motorsportmagazinen*[69] im Windschatten der Kathedralen. Kiosk und website bieten die Nachschlagewerke feil, in denen die rasenden Augenblicke vom sonntäglichen Wettrennen archiviert sind. Die Kirche aktualisiert die Ewigkeit, der Kiosk verewigt das Aktuellste; die Kirche predigt die Rechtfertigung des Sünders, der Kiosk zeigt die Renaissance des glücklichen Tiers.[70]

Der Start ist das Ziel

Marcel Prousts Recherche nach der verlorenen Zeit giert einzig auf die Wiederholung eines Kindheitsglücks.[71] Sein Roman protokolliert jene *mémoire involontaire*, dernach eine unbewusst im Leib gespeicherte Erfahrung durch den neuerlichen Geschmack von in Lindenblütentee getunkten Madeleines Längstvergessenes der Kindheit. Alle Schwere, auch die Sterblichkeit, sei urplötzlich verflogen. Erleben wir dies selige Nocheinmal nicht auch an der Rennstrecke? Lange vor allen *Lehren* sind uns automobile *Handlungen* vertraut. Wie war das, als wir krabbeln, laufen, Bobbycar, Dreirad, Tretroller, Laufrad, Fahrrad, Rollschuh, Schwimmen, Schlittschuh, Schlitten, Ski, Moped, Motorrad und Autofahren lernten bzw. konnten? Wie war das erstmals in Karussell, Achterbahn, Geisterbahn, Gocartbahn und Autobahn? Schauen wir nochmals auf den Tanz. In ihm assoziiert das figurative Motiv vom *arc en cercle*, dem großen Bogen, den alles umfassenden *Nous*, den antiken Sinn. Auch der Regenbogen ist ein biblisches Zeichen für den unverbrüchlichen Vertrag zwischen Schöpfer und Schöpfung. Es geht um einen finalen Zusammenhang allen Seins. Vielleicht ist der Circuit, wo Start und Ziel eine Linie bilden, seine absolute Metapher. Der Geist, glaubte man einst, durchwirke alles, wie der Pantomime, *ta panta*, griechisch *alles*, miteinander verspinnt. Verbindet heute nicht die Geschwindigkeit alles Getrennte?

Events wiederholen (sich) und sind dabei so etwas wie die *Letzte Lockerung*.[72] Ob Woodstock, Nürburgring, Hockenheim, Oschersleben oder Imola, Monza oder Mugello, Le Mans oder Donington Park, immer geht draußen im Grünen die Post ab. 'Auf die Tube drücken', göttlich ausschaun und tierisch abgehen - das macht den Event zur *Gegenwelt*.[73] Die Messe repräsentiert die sakrale Ordnung der Erlösung, der Event die profane Ordnung des Glücks.[74] Das rollende Blech wiederholt Sport, Spiel, Spannung. Dabei ist es auch ein Mysterium, *reale* Beziehungen zu einer Illusion zu haben, dass etwas Imaginäres *sinnliche* Qualität bekommt. Doch verschwindet nicht umgekehrt alles sinnliche Materiale im *Massengrab der Medienzeichen* und stirbt als unstoffliche Information den Sekundentod? Man muss die gigantische *Materialschlacht* im Motorsport mit der gigantischen Zeichenflut im Alltag kurzschließen. Klagt nicht die *körperliche* Anstrengung der Athleten eben alle die *gescheiterte Materie* ein, die der philosophische Diskurs des *Geistes* entwertet hat? Auch im Spektakel ist das animal rationale gespalten: Hie brät die Currywurst oder das Grillsteak, dort brät das technische Gerät vorbei. Wir wollen alles und zwar sofort und für immer, und spüren doch, „dass wir in unserer jetzigen Religion halb zerfahren und verelendet sind in hie seelenloses Ding, hie dingloses Seelenleben, hie tatloses Gefühl, hie gefühllose Tat .... . Wir träumen Paradies und handeln Fabrik."[75] Doch weil ich meine Emphase in die Rennevents hineinprojiziert habe, möchte ich auch nostalgisch schließen.

Benaco

Sempre viva sempre viva ... trichtert der italienische Lokalsender auf 101 Mhz per Display auf dem Autoradio ein. Bedarf es schon der psychischen Impfung durch den ausgestrahlten Imperativ des Senders? Verwirrt, neugierig zappt der Konsument weiter, hört zu, was es zu erleben gilt qua Konserve. Vorwärts, rückwärts rattert der Sucher die Frequenzen zu Gargnano ab. *BumBum* auf 96,1. *KissKiss* auf 97,6 und *Capital* auf 99,3 heißen die Findlinge. Sie flößen einem wiederum top arrangierte Italoschlager ein. Es gibt eine schier transzendentale Banalität, wenn limoneller Arkadientrash und amouröser Azzurrorausch in der (deutschen) Seele zusammenkommen. Am Hafen brechen sich die Radiowellen mit dröhnenden Klängen voll Nostalgie. Nein, nicht die Cabrios und Boliden mit deutschen Kennzeichen oder heimische Alfas, Ferraris, Lambos oder Maseratis sind die Attraktion. Ein Kinderkarussel[76] ist's, was aus aller Zerstreuung sammelt. Kinder im Reigen der Schlager jauchzten im Circuito infinito auf tierischen Fabelwesen aus Holz und Blech. Ruft der Biglettore und setzt die Musik ein, lösen sich die Kinder von den Eltern, rollen die Bambini von der Mama fort. Sie wird doch dableiben, wispert der bange Blick, ehe er sich auf einem Fisch, Stier, Pferd oder Adler dem kreisenden Perpetuum mobile ergibt. Auch für uns bleibt mit dem Kleinen schier die Zeit stehen. Das Karussell entführt uns in die Uranfänge von motion and emotion. Was sind Moto-GP und Formel 1 anderes als die Fortsetzung dieser Kirmesbahn, eine ausweglose Endlosschleife vom Rausch bis Schwindel und Schbeim. So soll die ewige Wiederkehr aller Dinge ausschaun, ein umträllertes Vergnügen lachender Kinder und seliger Erwachsener. Den PS-ornamentierten Touristen war das pittoreske Ambiente der einstigen Fischer- und Zitrusstadt nur Kulisse, bestenfalls Dekor, Hintergrund als dictum probans. Aber jenseits des demonstrativen Konsums der Protzkarossen winkte aus dem Traumkitsch des Karussells nochmals das mechanische Zeitalter. Anfangs barg es den zerbrechlichen Leib in märchenhaften Vehikeln. Feen, Alp oder Räuber, sie waren den Kindlein geschwisterlich gesonnen.

Das Urbild von Fortfahren und Dableiben freilich gehört zum Kinde bei der Mutter. Im unvordenklichen Dunkel der Kindheit rollert, kugelt das Kind fort von ihr. Einzig der Blick, der visuelle Handgriff, hält den Kontakt zu ihr, indem er sich um sie schlingt, wie ein Tau sich um einen Pfahl. Eine Lehre schlummert darin: Fortfahren kann nur, wer eine Dableibe hat. Und wenn die Kleinen ihre liebsten Spielzeuge fortschmeißen, um sie sich hoffentlich unversehrt wieder holen zu lassen, dann verstehen wir ein bisschen, was zwischen Faszination und Schrecken der Ferne ein Abgrund an Leere sich auftut. Da möchte niemand hineinfallen, den Sturz lassen wir lieber doubeln. Wir ahnen auch: Nichts würde offensichtlicher und versteckter im Fortschmeißen des Liebsten gestanden, als der Wunsch nach seinem Dableiben. Wird also die Musik leiser und dreht sich das Karussell langsamer, wird es zum unsicheren Grund. Nun suchen die Bambini wieder ihre Papas und Mamas. Und taucht die Mutter auf, wird sie zum vielfach gerammten Pfahl, um welchen das landende Kind das Tau seiner Blicke wirft. So sucht schon der kleine Mensch beides zusammen: Er tastet im Karussell nach der ersten Reise allein, und schaut zugleich, die Berührung mit der Mutter(erde) zu wahren. Von nun an zieht das Fernweh ihn fort, nicht ohne im Heimweh eine treue Spur nach dem Zuhause zu legen. *Voglio una vita spericolata.*[77]

In der Liturgie des Karussells singt uns Vasco Rossis Schlager aus der Seele. Freilich legt auch das wilde, waghalsige Leben abends sich zur Ruh. Auf der Heimfahrt glänzt der Himmel wild. Ausgestirnt standen in Sternbildern nun Löwe, Schlange, Stier, Wagen, Jungfrau und Orion, nein, der wohl nicht, am Firmament, als zögen sie sich am Feierabend vom Karussell, wo sie eben noch den Kindern als Untersatz dienten, in den himmlischen Kreislauf zurück. Noch einmal surrte die Gardasena occidentale vor Baby-Bikern. Eine rechte *motocicletta*, die wie Lucio Battisti röhrt, grüßt mit Lafranconi und Termignoni durch die Gallerien und Straßenschluchten. Der Asphaltsaum um den *Benaco*, wie hier der Lago di Garda von alters her heißt, ist letztlich ein Karussell, wie das *ganze Leben*.

Anmerkungen

1 Siehe etwa Motorsport aktuell, 5.06.2007, 33ff zum Mugello-MotoGP, dem Grand Prix d'Italia, den der Hero der Klasse, der zigfache Weltmeister Valentino Rossi, genannt Vale oder Doctor Rossi zum 6. Mal gewann.

2 Frankfurter Allgemeine Zeitung, Nr. 63, 15.03.2007, 31, Ätzende Lungenzüge für den Royal Albert Park, von Anno Hecker. Der Honda-Rennstall zeigt seine Öko-Schleuder in Erdfarben lackiert, www.myearthdream.com. Siehe auch Der Spiegel, Nr. 11/2007, 133, Rasender Klimaretter, von Daniel Pontzen.

3 FOCUS, Nr. 03/2007, 101, Wirklichkeit als Konstrukt, Zur Ausstellung der Fotografien von Andreas Gursky im Münchner Haus der Kunst, www.hausderkunst.de.

4 Zu den Diskursen der Macht, Biopolitik, Körpertechniken, Konstruktion und Kontrolle der Sinnlichkeit siehe Michel Foucault, Sexualität und Wahrheit, 3 Bände, Frankfurt am Main 1983ff. Und ders. Zur Sinnlichkeit als letzter 'Utopie': Die Heterotopien. Der utopische Körper, Frankfurt am Main 2005, bes. 35f zu Körper und Liebe.

5 Georges Bataille, Der Begriff der Verausgabung, Paris 1933, Paris 1970, o.O. und o.J., 24, „ ... das menschliche Leben kann in keinem Fall auf die geschlossenen Systeme reduziert werden, auf die es nach rationalen Auffassungen gebracht wird. Die ungeheuren Anstrengungen der Selbstaufgabe, des Sichverströmens und Rasens, die es ausmachen, legen vielmehr nahe, dass es erst mit dem Bankrott dieser Systeme beginnt." Diese *„Erregungszustände"* machen dann als unproduktive Verausgabungen das Verbrechen der Ökonomie zeitweise wieder wett.

6 So etwa Donald W. Winnicott, Vom Spiel zur Kreativität, Stuttgart 1985 und viel andere.

7 Frankfurter Allgemeine Zeitung, Nr. 112, 15.05.2007, T1, Der Film zur Mille Miglia. Bewegte Bilder über bewegte Momente, von Sybille Wilhelm.

8 Aus der Flut des journalistischen Eingedenkens: Süddeutsche Zeitung, Nr. 125, 02./03.06.2007, V1, Der Ritt auf der Rasierklinge, von Richard Kähler; DIE ZEIT, Nr. 24, 06.06.2007, 65: Mit Vollgas zu den Elfen, von Reiner Luyken; MOTORRAD, Nr. 14, 22.06.2007, Stuttgart 2007, 112ff, MO, Motorradmagazin, Nr. 7/2007, Stuttgart 2007, „100 Jahre Vollgas", von Jo Soppa, 62ff.

9 Der DUDEN, das Herkunftswörterbuch, Band 7: Etymologie der deutschen Sprache, Mannheim 1997, 167, und Cassel's New German Dictionnary, London 1957ff/ 1970, 170. Siehe auch Dieter Mersch, Ereignis und Aura. Untersuchungen zu einer Ästhetik des Performativen, Frankfurt am Main, 2002.

10 Tertullian, De spectaculis / Über die Spiele, reclam 8477, Stuttgart 2002, 53ff; er führt den Circus, wo die „Raserei den Vorsitz führt" u.a. auf die Circe zurück. Tertullians Schmähschrift zeugt in seiner analytischen Brillanz vom Inkognito einer Sehnsucht nach dem *Furor*, dem die Christen nach dem Tod sich hingeben sollen dürfen.

11 Guy Debord, Die Gesellschaft des Spektakels (1967), Berlin 1996, der ähnlich wie Pierre Klossowski den Kapitalismus als - vom Christentum inaugurierte - vollendete und totalitäre Trennung des Menschen von sich und aller Gratissinnlichkeit, die nichts kostet, zugunsten der Ware und des Profits begreift.

12 Ludwig Giesz, Phänomenologie des Kitsches, München 1971

13 Johan Huizinga, Homo Ludens. Vom Ursprung der Kultur im Spiel (1938), Reinbek bei Hamburg, 1987ff, 46f: zur Ableitung von *ludus, ludere, lusus* im Fokus des Kinderspiels gehören neben den Komposita *alludo, colludo, illudo* im Kontext von „den Schein von etwas nehmen" auch das *lares ludentes*, das „Tanzen". Siehe auch Marcel Mauss, Soziologie und Anthropologie, Band 1 und 2, Frankfurt am Main 1978, insb. Bd. 1 zur Theorie der Magie, 43ff, und Bd. 2, 11ff, Zur Gabe (Le Don), und insb. 80ff, V. Die Kraft der Dinge, sowie 199ff, Die Techniken des Körpers und 223 ff, Zur Person (persona). Wie Johan Huizinga und Georges Bataille rekuriert auch MM auf den Potlatsch, der freien Selbstverausgabung, und betont mit ihnen den *Tanz* als Form des zunächst freien, dann disziplinierten Spiels - gegenüber, so Huizinga, *Recht Krieg Wissen Dichtung.*

14 Zu den Formen bzw. Arten des Spiels nach Agon (Wettkampf), Alea (Chance), Mimikry (Verkleidung) und Ilinx (Rausch) siehe Roger Caillois, Die Spiele und die Menschen. Maske und Rausch (1958), Frankfurt am Main 1982, 46ff. Er arbeitet seine Spielkonzeption an Rausch, Maske und Trance (90ff), Wettkampf und Zufall (112ff) und vorab einem pädagogischen Teil (163ff) an den Ausdrucksformen der modernen Welt (Maske, Uniform, Jahrmarktsfeier, Zirkus, Hochseil und Götterparodien (147ff) durch, die trefflich den Rennsport deuten.

15 Franz Kafka, Gesammelte Werke, Taschenbuchausgabe, hg. V. Franz Brod, Hochzeitsvorbereitungen auf dem Lande und andere Prosa, Frankfurt am Main 1983ff, 53ff. Für Walter Benjamin war dies noch vor Adorno/Horkheimers Dialektik der Aufklärung der Referenztext zur Moderne. Siehe auch Maurice Blanchot, Der Gesang der Sirenen, Frankfurt am Main/Berlin/Wien 1982

16 Siehe dazu insb. Jacques Lacan, Die Ethik der Psychoanalyse. Das Seminar-Buch VII, Weinheim/Berlin 1996, der zum Genuss wesentlich die Funktion des *Dings* betont.

17 Paul Valéry, Eupalinos oder der Architekt. Eingeleitet durch Die Seele und der Tanz (1923), Frankfurt am Main 1995, 10. Die Tänzerin als Inbegriff von Rhythmus, Anmut, Grazie, Glück der Beweglichkeit ... .

18 Jochen Schmidt, Tanzgeschichte des 20. Jahrhunderts in einem Band. Mit 101 Choreographenporträts, Düsseldorf 2002, bes. Vom Tanz als Elementartrieb zum Tanz als Kunstform, 7ff - siehe auch Josefine Baker, 173.

19 So nach Hans Blumenberg, Paradigmen zu einer Metaphorologie, in: Archiv für Begriffsgeschichte, Bausteine zu einem historischen Wörterbuch der Philosophie, hg. v. Erich Rothacker, Band 6, Bonn 1960.

20 Thomas Hobbes, Vom Menschen. Vom Bürger, Elemente der Philosophie II/III, Hamburg 1994, und ders., Elemente der Philosophie. Erste Abteilung. Der Körper, Hamburg 1997, bes. Körper und Akzidens, 108ff, Potenz und Akt, 132ff, Gerade, Kurve, Winkel und Figur, 160ff, sowie die Verhältnisse von Bewegungen und Größen, 177ff, und auch die Sinneswahrnehmung und animalische Bewegung, 247ff - eine einzige Fundgrube!

21 Vilém Flusser, Lob der Oberflächlichkeit. Für eine Phänomenologie der Medien, Schriften Band 1, hg. Von Stephan Bollmann und Edith Flusser, Mann-

heim 1993, insb. 140ff: VF sieht darin in Odysseus und im lateinischen *ars* eine Kunstfertigkeit aus mentaler List und körperlicher Gewandtheit am Werk, die Odysseus zum Zeugen von *ars* bzw. *technä* machen, darin bes. der *méchané*, weswegen er den höchst gelenkigen, quasi mit Geist und Leib, mit sema und soma ‚gelenkigen' Odysseus einen *polyméchanos* nennt.

22 Pierre Bourdieu, Meditationen. Zur Kritik der scholastischen Vernunft (1997), Frankfurt am Main 2001, bes. das Kapitel Körperliche Erkenntnis, 165ff, demnach er den logozentrischen Irrtum der leib- und materievergessenen Repräsentation für die höchste Form symbolischer Gewalt hält (106ff) und den *Habitus* als physio-psychische Einverleibung *praktischen Könnens* oder *gefühlten Wissens* gegenüber explizitem Wissen betont.

23 Erich Auerbach, Mimesis, Bern 1946. Gunter Gebauer/Christoph Wulf (Hg.), Mimesis, Reinbek bei Hamburg, 1992, 44ff, bs. Mimesis als *imitatio*, 93ff.

24 Hans-Walter Wolff, Anthropologie des Alten Testaments, München 1984.

25 Zum anthropologischen Materialismus alla Ludwig Feuerbach: Alfred Schmidt, Emanzipatorische Sinnlichkeit, München1973, bes. zur Rehabilitation der *Passion*, der *Leidenschaft* Das sensualistische Prinzip, 75ff.

26 Zur zufälligen Gleichzeitigkeit von Konstellationen siehe Hans Ulrich Gumbrecht, 1926. Ein Jahr am Rand der Zeit, Frankfurt am Main 2003.

27 Siehe exemplarisch dazu: Dietmar Kamper/Christoph Wulf (Hg.), Die Wiederkehr des Körpers, Frankfurt am Main, 1982; Wilhelm Schmid, Von den Biotechnologien zu den Technologien des Selbst, in: Gerhard Gamm/ Gerd Kimmerle (Hg.), Wissenschaft und Gesellschaft, Tübingen 1991, 130ff; Thomas Alkemeyer, Körper, Kult und Politik, Frankfurt am Main/New York 1996; Volker Caysa, Körperutopien, Frankfurt am Main/ New York 2003;

28 So Walter Benjamin ganz nahe zu Paul Valéry, in einer Rezension von 1930: Chichleuchlauchra, Gesammelte Schriften (GS), hg. v. Rolf Tiedemann und Hermann Schweppenhäuser, Frankfurt am Main 1974ff, GS III.1, 267ff, wo der Begriff „Biomorphismus der Lettern" als Metapher des Tanzenden für einen rasenden Signifikanten ähnlich der Buchstaben in der Schrift dem „wirklichen Können" als dem Wesen der „unbewussten Übung im Spiel" zugeordnet wird (269).

29 Vgl. zum Verdacht der Substitution des harten Realen durch weiche Zeichen: Jean Baudrillard, Agonie des Realen, Berlin 1978.

30 Helmut Lethen, Verhaltenslehren der Kälte. Lebensversuche zwischen den Kriegen, Frankfurt am Main 1994; Erika Fischer-Lichte, Ästhetik des Performativen, Frankfurt am Main, 2004.

31 Vgl. Attilio Brilli, Das rasende Leben. Die Anfänge des Reisens mit dem Automobil, Berlin 1999.

32 Georg Wilhelm Friedrich Hegel, Phänomenologie des Geistes, Werke in 20 Bänden, Theorie Werkausgabe Band 3, Frankfurt am Main 1977, 275ff, insb. das IV., sog. Herr-Knecht-Kapitel vom Selbstbewusstsein, 137ff.

33 Susan Carol Oates, On Boxing/ Über Boxen (1987), Zürich 1988; Harald Krämer und Fritz K. Heering, Muhammad Ali, rororo, Reinbek bei Hamburg, 2001,

66; David Remnick, King of the World. Der Aufstieg des Cassius Clay oder die Geburt des Muhammad Ali, Berlin 2000; Muhammad Ali, Die großen Jahre, Magnum, New York 2004. Siehe die faszinierenden Habitus-Studien von Loic Wacquant, Leben für den Ring (2001), Konstanz 2003, sowie von Clifford Geertz, Dichte Beschreibung, Frankfurt am Main 2003.

34 Thomas Hobbes, Leviathan, reclam 8348, Stuttgart 1980.

35 So zur prometheischen Scham schon Günter Anders, Die Antiquiertheit des Menschen, 2 Bände, München 1956ff.

36 Vgl. Alfred Sohn-Rethel, Geistige und körperliche Arbeit, Frankfurt am Main 1972.

37 Baldassare Castiglione, Der Hofmann. Lebensart in der Renaissance, Berlin 1996, 33ff.

38 Hanno Helbing, Rhythmus. Ein Versuch, Frankfurt am Main 1999; Friedrich Cramer, Symphonie des Lebendigen. Versuch einer allgemeinen Resonanztheorie, Frankfurt am Main 1998.

39 Friedrich Schiller, Über die ästhetische Erziehung des Menschen, reclam 8994, Stuttgart 1965, bes. 63ff.

40 Siehe dazu Joachim Bauer, Das Gedächtnis des Körpers, München/Zürich 2004; und er's. Warum fühle ich, was du fühlst. Intuitive Kommunikation und das Geheimnis der Spiegelneuronen, Hamburg 2006.

41 Pierre Bourdieu, Zur Soziologie der symbolischen Formen (1970), Frankfurt am Main 1970, bes. 75ff zum Habitus. Zur zeichenhaften, skulptural-semiotische Partner-, besser Komplizenschaft von Mensch und Maschine siehe auch Philipp Sarasin, Reizbare Maschinen, Frankfurt am Main 2001.

42 Michel Foucault lobt dieses Buch als das wichtigste des 20. Jahrhunderts: Pierre Klossowski, Die lebende Münze, Berlin 1988. Dabei verwendet Klossowski den Begriff des Simulakrums, der bei Lukrez, De rerum natura. Welt aus Atomen, Lateinisch/Deutsch, Stuttgart 1973 noch mit den die Sinne bombardierenden Ursprungskörpern als *Echtheitsbild* der Außenwelt konnotiert ist, und bei Jean Baudrillard, a.a.O. und ders. Der symbolische Tausch und der Tod, Frankfurt am Main 1982, bes. Die Ordnung der Simulakren, 77ff, und Der Körper und das Massengrab der Zeichen, 153ff., umgekehrt als *Trugbild* begriffen wird, genau dazwischen als 'echt künstliche Sinnlichkeit', in der sich der Mensch durchaus wollüstig, lacanianisch, spiegeln kann.

43 Siehe zum Desanthropomorphismus Georg Lukács, Die Eigenart des Ästhetischen. Werke Band 11, Ästhetik, Teil 1, 1. Halbband, Neuwied 1963 und hierzu den *Fetischcharakter der Ware* bei Karl Marx, das Kapital. Kritik der politischen Ökonomie, 1. band, der Produktionsprozess des Kapitals, MEW Band 23, Berlin 1947/1962ff.

44 Maurice Merleau-Ponty, Phänomenologie der Wahrnehmung, Berlin 1966, und dazu im deutschen Sprachraum als Philosoph des Leiblichen Hermann Schmitz, Der unerschöpfliche Gegenstand. Grundzüge der Philosophie, Bonn 1990, und er's. insb. Systeme der Philosophie, 6 Bände, 1964ff: Band 1, Teil 1, Der Leib, Bonn 1986. Man erinnere hierzu auch an die schöne Meditation über das ver-

lorene Ding, jenes am Strand gefundene, rätselhafte *objet ambigue* von Paul Valéry, das dem Rätsel der *Welt bewegter Körper* nachdenkt: a.aO., 41-119.

45 Heinrich von Kleist, Über das Marionettentheater, in: Kleist Werke in einem Band, München 1996, 802ff: das geniale Lob der Seele als einer mechanischen *vis motrix* im tanzenden Leibe. Zum Kontext der kreativen Intuition siehe auch: Der Zwei-kampf, 749ff, Über die allmählige Verfertigung der Gedanken beim Reden, 810ff. Kleist setzte auf die Tanzmetapher - sieh auch Gabriele Brandstetter, Tanz-Lektü-ren. Körperbilder und Raumfiguren der Avantgarde, Frankfurt am Main 1995.

46 Gunter Gebauer, Von der Körpertechnologisierung zur Körpershow, in: Vol-ker Caysa (Hg.), Sportphilosophie, Leipzig 1997, 285. „Ich bin eine sensitive Rakete", bekannte die Tänzerin Valeska Gert. Siehe: Amelie Soyka (Hg.), Tan-zen, tanzen und nichts als tanzen, Berlin 2004, 123ff.

47 Mihaly Csikszentmihalyi, Flow. Das Geheimnis des Glücks, Stuttgart 1992, bes. Der Körper im flow-Zustand, 131ff.

48 Charles Baudelaire, Der Maler des modernen Lebens, in: Werke in deutscher Ausgabe, hg. V. M. Bruns, Band 4, München 1906.

49 Vilém Flusser, Lob der Oberflächlichkeit. Für eine Phänomenologie der Me-dien, Schriften Band 1, hg. V. Stefan Bollmann und Edith Flusser, Mannheim 1993, 9ff.

50 Gotthold Ephraim Lessing, LAOKOON oder über die Grenzen der Malerei und Poesie, reclam 271, Stuttgart 1987, bes. 145f, zur Schönheit, dem *ben for-mata* und zur Reizbarkeit durch schöne Körper 157ff, worin eben alle *Lehre* aus der *Handlung* kommt.

51 Ganz im Sinne jenes Hits von den *Doors* etwa hielt der Auto- und Motorrad-liebhaber Steve McQueen alles andere als Rasen, am schlimmsten das Warten, als Höchststrafe. Wiliam Claxton, Steve McQueen, Köln 2004.

52 Ulf Poschardt, Über Sportwagen, Berlin 2002 - ein Kompendium des Rasens. Siehe auch Paul Virilio, Fahren fahren fahren, Berlin 1977 - nach dem Hym-nus der deutschen Rockband *Kraftwerk*.

53 40 Jahre Lamborghini, Königswinter 2003, Ferruccio Lamborghini, 12ff: Lam-borghioni - the Collection, Bologna 2003.

54 Erich H. Kantorowicz, Die zwei Körper des Königs (1957), 1992

55 Der Begriff des *schwachen Kerygmas* verknüpft hierbei das nachmetaphysische, eschatologielose *pensiero debole* von Gianni Vattimo, das Ende der Moderne, reclam, Stuttgart 1990, mit Rudolf Bultmanns, Jesus Christus und die Mytho-logie, Hamburg 1958, aus dem Entmythologisierungsprogramm resultierenden *Kerygma* des Neuen Testaments als bleibender Hoffnung bzw. Verkündigung.

56 Walter Benjamin, GS, VI. 100ff., ein Fragment von 1921.

57 So das beeindruckende Werk von Leon Wurmser, Die Maske der Scham. Die Psychoanalyse von Schamaffekten und Schamkonflikten, Berlin/Heidelberg/ New York 1990. Ergänzend zu Erich Fromms berühmten Büchlein *Haben oder Sein* wäre dann das Haben eines Ferrari, Lamborghini, Maserati oder Porsche durchaus teilhabe an dessen instrumentell modelliertem Sein.

58 Siehe dazu: J. B. Pontalis (hg.), Objekte des Fetischismus, Frankfurt am Main 1972, und Tilman Habermas, Geliebte Objekte. Symbole und Instrumente der Identitätsbildung, Frankfurt am Main 1999, demnach Autos und Motorräder als feminin wie maskulin besetzte Personobjekte, GefährtInnen samt Lust und Gefahr wären. Auch Charles Taylor, Quellen des Selbst. Die Entstehung der neuzeitlichen Identität, Frankfurt am Main 1996. Gar von einem ‚Aufstand der Dinge' spricht Hartmut Böhme, Fetischismus und Kultur. Eine andere Theorie der Moderne, Reinbek bei Hamburg 2006, 45ff.

59 Zur Schnittstelle von Technik, Kunst, Handwerk und Leib siehe Horst Bredekamp, Antikensehnsucht und Maschinenglauben, Berlin 1993. Auch Nikolaus Pevsner, Wegbereiter moderner Formgebung, Reinbek bei Hamburg 1957.

60 Jean-Paul Sartre, Kritik der dialektischen Vernunft, Reinbek bei Hamburg 1967ff, spricht von der „Gegen-Finalität", 131, als „Gegen-Gewalt" auf die Entfremdung, 141.

61 Der kulturphilosophischen Studie von Christina von Braun, NICHTICH. Logik Lüge Libido, München 1985, nach sind die männlichen Wunschgeschöpfe verkörperter Lust alla Carmen, Olimpia, Elektra usw. stringent mit den megaloman destruktiven Produkten wie Atombomben, Panzern, Raketen usw. zu sehen. Das androzentrische wie kulturelle Unvermögen, gelingender Sexualität zwischen den Geschlechtern, fabrizierte demnach, aus schierer 'Angst vor Nähe', Spielformen technisch kontrollierten bzw. merkantil prostituierten Seins.

62 Wie schon von Erwin Panofsky, Stil und Medium im Film & Die ideologischen Vorläufer des Rolls-Royce-Kühlers, Frankfurt am Main 1993, die Formensprache und mythologische Aufladung des Rolls-Royce seit dem ersten ausgelieferten Modell 1905, 59-106, kunsthistorisch untersucht wurde, so sah auch Roland Barthes, Mythen des Alltags, Frankfurt am Main 1964, im Citroen D.S. eine Göttin *Désse*, 76ff.

63 Siehe Amelie Soyka (Hg.), Tanzen, tanzen und nichts als tanzen, Berlin 2004, 21ff. Es liegt nahe, im Motorrennsport einen Schauplatz der *Utopie des Weiblichen* zu sehen; schon Louis Aragon, Le paysan de Paris/Pariser Landleben (1926), München 1969, sah in den ersten Zapfsäulen der Tankstellen, die weiblichen Brüsten mit einem Schlauch nachempfunden waren, künstliche Füllhörner nie versiegender Wollust. Diese *Lust* bleibt bis heute konnotiert mit der *Gefahr*: vgl. dazu Dorit Müller, Gefährliche Fahrten. Das Automobil in Literatur und Film um 1900, Würzburg 2004.

64 Jean Pierre a. de Villers, le premier manifeste du futurisme, Toronto 1975 ; Christa Baumgarth, Geschichte des Futurismus, Reinbek bei Hamburg 1966, Der Futurismus. Manifeste und Dokumente einer künstlerischen Revolution 1909-1918, Mailand 1972; Der Lärm der Straße. Italienischer Futurismus 1909-1918, Museumskatalog, Hannover 2001: sie alle rezipieren das *Futuristische Manifest* von Filippo Tomaso Marinetti, das zuerst 1909 in Le Figaro zu Paris erschien. Der Text darf als Schlüsselpoesie der Moderne, als Lob der Geschwindigkeit gelten, demnach *ein Sportwagen schöner sei als die Nike von Samothrake* - antike x moderne Skulptur. Es sind die *Autobahnen*, die das Lob der Geschwindigkeit als letzten Kult transzendental Obdachloser gegenüber der Göttin

Velocitá vital ausleben. Vgl. dazu HAFRABA e.v. Deutsche Autobahn-Planung 1926-1934, Archiv für Geschichte des Straßenwesens, Heft 7, Bonn 1990. Es waren jüdische Deutsche, die das deutsche Autobahnnetz entworfen haben, das die NS-Verbrecher an sich rissen.

65 So die website der Ducati Motor Holding S.p.A. in Bologna, www.ducati.com, wo zum diesjährigen WDW (World Ducati Weekend) am Rennkurs Misano Adriatico eingeladen wurde, und von 22.-24.06.2007 ca. 40000 Ducatisti zum Renntraining, Bike-Shows usw. kamen. Ähnlich lud die BMW Group München am 6.-8.07.2007 zum Motorradtreffen nach Garmisch-Partenkirchen, wo sich wohl 50000 Fans getroffen haben.

66 Wie der kleine Film aus der Schweiz *Kleine Fluchten* vor Jahren zeigte, brauchen wir solche Oasen des Escape etwas mehr als den Duft eines Parfums. Gegenüber Charles Baudelaire, Die künstlichen Paradiese. Die Dichtung vom Haschisch, Zürich 1988, oder Aldous Huxley, Die Pforten der Wahrnehmung. Himmel und Hölle, München 1981, wären freilich Motorsportrennen keine drogisch, also chemisch induzierten Bewusstseinserweiterungen, sondern eine Art Bewusstseinssteigerung durch *Hingabe* ans *Tun* im *Wachrausch*.

67 Vgl. Sprachen des Körpers. Marginalien zum Werk von Pierre Klossowski, Berlin 1979. Zur kulturellen Genealogie des Wettkampfs, seiner Einbettung im sozialen Habitus, siehe auch Clifford Geertz, Dichte Beschreibung, Frankfurt am Main 1983.

68 Siegfried Giedion, Die Herrschaft der Mechanisierung (1948), Frankfurt am Main 1987. Zum Motor als größtem Verwandler der Welt vor dem PC, der alles Nahe fern, Ferne nah und Gemütliche rasend macht, vgl. Rudolf Kassner, Transfiguration, Zürich 1946, 7ff.

69 Am Kiosk oder per Abo erscheinen meist vierzehntägig oder monatlich die Motorradmagazine Motorrad, MO, PS, Mopped, Motorrad News, Motorradfahrer, KlassikMotorrad, Motorrad Classic, Oldtimer, Biker's Live, Biker Szene, Custom Bikes, Motorsport aktuell ..., sowie speziell für Italofans Motalia; neuerdings gibt es hierzulande auch den österreichischen REITWAGEN; begehrt sind ebenfalls ausländische Magazine, wie die dickvolumigen italienischen Hefte Motociclismo, Inmoto, Tuttomoto, Superwheels, Due Ruote, Superbike oder das besondere Mondo Ducati ...; das Schweizer Töff-Magazin etc., die spanischen oder französischen Moticiclismos ..., europaweit eine Masse an Editionen, die der Autor soviel als möglich sich einverleibt. An Automagazinen sind des natürlich bei weitem viel mehr, von Auto Motor Sport angefangen ... - Legion.

70 Herbert Schnädelbach, Zur Rehabilitation des animal rationale, Frankfurt am Main 1996.

71 Marcel Proust, Auf der Suche nach der verlorenen Zeit, Frankfurt am Main 1981.

72 Walter Serner, Letzte Lockerung. Manifest dada. Ein Handbrevier für Hochstapler, Hannover 1920: „Um einen Feuerball rast eine Kotkugel, auf der Damenseidenstrümpfe verkauft und Gauguins geschätzt werden", so beginnt es, 3ff - rasend. Siehe ganz kindlich dazu: Fritz B. Busch, Lieben sie Vollgas?, Stuttgart 1965.

73 So Klaus Heinrich, *anthropomorphe*. Zum Problem des Anthropomorphismus in der Religionsphilosophie, Dahlemer Vorlesungen 2, Berlin 1986.

74 Der rasende Event ist demnach mit Bernhard Lang, Heiliges Spiel. Eine Geschichte des christlichen Gottesdienstes, München 1998. Mit Walter Benjamin ist daher ‚Profanes heilig, Heiliges profan' zu lesen.

75 Florens Christian Rang, Historische Psychologie des Karnevals (1927/1928), Berlin 1983. Rangs, Freund von Walter Benjamin, Untersuchung des Karnevals, des carne vale, lobt *kleine Ausnahmezustände* ganz im Sinne der Bataille, Benjamin, Caillois, Mauss usw. und mit ihm wären die Formel 1 und der MotoGP, wenn auch als bleibender Zirkus nahe am Schwachsinn - oder der Schizophrenie, sieht man das animal rationale vollends gespalten in *rasende Techno-Ratio* und *gegrilltes Fleisch* - denn doch ein zivilisatorischer Fortschritt: einmal gegenüber dem „Menschheilgottprinzip" religiöser Opferkulte, zum andern gegenüber dem antiken „Theater Agon", wo der Verlierer denn wirklich zur Unheilstür links hinter dem Altar hinaus in den Tod musste. So gesehen wären die modernen Motorsportspektakel nicht nur kaum verzichtbare Kompensationsriten hochkomplexer Gesellschaften, die aus Triebverzicht Bruttosozialprodukte kumulieren, sondern auch Kollektivbilder, profane Phantasmagorien vom *opferlosen Stande* - anstelle von Krieg.

76 Das Kinderkarussell gehört wie die Rollschuhe, Bobbycar, Tretroller, Laufrad, Fahrrad usw. zu den absoluten Anfängen körpereigener Automobilität, lange vor dem Schwarzfahren, das heute weit weniger möglich ist, als in den 1970er Jahren: sieh auch Holger von Krosiek/Helge Tscharn, Absolute Beginners. Skateboard Streetstyle Book, Münster 2002: Wo Normalos Beton sehen, da sieht der Skater Wege.

77 Diese Pop-Hymne hat der italienische Rockmusiker Valentino Rossi gewidmet, der Ikone aller Babybiker, dem Traumtänzer schlechthin unter allen Motorradrennfahrern. In Valentino Rossi als männlicher Diva des Asphalttanzes hat das ‚antiparastatische Genie' - so Balthasar Gracian, Handorakel und Kunst der Weltklugheit, reclam 2771, Stuttgart 1954ff/1999, 30 - seine Inkarnation in derzeitiger Topform, auch wenn ihm der 21jährige Casey Stoner auf der MotoGP-Ducati aus Bologna als Spitzenreiter des Championats in 2007 den ‚ersten Rang' streitig machen könnte. Rossi & Co führen den *homo ludens* als leibhaften Könner vor, wo der rasende Körper als soziale Form der Person jubilatorisch aufscheint. Auch der *Spieler* muss, wie alles Schöne, sterben. Und doch ist er der Vorschein einer *messianischen Welt*, in der - ob sie nun kommt oder nicht - alle Konkurrenz letztlich vom Apriori einer Kooperation, einer gelingenden Spiegelung der Kombattanten ineinander lebt. Die Skypilots zeigen eine „verlässliche Elastizität, die mit jeder Wendung des Schicksals ... fertig werden kann" - so nach Hubert Treiber/Heinz Steinert, Die Fabrikation des zuverlässigen Menschen, Münster 2005. In den *Events* schulen also insbesondere die Kids an den mechanischen Vorbildern das Vermögen, *dynamische* und *komplexe* Kontingenzen akrobatisch zu meistern - jedenfalls von Mal zu Mal *besser zu scheitern*. Es geht m.E. bei allem Kommerz und Medienschrott gar nicht um das Anhimmeln von Stars, sondern um die Schulung *praktischen Könnens* des *homo ludens* - freilich um in er Freizeit, in der *Nebensache* sich für die *Hauptsache* zu wappnen:

das Dickicht und die Dynamik eines globalen Kapitalismus, der konzeptionellen Bemächtigungsweisen längst davon gerast ist. Was der Ex-Profi und argentinische Weltmeister von 1986, Jorge Valdano, Über Fußball, München 2006, an *Weisheit für das Leben aus dem Spiel* gesammelt hat, muss als kleines Einmaleins oder als global player, als Esperanto internationaler Geschöpflichkeit gelten. Zuletzt daher also nochmals Gracian: „**Geistesgegenwart haben**. Sie entspringt aus einer glücklichen Schnelligkeit des Geistes. Für sie gibt es keine Gefahren noch Unfälle, kraft ihrer Lebendigkeit und Aufgewecktheit. Manche denken viel nach, um nachher alles zu verfehlen: andere treffen alles, ohne es vorher überlegt zu haben. Es gibt antiparastatische Genies (*Antiparastatisch heißt die auf Enstasis (d.h. den auf Entkräftigung des Grundes oder Verneinung der Folgen aufgebauten Unrichtigkeitsnachweis) folgende Widerlegung des Gegners*), die erst in der Klemme am besten wirken: sie sind eine Art Ungeheuer, denen aus dem Stegreif alles, mit Überlegung nichts gelingt: was ihnen nicht gleich einfällt, finden sie nie: in ihrem Kopfe ist kein Appellationshof. Die Raschen also erlangen Beifall, weil sie den Beweis einer gewaltigen Fähigkeit, Feinheit im Denken und Klugheit im Tun, ablegen." (ebd. 30f).

Autorinnen und Autoren

Gudrun Brockhaus, Dr., Psychoanalytikerin, Lehrbeauftragte der Freien Universität Bozen,1977-2004 wissenschaftliche Angestellte der LMU München im Bereich Sozialpsychologie. Ab 2006 Aufbau der brockhausstiftung.de. Forschungsschwerpunkt: Sozialpsychologie des Nationalsozialismus

Peter Heintel, Professor für Philosophie und Gruppendynamik, Organisationsberater, Mediator, Lehrtrainer und -supervisor. IFF - Fakultät für Interdisziplinäre Forschung und Fortbildung der Alpen-Adria-Universität Universität Klagenfurt, Institut für Interventionsforschung und Kulturelle Nachhaltigkeit. Im Leutner-Verlag erschien von ihm als Mitherausgeber und Autor *Beratung und Ethik – Praxis, Modelle, Dimensionen*

Heiner Keupp, Professor für Sozial- und Gemeindepsychologie an der Universität München, Gastprofessor an den Universitäten Bozen und Innsbruck. Arbeitsschwerpunkte in den Bereichen Identitäts-, Gesundheits- und Netzwerkforschung

Rainer Lucas, Projektleiter am Wuppertal Institut für Klima, Umwelt, Energie mit den Arbeitsschwerpunkten Innovation und Kooperation in regionalen Netzwerken, nachhaltige Unternehmenskommunikation, Design und Materialeffizienz im Messebau.

Klaus Ottomeyer, Professor für Sozialpsychologie an der Universität Klagenfurt mit den Schwerpunkten Sozialpsychologie des Rassismus und Politische Psychologie, Psychotherapeut und Psychodramatiker, Mitbegründer und Obmann des Vereins ASPIS

Harald Pühl, Dr., selbstständiger Supervisor, Mediator und Organisationsberater, Dozent und Leiter des Instituts TRIANGEL in Berlin, Lehrbeauftragter für Mediation an den Universitäten Klagenfurt und Innsbruck. Im Leutner-Verlag erschien von ihm *Angst in Gruppen und Institutionen* und *Mediation in Organisationen – Neue Wege des Konfliktmanagements*

Wolfgang Schmidbauer, Dr., Psychotherapeut, Lehranalytiker, Supervisor und Coach, Autor, Mitgründer der Gesellschaft für Analytische Gruppendynamik und der Münchner Arbeitsgemeinschaft für Psychoanalyse. Im Leutner-Verlag erschien von ihm *Vom Es zum Ich – Grundlagen einer Psychoanalytischen Sozialpsychologie* und *Im Bauch des Wals – Über das Innenleben von Institutionen* (zus. mit A. Bauer)

Jochen Wagner, Pfarrer, Dr. phil., Studienleiter an der Evangelischen Akademie Tutzing, gesellschaftswissenschaftliches Referat 'Theologie und Gesellschaft, interreligiöser Dialog, Philosophie'.

Felix Frei
Voodoo-Management
Reflexionen zum Wandel und
zur Führung

Die Wirtschaftskapitäne erleben - und produzieren - unruhige Zeiten. Der Wandel braucht Gestaltung. "Change Management" heißt das Zauberwort. *Total Quality, lernende Organisation, Lean Management* – das sind nur einige Schlagworte aus dem Methodendschungel der letzten Jahre. "Voodoo-Management" ist nun keine neue Managementmode. Der erfahrene Organisationsberater Felix Frei wirft einen Blick *hinter* die Kulissen. Warum gelingt es in manchen Unternehmen, den Umbau erfolgreich zu gestalten? Warum klappt es in anderen Unternehmen nicht, auch wenn diese vordergründig die gleichen Konzepte einsetzen?
Endlich ein Buch, dass den (manchmal faulen) Zauber der gängigen Managementmethoden aufedeckt – mit Witz und Geist.

"Der Autor zeigt auf, was in den Tiefen, den Einstellungen und Werten paasieren sollte, um den Wandel zu fördern, bzw. erfolgreich zu machen. Und das ist plausibel. Leicht zu lesen und etliche Widersprüche steigern die Neugier." - *OrganisationsEntwicklung*

„Anregende, tiefsinnige und hintersinnige Analysen von einem Wissenschaftler und Berater zum Thema Management und Wandel. Der Blick hinter die Kulissen." - *www.business-wissen.de*
160 Seiten, Hardcover, ISBN 978-3-934391-33-8, Euro (D) 17,50/sFr 30,00

Harald Pühl
Angst in Gruppen und Institutionen
Nach Beobachtungen des Autors wird Angst über offene oder verdeckte Strukturen gebunden. Mythenbildung dient in Arbeitsgruppen zur Verarbeitung und Kanalisierung von Angst. Der rasante Umbau unserer Institutionen einhergehend mit der teilweisen Auflösung angstbindender Strukturen macht den Klassiker des Autors aktueller denn je!
"Das Buch von Harald Pühl muss großes Interesse hervorrufen, weil es Licht in das Dunkel der Beziehungen bringt: zwischen uns und uns wichtigen Gruppen und Institutionen." - *Psychologie Heute*
164 S., ISBN 978-3-934391-25-3, Eur(D) 18,00/sFr 31,00

Peter Heintel, Larissa Kreiner, Martina Ukowitz
Beratung und Ethik - Praxis, Modelle, Dimensionen
Dieser Band bietet eine bemerkenswerte Sammlung von Aufsätzen zum Thema Beratung und Ethik.... Das Buch leistet einen wichtigen Beitrag, gerade in den (ausklingenden) Zeiten der Globalisierung und des rabiaten Kapitalismus, denn offensichtlich beginnt ein neuer Wettbewerb der ökonomischen und moralischen Werte." - *OrganisationsEntwicklung*
280 S., ISBN 978-3-934391-29-1, Euro (D) 26,-, Euro (A) 26,80, sFr 45,00

Harald Pühl (Hrsg.)
Mediation in Organisationen
Neue Wege des Konfliktmanagements: Grundlagen und Praxis
Beiträge von Andrea Budde, Gerhard Falk, Peter Heintel, Inka Heisig, Peter Knapp, Christa Kolodej, Cristina Lenz, Andreas Novak, Hüseyin Özdemir, Harald Pühl, Alexander Redlich, Karsten Waniorek.
"Das Buch ist als ein guter Einstieg für all diejenigen zu empfehlen, die sich einen Überblick über Mediation und ihre Anwendungen bzw. Flankierungen in der Konfliktarbeit bei Organisationen informieren wollen." - *Zeitschrift für Konfliktmanagement*
ISBN 978-3-934391-16-1, 200 Seiten, Euro(D) 19,95/sFr 35,20

www.leutner-verlag.de

Annemarie Bauer & Wolfgang Schmidbauer
Im Bauch des Wals - Über das Innenleben von Institutionen
"Ein überaus gelungenes, tiefsinniges und reflektiertes Buch über Institutionen und Organisationen, welches zudem durch eine leicht verständliche aber dennoch präzise Sprache besticht und die LeserInnen zu fesseln vermag. Kann allen, die sich mit Organisationen beschäftigen, nur ans Herz gelegt werden." - *Organisation-Supervision-Coaching (OSC)*
176 Seiten, ISBN 978-3-934391-26-0, Eur(D) 16,80/sFr 29,50

Wolfgang Schmidbauer
Vom Es zum Ich -
Grundlagen einer psychoanalytischen Sozialpsychologie
Die Beratung von Gruppen und Organisationen wird neben bewussten Einflüssen auch durch unbewusste Phantasien, Traumatisierungen und Wünsche geprägt. Der Autor geht von der evolutionsbiologisch belegten Tatsache aus, dass sich der Mensch nicht nur durch individuelle Evolution, sondern auch durch die Auslese von kulturell geprägten Gruppen entwickelt hat. Nicht das chaotische, selbstbezogene Es steht am Beginn unserer Entwicklung, sondern ein von Anfang an sozial orientiertes, der mitmenschlichen Welt zugewandtes Ich.
Überarb. Neuauflage, 256 S., ISBN 978-3-934391-28-4, EUR(D) 19,95/ sFr 35,20

Triangel-Institut
Brücken und Tücken psychoanalytisch sytemischer Beratung
Mit Beiträgen von Heike Düwel, Rolf Koerber, Heidrun Heinecke, Pieter Hutz, Harald Pühl, Erhard Tietel, Heinz-Ulrich Thiel, Andreas Weber, Mario Wernado, Helmut Willke.
Die Auseinandersetzung um die beste Methode zur Beratung in und von Organisationen ist ein Dauerthema. Vorherrschend ist auf der einen Seite der systemische Ansatz, anderseits gibt es eine lange (gruppen-)analytische Tradition.
190 Seiten, ISBN 978-3-934391-20-8, Euro(D) 18/sFr 31

www.leutner-verlag.de